rowohlt
BERLIN

Volker Wieprecht
Robert Skuppin

Das Lexikon der Rituale

Von Abschied bis Zigarette danach

Rowohlt · Berlin

1. Auflage September 2010

Satz aus der DTL Documenta PostScript (InDesign)
bei KCS GmbH, Buchholz bei Hamburg
Druck & Bindung CPI – Clausen & Bosse, Leck
Printed in Germany
ISBN 978 3 87134 684 2

Inhalt

Vorwort

Vor gar nicht allzu langer Zeit, als sich die Welt noch in U- und E-Musik spalten ließ, gab es eine heitere Floskel, mit der man zeigen konnte, dass man die Ordnung der Dinge verstand. Man sprach seine Mitmenschen mit den Worten «liebe Freunde der italienischen Oper» an. Die so Angesprochenen wussten: «Jetzt wird's flach. Aber immerhin verständlich.»

Insofern, liebe Freunde der italienischen Oper, erinnern wir uns jetzt kurz an frühe Sternstunden jener weltweit beliebten Kunstform, die nach Ansicht viel versprechender Zeitgenossen bereits im 19. Jahrhundert in der Lage war, Menschen auf dem ganzen Globus zu beglücken: die Oper. Ab 1830 war Paris die Welthauptstadt der textlastigen Singspiele in Kostümen. Ein Opernbesuch war Bestandteil des gesellschaftlichen Lebens, er war ein festgelegtes Ritual, das man sich ungefähr so vorstellen darf: Droschkenvorfahrt, Billette zücken, Mäntel ablegen, Glas Champagner einflößen, Austausch gesellschaftlich relevanten Tratsches, Einzug in den Opernsaal, die Dame leicht untergehakt und mit baumelndem Beutelchen in der Armbeuge, oberhalb des Glacéhandschuhs. Gefälliges Nicken nach links und rechts. Stundenlange Konsumption eingängiger Melodeien, salziges Tröpfchen aus den Augen wischen. Applaus, Applaus, Applaus. Dann nach Haus. Das ging lange gut.

Dann kam der Abend des 29. Mai 1913. Das Pariser Théatre des Champs-Élysées war ausverkauft. Das erste Stück, ein Ballett, war wohlgefällig aufgenommen worden. Dann ging's rund. Igor Strawinsky präsentierte der Welt erstmals sein Werk «Le sacre du printemps», ein Stück, das keinerlei Ähnlichkeit mit dem aufwies, was den braven Bürger bislang beglückt hatte. Orchestrierung, Takt, Instrumenteneinsatz, stampfende Rhythmen, Dissonanzen: unerhört. «Schimmernde Triller und mäandernde Motive wurden von ekstatischen Tanzrhythmen abgelöst, die das Orchester bis an den Rand seiner Virtuosität und Kraft trieben. Das ganze gnadenlose Ritual hatte eine urtümliche Macht, und man meinte in ihm nicht nur den Opfertanz, sondern auch den Gesang von Vögeln und die Schreie der Opfer zu hören!»* Der Tumult war unbeschreiblich. Tänzer und Orchester wurden beworfen, der kurzsichtige Komponist flüchtete sich an die Rockschöße seines Ballettmeisters, aber der wackere Dirigent war angewiesen, bis zum Ende durchzuhalten. Auch gegen den Willen des Orchesters, das sich schon bei den Proben erst fassungslos lachend, dann holprig verhunzend mit dem Stück schwergetan hatte. Die Zuschauer droschen derweil munter aufeinander ein, spuckten sich an, und die Herren forderten einander zum Duell. Es war ein wirklich unvergesslicher Abend.

So was passiert halt, wenn man sich nicht an Gewohnheiten, Gepflogenheiten, Rituale hält. Wenn man die Tradition über den Haufen wirft und Terra incognita betritt: Wahnsinn, Chaos, Anarchie, Angst und Zorn brechen sich Bahn.

Rituale hingegen spenden Sicherheit und Zuversicht, sie

* Phillip Blom, «Der taumelnde Kontinent», München 2009, S. 333.

regeln den sozialen Verkehr und zeigen an, wer Vorfahrt hat (im Zweifelsfall immer der König, also der sozial Höhergestellte). Sie bestimmen weite Teile unseres Lebens, helfen, vereinfachen, strukturieren, und manchmal leiden wir auch unter ihnen. Sie begleiten uns von der Geburt (➶Taufe) bis zum Tod (➶Begräbnis). Einige sind so zur Routine geworden, dass sie kaum mehr reflektiert werden (➶Zähneputzen, ➶Händewaschen), andere dagegen werden ständig diskutiert (➶Militärparade). Es gibt Rituale, die an Bedeutung verlieren (➶Tagesschau), und welche, die sich immer stärker etablieren (➶Halloween). Rituale sind nicht vom Himmel gefallen und auch nicht auf ewig verordnet, sie sind von Menschen gemacht und werden auch von Menschen abgeschafft.

Während die Achtundsechziger sämtliche Talare zu Belüftungszwecken anhoben und gegen muffige Rituale ankämpften, interessierten sich Soziologen und Anthropologen ab Ende der achtziger Jahre wieder vermehrt für die Regeln, nach denen Menschen gemeinsam auf unserem Planeten leben. Rituale überliefern und zementieren Machtstrukturen, sie prägen Lebenseinstellungen und transportieren klammheimlich das Wissen unserer Vorfahren. Oder ihren Aberglauben. Natürlich würde ein Kleinkind auch ohne gleichbleibendes Abendritual in den Schlaf finden. Nur eben irgendwann und jeden Tag zu einem anderen Zeitpunkt. Was wäre ein ➶Geburtstag ohne Rituale? Wie könnte man ohne ➶Brautstraußwerfen überhaupt heiraten? Statt ➶Weihnachtspost gäbe es traurige Kindergesichter, und angesichts tiefer Schockstarre bieten Beerdigungsrituale die Chance, mit dem Verlust von Menschen zumindest so verlässlich umzugehen, dass am Ende nur die Trauerarbeit und nicht auch noch die Frage bleibt: «Hab ich Onkel Horst anständig unter die Erde gebracht?»

Daneben gibt es unzählige persönliche Rituale, die Menschen im Stillen hegen und pflegen. Sie sagen uns: Mensch, jetzt freue dich! Und sei es auch nur daran, dass dein Alltag wie ein Betriebssystem die ganze Zeit mitläuft. Stets das gleiche Frühstück, ein Blick in die Tageszeitung, und im Flugzeug – und nur da! – einen Tomatensaft.

Dieses Buch präsentiert eine große Bandbreite unterschiedlichster Rituale. Es ist erstaunlich, wie viele Dinge wir tagtäglich rituell verrichten, ohne uns dessen bewusst zu sein. Wer denkt schon bei der Begrüßung mit Handschlag daran, dass man so dem Gegenüber seit Jahrhunderten klarmacht, dass man kein Schwert oder Messer in der Hand hält, um ihn zu töten? In diesem Sinne: Guten Tag! Sollte Ihnen das eine oder andere Ritual auf die Nerven gehen, machen Sie es wie Strawinsky – lassen Sie es richtig krachen. Oder brennen Sie die Wohnung nieder; denn wie Antoine de Saint-Exupéry ganz richtig sagte: «Ein Ritual ist in der Zeit, was im Raum eine Wohnung ist.»

Absacker Ob Schlummertrunk, Scheidebecher oder «Fluchtachterl» (österreichisch): Der Absacker ist nicht einfach ein Getränk; in Wahrheit bahnt er den Untergang an.

Man war im Theater oder Konzert, im Restaurant oder kommt aus einer anderen Kneipe und gibt vor, nur einen letzten gemeinsamen Trunk zu sich nehmen zu wollen. «Zwischen Leber und die Milz, da passt immer noch ein Pils!», heißt ein bekannter Trinkspruch. Also steuert man die nächste Spelunke an oder krabbelt, schon auf allen vieren, zur Hotelbar. Dort sollen Weizenkaltschalen, vergorene Rebsäfte oder noch schwerere Geschütze den bohrenden Fragen des Lebens endgültig jede Spitze nehmen. Der Tag und die halbe Nacht sind schon Vergangenheit. Es soll ein letzter Mai Tai den schon schläfrigen Geist zur erdabgewandten Seite des Mondes schießen, damit für eine Weile Funkstille herrschen kann. Der angepeilte Höhenflug endet aber meist als Rohrkrepierer. Höhere Sphären sind um diese Zeit, in diesem Zustand unerreichbar.

Greifenklaue hießen im Mittelalter die Trinkhörner, mit denen man einander bei Gelagen zuprostete, immer zwei Zecher aus einem. Meistens bis einer nicht mehr konnte. Der Brauch, wechselseitig auf das Wohl des anderen und später auch auf das sämtlicher Heiligen der Kirchengeschichte zu trinken, verschaffte den Bischöfen einiges an Arbeit: Sie reduzierten die Zahl der Verehrungswürdigen, um «dem

Saufteufel im Mantel der Heiligenverehrung»* das Handwerk zu legen.

Der Sage nach waren die Trinkgefäße ursprünglich ein Geschenk des Fabelwesens Greif an seinen Retter. Das Mischwesen aus Löwe und Adler litt nämlich unter Fallsucht und wurde vom heiligen Cornelius (zu deutsch: Hornträger) geheilt. Fortan bat man Cornelius – von 251 an zwei Jahre Bischof von Rom – um Beistand, wenn das Vieh krank wurde oder ein Mensch an Epilepsie litt.

Modernen Scheidebechern wohnt noch genau derselbe Fluch inne, von dem Cornelius den Greif einst befreite. Zügig aufs Wohl der gesamten Menschheit geleert, führen sie zu Fallsucht und pochendem Kopfschmerz. Aufrecht betritt man die Gaststätte, schwankend verlässt man sie. Im Kern ist das Ergebnis immer gleich. Das dehydrierte Gehirn scheint am nächsten Morgen auf Haselnussgröße geschrumpft zu sein. Man meint, eine recht enge Mütze zu tragen, hat einen Kater oder Riesenbrummschädel und kommt – wie man im Ruhrpott sagt – morgens «nich ausse Tonne». Kurz: Der Tag ist im Eimer, der Kopf im schlimmsten Falle auch. Der Absacker hat Wort gehalten. Tiefer kann man bis zum nächsten Abend kaum sinken.

Abschied Es war der 12. Oktober 1997. Der Himmel war blau, und die Sonne schien. Die Meteorologen hatten an diesem frühen Morgen einen klaren Himmel vorhergesagt. John D.

* Kleine Enzyklopädie des deutschen Mittelalters von Peter C. A. Schels.

bereitete seine Maschine, eine Rutan 61 Long EZ, auf den Start vor. Nachdem der Tower des Flugplatzes in Monterey, einem kleinen Ort zwischen Los Angeles und San Francisco, Starterlaubnis erteilt hatte, rollte John D. auf die Startbahn, beschleunigte und hob ohne Probleme ab. Schon nach wenigen Minuten näherte sich der erfahrene Pilot der Steilküste und dem Pazifik in der Nähe des beliebten Aussichtspunktes Lovers Point. Plötzlich begann der Motor der Maschine zu stottern. Um den Spritnachschub zu sichern, wollte John D. den Tankwahlschalter umlegen, doch als er sich vorbeugte, geriet er an den Steuerhebel. Sofort verlor er die Kontrolle über das Flugzeug, das nun mit aussetzendem Motor abstürzte und auf dem Boden zerschellte. Die amerikanische Country- und Folklegende John Denver war sofort tot.

1966 hatte Denver, der insgesamt fünfzehn Millionen Platten verkaufte, die Abschiedshymne der Musikgeschichte schlechthin geschrieben – «Leaving on a Jet Plane»:

Alle meine Taschen sind gepackt, ich bin bereit zu gehen.
Und stehe hier vor deiner Tür,
Ich will dich nicht wecken, um Lebwohl zu sagen,
Aber es dämmert schon, der Tag bricht an.
Das Taxi wartet, und der Fahrer hupt,
Und schon jetzt könnte ich vor Einsamkeit sterben.
...
Ich fliege mit einem Flugzeug fort
Und weiß nicht, wann ich zurückkomme.
Oh Babe, ich möchte nicht gehen.

Irgendwann muss jeder mal Tschüss sagen, und daher gibt es wenige Dinge, die Menschen mehr beschäftigen als der Abschied und seine Rituale. Roger Whittaker nannte ihn «ein scharfes Schwert». Und als der WDR im Jahr 2000 das Lieblingsgedicht der Deutschen ermittelte, landete auf Platz 1 – ausgewählt aus Hunderten von Gedichten – «Stufen» von Hermann Hesse. Das zentrale Thema: Abschied. Dem Volksmund zufolge ist Abschied immer wie ein bisschen Sterben, und Bertolt Brecht sagte: «Wenn dich ein Freund verlässt, dann schließ die Tür, damit es nicht kalt wird!»

Ein großes Abschiedsritual für Bundeskanzler und Bundespräsidenten ist der «große Zapfenstreich» der Bundeswehr. Der militärische Zapfenstreich wurde 1596 zum ersten Mal erwähnt. Wenn damals zu später Stunde die Soldaten ins Lager zurückkehren sollten, ging ein Offizier durch die Kneipen und schlug mit einem Stock auf den Zapfhahn des Fasses. Das war das Zeichen für den Wirt, mit dem Ausschank aufzuhören, und für die Soldaten der Hinweis, sich zu verabschieden und aufzubrechen. Der «große Zapfenstreich» mit Musik und Gebet ist eine Weiterentwicklung durch die preußische Armee unter Federführung ihres Musikdirektors mit dem klangvollen Namen Wilhelm Wieprecht. Erstmals aufgeführt wurde das militärische Zeremoniell 1838 zu Ehren des russischen Zaren Nikolaus I. Später wurden immer wieder hochrangige deutsche Politiker in dieser Weise aus dem Amt verabschiedet. 2004 ist Johannes Rau diese Ehre zuteil geworden, ein Jahr später ließ sich Gerhard Schröder in Hannover von der Bundeswehr feierlich «den Zapfen streichen», nachdem er sich aus dem Kanzleramt verabschiedet hatte. Für die SPD-Spitzen-

Das wird dauern, wegen seiner Flugangst rollt er jetzt nach Rom. Papst Benedikt XVI. 2005 beim Abschied in Köln.

politiker sicherlich eine Gratwanderung, hatten doch Teile ihrer Partei das militärische Abschiedsritual stets als nicht mehr zeitgemäß abgelehnt.

Inzwischen gibt es aber auch Menschen, die auf der Suche nach ganz neuen Abschiedsritualen sind. Die moderne Medizin stellte sie vor Probleme, die früher unbekannt waren. So sucht ein gewisser Idan in einem Internetforum nach neuen Ideen, um sich in würdevoller Weise nach einer erfolgreichen OP von seinen Gallensteinen zu verabschieden: «Ich merke, wie ich mich ohne sie verändere, und möchte mich deswegen gleichermaßen von ihnen wie auch meinem alten ‹Gallenstein-Ich› verabschieden (...). Da Gallensteine wasserlöslich sind, kam mir schnell die Idee, die Gallensteine einem Gewässer zu übergeben (...). Vorschläge?»

Lieber Idan, wenn es schnell gehen soll, wie wäre es dann, sie einfach in die WC-Schüssel zu werfen und runterzuspülen? Ihnen die Hand zu geben und sie anschließend zur Tür zu bringen wird wohl nicht funktionieren. Das rät der «Knigge» zumindest bei Gästen, von denen man sich verabschieden will. Allerdings ist es nach den Benimmregeln noch höflicher, sie auch noch bis zum Auto zu begleiten. Der «Knigge» kennt keine Gnade: «Je weiter Sie den Gast begleiten, desto höher ist die Wertschätzung. Ein Minimum an Höflichkeit ist die Begleitung zur Tür. Dem folgen Aufzug, Treppe und Ausgang, Autotür ggf. sogar Bahnhof/Flughafen.» Irgendwann sollten sie den Gast aber bei noch so viel Wertschätzung in Ruhe lassen. Schließlich ist er auch durchaus in der Lage, seine Wohnungstür allein aufzuschließen.

Bei Abschieden im beruflichen Beisammensein schreibt der «Knigge» vor, die Hierarchie zu beachten. Zuerst verabschiedet man sich vom Chef, dann von der Sekretärin. Als nächstes gibt man den Kolleginnen die Hand, dann den Kollegen, wobei jeweils die Älteren Vorzug vor den Jüngeren haben. Zum Abschied nach einem Geschäftstermin lässig mit der Faust auf den Tisch klopfen – ein benimmtechnisches Sakrileg! Wer die geschäftliche Situation mit dem feierabendlichen ➶ Stammtisch verwechselt, kann auch gleich noch die Geschäftskunden um Geld anpumpen. Auf der After-Work-Party ist die Etikette dann allerdings ein wenig lockerer.

Private Partys kann man verlassen, ohne sich vom Gastgeber zu verabschieden. In Russland heißt dies «englische Verabschiedung», der «Knigge» bezeichnet es als «französische Verabschiedung». Das muss wohl auf Napoleon Bonaparte zurückgehen. Als der mal eben sein Exil Elba verließ, um in hundert Tagen Europa neu zu ordnen, hatte er vorher auch niemandem Bescheid gesagt – als Empereur musste er wahrscheinlich nicht die strengen Regeln des «Knigge» fürchten. Der regelt sogar, ab wann man sich zu verabschieden hat: nicht vor dem Dessert und bei geschäftlichen Besprechungen erst nach dem Chef. Außerdem gibt er Ratschläge, wie man auf der eigenen Party hartnäckige Gäste hinauskomplimentiert, ohne gegen die Etikette zu verstoßen: «Ich bin jetzt müde. Wenn ihr noch Lust zu feiern habt, kenne ich einen tollen Club für euch!»

Manchmal können Verabschiedungen dramatische Folgen haben: Am 2. Januar 2010 wurde auf dem New Yorker Flughafen Newark Großalarm ausgelöst. Ein asiatisch aussehender Mann hatte unkontrolliert die Sperrzone des Flughafens betreten. Er war unter einem Absperrband hindurchgetaucht und hatte eine Sicherheitstür geöffnet. Sofort evakuierten Antiterroreinheiten große Teile des Flughafens und fahndeten fieberhaft nach dem Unbekannten. Der gesamte Flugverkehr in den USA geriet daraufhin durcheinander. Man befürchtete einen Terroranschlag. Erst ein paar Tage zuvor hatte ein Mann mit einer Unterhose voller Sprengstoff ein Flugzeug über den Vereinigten Staaten zum Absturz bringen wollen. Durch die Ereignisse sensibilisiert, suchte man nun mit Hochdruck nach dem Eindringling. Erst Tage später stellte sich heraus, dass es sich bei dem mutmaßlichen Terroristen in Wirklichkeit um einen chinesischen Studenten handelte, der unbedingt noch seiner abreisenden Freundin einen Abschiedskuss geben wollte. Natürlich hatte der Romeo am Ende alle Sympathien auf seiner Seite.

Allerdings musste der zu allem entschlossene Romantiker fünfhundert Dollar Strafe zahlen.

Dass Abschied für viele Menschen etwas Besonderes ist, das Zeit und Raum braucht, haben auch einige Arbeitgeber inzwischen erfahren müssen. So kam es vor einer Klinik im norwegischen Trondheim beim morgendlichen Dienstbeginn zu größeren Verkehrsstaus. Die Angestellten, die sich von ihren Angehörigen im Auto zur Arbeit bringen ließen, brauchten für ihr Abschiedszeremoniell so lange, dass sich Fahrzeugschlangen bildeten. Dabei wurden sogar Krankenwagen mit Notfällen blockiert. Die Verantwortlichen reagierten und bauten eine spezielle «Kiss-and-Drive-Spur». Auf der mit rosa Herzen gekennzeichneten Spur können seitdem die Angestellten nach Herzenslust Abschied voneinander nehmen:

«... ich weiß nicht, wann ich zurückkomme.
Oh Babe, ich möchte nicht gehen.»

Arztbesuch Die Welt ist ganz schön krank. Ist das Wartezimmer eines Arztes in Deutschland voll, dann gilt der als erfolgreich. In China war das früher anders. Dort hatte ein Arzt mit vollem Wartezimmer versagt, schließlich war es seine Aufgabe, die Menschen gesund zu erhalten. Dafür wurde er bezahlt. Der deutsche Arzt dagegen verdient an der Krankheit seiner Patienten. Aus ökonomischer Sicht sind da Interessenkonflikte nicht auszuschließen. So ist es dem einen oder anderen Patienten nicht so angenehm, im Winter im überheizten Wartezimmer dicht neben ständig hustenden Grippepatienten zu sitzen. Der Arzt dagegen hat nichts dagegen, wenn man eine Woche später wiederkommen muss, diesmal mit Grippe.

Allerdings gestalten sich die Arztbesuchsrituale auch nicht für alle Menschen gleich. Seit einiger Zeit muss man deutlich zwischen dem Privat- und dem Kassenritual unterscheiden. Die Differenzen beginnen schon beim Versuch, einen Arzttermin zu ergattern. Privatversicherte können meist noch am Tag des Anrufs vorbeischauen, Kassenpatienten sollten in vierzehn Tagen noch mal anrufen oder bekommen einen Termin in vier Wochen. Auch das Warten ist nicht immer gleichberechtigt. Den Privatpatienten platziert man gern auf einem Sofa in einem luxuriösen Extrawartezimmer mit ansprechenden Architekturzeitschriften, politischen Magazinen und Mode-, Fitness-, Wellness- und Erotikjournalen. Leider kann er das gar nicht recht genießen, da er schon nach wenigen Minuten ins Sprechzimmer gerufen wird. Der Kassenpatient hingegen darf sich eingehend mit dem «Goldenen Blatt» oder einem jahrealten Stadtmagazin beschäftigen, während er Stunde um Stunde auf einem Plastikstuhl im übervollen Wartezimmer sitzt. Die Untersuchungen sind natürlich dann die gleichen, es gibt doch in Deutschland keine Zweiklassenmedizin! Na ja, für den Privatpatienten nimmt sich der Doktor schon mal eine halbe Stunde Zeit, der Kassenpatient wird in zehn Minuten durchgecheckt. Helfen kann der Hausarzt sowieso kaum. In den meisten Fälle besteht seine Aufgabe lediglich darin zu klären, ob eine lebensbedrohliche Erkrankung vorliegt – dann überweist er ins Krankenhaus oder zu einem Facharzt – oder ob es eine leichte Erkrankung ist, dann muss er nichts machen, sondern verschreibt maximal ein Medikament, das Schmerzen lindert oder den Körper bei der Selbstheilung unterstützt. Während der Privatpatient schon seit Stunden wieder zu Hause ist, muss der Kassenpatient noch die Praxisgebühr bezahlen und sich in der Apotheke an den Kosten für die Medikamente beteiligen.

Historisch betrachtet, hat der Privatpatient allerdings nicht nur Vorteile. Ludwig XIV., der Sonnenkönig, war natürlich kein Kassenpatient und hatte eine ganze Garde von Leibärzten, die, hoch bezahlt, den absolutistischen Herrscher in eine absolute Ruine verwandelten. Ludwig hatte sich schon als Kind seine Zähne mit Süßigkeiten ruiniert. Also entschieden seine Ärzte, Professoren der Sorbonne, ihm alle Zähne zu ziehen. Leider gelang das nicht ohne Komplikationen, ein Teil des Gaumens wurde mit herausgerissen. Um zu verhindern, dass sich eine Entzündung bildete, erhitzte man ein Eisen und brannte die Wunde mehrfach aus. Die Folgen dieses Eingriffs waren für den König und seine Umgebung betrüblich. Trank er Kaffee oder löffelte er eine Suppe, lief ihm die Flüssigkeit häufig aus der Nase, denn da ihm ein Stück Gaumen fehlte, war diese direkt mit dem Mund verbunden. Auch setzten sich dort häufig Nahrungsreste ab, was zu Infektionen führte und dem König einen penetranten Mundgeruch bescherte. Da er ja keine Zähne mehr hatte, konnte er sein Essen nicht zerkauen und schluckte große Stücke hinunter. Die Blähungen, die dadurch entstanden, machten seine Anwesenheit nicht unbedingt attraktiver. Trotzdem gingen sein Ärzte davon aus, dass sie Ludwig das Leben erträglich gemacht hatten. Als Kassenpatient wäre ihm die Quälerei wahrscheinlich erspart geblieben.

Egal ob Kassen- oder Privatpatient, der Arztbesuch wird im Laufe des Lebens zum Ritual. Irgendwann muss jeder hin – Vorsorgeuntersuchungen, Routinekontrollen, aber auch Krankheiten zwingen einen dazu. Es gibt aber auch die, die gerne im Wartezimmer abhängen, die die sterile Luft von Arztpraxen brauchen, es lieben, dort Bunte Blätter zu lesen, und in ihren Krankheiten aufgehen. Menschen, die nicht versuchen, Krankheiten zu vermeiden, sondern diese bewusst suchen. Alles, was neu auf dem Krankheitsmarkt besprochen wird, wollen sie bei sich kurieren lassen. Wird in der aktuellen Apothekerumschau die Schilddrüse thematisiert, entdecken sie bei sich selber eine Unterfunktion, gelten Gallensteine als neues Volksleiden, sitzen sie bereits beim Internisten. Sie strahlen fast vor Freude, wenn ihnen der Arzt den Blutdruck misst und dann ein besorgtes Gesicht aufsetzt. Sie öffnen den Mund und sagen «Ahh!», bevor der Onkel Doktor sie dazu aufgefordert hat, und vor einer Blutentnahme prahlen sie gegenüber der Arzthelferin auch schon mal mit ihren «kaputten» Venen. Ihr Lebensglück wird nicht von Krankheiten beeinträchtigt. Sie leiden wenn überhaupt am maroden Gesundheitssystem. Warum will die verdammte Kasse die Kernspin nicht zahlen!? Deutschland hat das teuerste Gesundheitssystem der Welt, aber nicht die gesündesten Bürger. Der Arztbesuch ist ein Ritual, das uns an etwas erinnern soll:

Patient: «Herr Doktor können Sie mir helfen?»

Arzt: «Ich verschreibe Ihnen ein paar Moorbäder.»

Patient: «Und die helfen?»

Arzt: «Nein, aber Sie gewöhnen sich schon mal an das Liegen in der feuchten Erde.»

Aufguss Es sind immer die gleichen Typen, die in der Sauna hocken. Da ist zuoberst der Koloss mit der Filzmütze, der aussieht wie eine Nachbildung des Fujiyama. Viel Berg, obendrauf ein heller Zipfel. Eine Reihe darunter kauert der spacke Spartianer. Er ist hier, um den zahlreichen Entbehrungen seines Lebens eine weitere hinzuzufügen: Frische Luft und lebhafte Dialoge braucht er nicht. Er will Katharsis, Reinigung. Die anderen sollen sehen, wie mannhaft er alles erträgt. Gern sitzt er trotz Bandscheibenvorfall im Schneidersitz.

Neben ihm versucht eine in die Jahre geratene Moppelige die Hitze zu ignorieren, indem sie ihre ziselierten Nägel oder die Fugen in der Holzverkleidung anstarrt. Ihnen zu Füßen schließlich kauert das Weichei, das schon nach fünf Minuten festgekocht ist und die Prozedur in den höheren Reihen einfach nicht durchstehen könnte. Der Rest ist Füllmasse und in der Mehrheit. Und alle glotzen, wenn sich eine Paris-Hilton-Nachbildung in den Kreis der tropfenden Leiber verirrt. Ob die das durchhält?

Beim Aufguss sind die Reihen dicht. Man sitzt, wie lustige Saunafreunde sagen, «sau-nah», haha. Einige Nachzügler stehen nackt und ratlos im Raum, wiegen ihr Handtuch in den Händen und warten darauf, dass sich irgendwo durch wundersame Fügung eine Lücke auftut. Die Genervten gehen, wenn dies nicht binnen Sekunden geschieht, die Impertinenten zeigen auf eine zehn Zentimeter breite Lücke in der zweiten Reihe, nicken kurz und sagen: «Ist da frei!» Es ist keine Frage.

Jetzt zuppeln alle ihre Handtücher zurecht. Kein Schweiß aufs Holz! Und bloß nichts vom Nachbarn abbekommen.

Besucherinnen einer Frauensauna in Riad warten auf den Aufguss.

So warm wird's erst wieder in der Hölle. Übung macht den Meister.

Das Volk mit den meisten Probeläufen bis zum persönlichen Siedepunkt sind weltweit die Finnen. Nach einer Statistik aus dem Jahre 2002 hatten 1212 000 finnische Haushalte eine eigene Sauna. Auf jede davon kommen also weniger als fünf Personen – in Deutschland ist es enger, da teilen sich, statistisch gesehen, mehr als fünfzig Schwitzlinge eine dampfende Bretterbude.

Reinlichkeit, Stärkung der Abwehrkräfte und des Herz-Kreislauf-Systems – das sind nur vorgeschobene Gründe, um die Sauna zu besuchen. Tatsächlich geht es darum, möglichst lange auszuhalten und auf diese Weise Ruhm und Ehre zu erlangen. Das beweisen auch hierzulande Mitglieder in Vereinen wie den «Saunarittern», die vorgeben, sich bei

110 Grad erst richtig wohl zu fühlen. Als sie im Dezember 2009 mit einer Veranstaltung namens «Zweites Thermisches Quartett» für die deutschen Saunameisterschaften trainierten, mussten sie die bittere Erfahrung machen, dass ihre Gäste aus Finnland unschlagbar waren. Timo Kaukonen ist fünffacher Weltmeister und Führender der Weltrangliste im Saunasport. Bis zu 16 Minuten und 15 Sekunden hält er bei 110 Grad unter Daueraufgussbedingungen aus. Der erste seiner Herausforderer brach schon nach fünf Minuten ab – aus «taktischen Gründen», um sich für weitere Waffengänge zu schonen. Laut «FAZ» soll Kaukonen lachend und nur leicht gerötet aus dem Holzverhau getreten sein. Bei solchen Wettkämpfen sorgt ein Automat für die Aufgüsse. Normalsterbliche würden einfach verdampfen.

Insofern ist eine gewisse Hitzeunempfindlichkeit die wichtigste Kernkompetenz, die man für die Profession des Bade- oder besser Saunameisters braucht. Die Verfasser wurden schon von Studenten, ehemaligen Gemüseverkäufern und Kfz-Schlossern begossen. Keiner von ihnen konnte aber dem «Indianer» das Wasser reichen, einer historisch belegten Person, die Ende der achtziger Jahre im «Blub» arbeitete, einem «Badeparadies», das mittlerweile geschlossen ist, weil sich dort auch Ratten, Kakerlaken und Aufgusstierchen (das sind Einzeller) sauwohl fühlten.

Der Indianer, benannt nach einem grobgepixelten Tattoo auf seiner linken Schulter, war vor zwei Jahrzehnten noch Aufgussavantgarde, der Dernier Cri im Inipi (so nannten die Sioux ihre Schwitzhütten). Die Stammesbräuche allerdings waren unserem Indianer fremd. Keine Einladung der Ahnen, keine Wunschgebete, keine Bereitschaft, loszulassen oder mit fester Stimme Vorhaben zu fassen, keine Visionen. Die Sioux verließen das Zelt erst, wenn sie starke Eingebungen hatten. Die Zahl der Aufgüsse war somit nach oben hin offen. Da fiel einem sicher schnell was ein. Gesänge wurden gemurmelt, Gebete gesprochen, die Namen der Gottheiten geheiligt. Und allen wurde gedankt.

Beim Indianer war die Zahl der Aufgüsse strikt auf drei begrenzt; er betrat die Aufgussarena nahezu wortlos, erwiderte kaum einen Blick, wirbelte ein wenig Frischluft in die Bude und schloss die Pforte. Den Herausforderungen der komplexen deutschen Grammatik begegnete er geschickt, indem er nur ein Wort von sich gab: die Duftmarke des Aufgussmittels. Meistens sagte er «Latschenkiefer!». Es klang so vielversprechend wie «Käsefüße!», und man blickte betroffen auf die billigen, lindgrünen Gummipuschen des Indianers. Dennoch war der Mann ein Saunaavantgardist. Während nur eines Saunaganges führte er alle heute bekannten Wedelverfahren vor.

Standardtechniken wie den «Helikopter» (Handtuch an einem Zipfel greifen, und dann gib ihm!), das «Segel» (Handtuch an zwei Zipfeln greifen und es so dicht an den Köpfen vorbeiziehen, dass die Nasenhaare der gesamten zweiten Reihe gekürzt werden) sowie das «Brett» (volle Breitseite exklusiv für einen Gast) beherrschte er perfekt. Unbeliebte Stile wie «Tante Hedwig» (mit irgendeinem vollgesogenen Fetzen wird in der Luft rumgefuchtelt, wie Tante Hedwig es macht, wenn sie bei der Abfahrt des Zuges mit dem Taschentuch aus dem Fenster winkt) vermied er. In die Aufgussgeschichte eingegangen aber ist er als Erfinder einer revolutionären Wedeltechnik: des tasmanischen Teufelslimbos.

Beim dritten Aufguss – das völlig dehydrierte Publikum war schon der Ohnmacht nahe und träumte von Dunstabzugshauben – kreiste sein Tuch schneller und schneller vor Bauch und Brust, während er die Hüfte langsam nach vorne, den Oberkörper aber nach hinten beugte. Obwohl die Physik an dieser Stelle ein Abheben vorsah, trotzte er den selbstangerührten Fliehkräften, fiel auf die Knie und drehte wie besessen weiter, während sein Rücken fast den Boden berührte. Wie beim tasmanischen Beutelteufel leuchteten seine Öhrchen dabei rot. Dann sprang er auf und sagte: «So!» Eifriges, kurzes Klatschen. Die Menschen stoben dem Ausgang zu. Sie ahnten: Wer so «So!» sagt, der hat noch Reserven.

Der Indianer begriff den Aufguss noch als stählendes Mannbarkeitsritual. Gnade wurde nicht gewährt: Verließ ein Transpirant vor Ende der Prozedur die Sauna, wurde er hinterrücks von verächtlichen Blicken durchbohrt.

Heute, nachdem die Wogen des Wellnesswahns die Saunen überrollt haben, wird man sogar vorab darauf hingewiesen, dass man den Hexenkessel jederzeit und ohne förmlichen Antrag verlassen könne. Ferner überrascht das Saunapersonal mit der Zusatzinfo, wie man sich zu fühlen habe: «Herzlich willkommen zu unserem Sechzehn-Uhr-Aufguss. Heute hab ich Ihnen Birke mitgebracht. Das wirkt, ich sag mal so, ein bisschen ausgleichend.» Wer jetzt nicht aufpasst, hat später keine Gelegenheit mehr, Fragen zu stellen. Es wird zu heiß. Da muss man die Luken dicht halten. Also fragen Sie das nächste Mal sofort beharrlich nach: Fragen Sie, wie es kommt, dass ein Stoff wie Birkenessenz, der müffelt wie das angebratene Toupet des Saunameisters, ebenso «ausgleichend» wirkt wie der graufilzig behaarte Lavendel, der laut Saunameister «ausgleichend, aber auch anregend» wirkt. Oder Fichte: Die wirkt nämlich belebend und zugleich – Sie ahnen es – ausgleichend. Die Autoren mögen übrigens am liebsten Mango. Das riecht einfach nur gut. Eine Tatsache, die auf sie sehr ausgleichend wirkt.

Begräbnis «Die pietätvolle Totenpflege beginnt mit dem Augenblicke des Sterbens, wo man die Fenster öffnet, um der Seele freien Ausflug zu gewähren. Dann folgt die Pflicht der Leichenwaschung, des Haar- und Nägelschnittes.» Meyers Großes Konversationslexikon von 1905/06 eröffnet den Blick in die Vergangenheit des Sterbens. Der Mensch empfahl sich Gott. Den besten Anzug eines Knechtes erbte der Gutsherr. Die Leiche wurde so lange aufgebahrt und umtrauert, bis ihr ein süßlicher Verwesungsgeruch entstieg. Die Verwandten hielten Totenwache, nahmen Abschied, dann wurde der Verstorbene mit den Füßen zuerst aus dem Haus getragen, direkt zum Friedhof, und dort nach dem Gottesdienst noch dreimal um die Kapelle. Den Totengräbern reichte man bisweilen – damals kostbar – eine Zitrone, damit sie den Gestank besser ertrugen. Der Sarg wurde versenkt, Asche kam zu Asche, Staub zu Staub. Es folgte der Leichenschmaus und für die nächsten Verwandten ein Jahr der Trauer. Während dieser Zeit trug man Schwarz und ließ sich nicht auf ausgelassenen Festivitäten blicken. So einfach konnte das sein. Und doch auch nicht.

Die Geschichte des Todes ist elend lang und facettenreich. Jede Region in Deutschland hat und hatte eigene Riten. Mal wurden die Männer noch rasiert, mal der Gang um die Kapelle ausgespart, mal den Toten eine Münze für die Begleichung der Steuer an der Himmelspforte unter die Zunge gelegt. Mittellose verschwanden überall ganz schnell unter der Erde. Selbstmörder durften bisweilen nicht durch die Tür hinausgetragen werden, weil sie sonst spuken konnten. Vor dem Abtransport schlug man ein Loch in die Wand, das später wieder zugemauert wurde. Man verscharrte sie ohne geistlichen Zuspruch.

In der Moderne wurde der Tod industrialisiert. Große Städte mit kleinen Friedhofsflächen machten Kühlhäuser und Krematorien notwendig, allein schon aus Platzgründen. Gestorben wird heute bekanntlich heimlich, still und leise. Selbst der sehnliche Ruf nach Heimaterde ist nahezu ganz verklungen. Das evangelische Magazin «Chrismon» stellte 2009 in einer Umfrage fest, dass es gut jedem sechsten Deutschen wurscht ist, wo er begraben wird. Nur jeder fünfte möchte die Ewigkeit neben seinen Familienangehörigen verbringen, jeder vierte bevorzugt den Ort, an dem er zuletzt gehaust hat. Und wer will sich schon so intensiv mit seiner letzten Ruhestätte auseinandersetzen wie die Kamaldulensermönche, strenge Eremiten, die ab und zu in Särgen übernachten?

Auf ewig im Sarg zu liegen ist sowieso nicht mehr en vogue. Feuerbestattungen sind beliebt wie nie: 844000 Menschen wurden 2008 in Deutschland beigesetzt, 46 Prozent davon in Urnen. Tendenz steigend. Hauptsache, man wird kleinteilig. Damit man nicht noch als Toter ein schlechtes Gewissen haben muss, weil man den CO_2-Haushalt belastet, hat die schwedische Biologin Susanne Wiigh-Maesak ein Verfahren entwickelt, bei dem der Leichnam erst in flüssigen Stickstoff gelegt und dann geschüttelt wird – eine umweltschonende Methode, sich zu verkrümeln. Etwas grobkörniger ist die Himmelsbestattung der Tibeter. Auf felsigem Grund wird der Korpus zerteilt und den Vögeln zum Fraß vorgeworfen. Im tibetischen Buddhismus möchte man auch nach dem Tod noch anderen Lebewesen nutzen.

Nachwachsender Beliebtheit erfreut sich weltweit auch die Baumbestattung: Eine biologisch abbaubare Urne wird am Fuße eines Baumes oder zusammen mit der Wurzel eines jungen Bäumchens eingebuddelt. In Kalifornien ist diese Art der Beisetzung schon so beliebt, dass in den nächsten dreißig Jahren vierhunderttausend Hektar Land im Urzustand erhalten und als «Memorial Nature Preserve», also «Natur-Gedenkstätte», genutzt werden sollen. Die Begräbniskosten reduzieren sich dabei um zwei Drittel – keine Grabsteine, keine Engel, kein Mausoleum. Keiner muss mehr gießen oder harken. Man will ja den Lebenden nicht zur Last fallen.

Wer seine Beisetzung noch zu Lebzeiten plant, nimmt dabei oft weniger Rücksicht auf die Empfindungen der zukünftigen Hinterbliebenen. Seit Elton John während der Fernsehübertragung von Prinzessin Dianas Trauerfeier die ganze Welt mit «Candle in the Wind» zu Tränen rührte, gilt es als angebracht, bei der Gelegenheit Rock- und Popsongs abzuspielen. Platz 1 der Trauer-Charts belegt mit Sicherheit «Time to Say Goodbye». Vielleicht könnten Sie, werter Leser, uns eines Tages ja mal mit einem besseren Stückchen unterhalten. Wir dachten da an Eminem: «Lose Yourself». Oder Underworld: «Born Slippy».

Man kann seinen Lieblingssong auch gleich als Klingelton mit unter die Erde nehmen: Iren und Südamerikaner lassen sich jüngsten Presseberichten zufolge immer häufiger ihr geliebtes Handy in den Sarg legen. Entstanden ist der Trend übrigens in Südafrika, und zwar aus eher pragmatischen Gründen: Falls man gar nicht richtig tot ist, sondern nur das Opfer eines Zaubers wurde, kann man die Hinterbliebenen per SMS darüber informieren. Die Handys müssen allerdings vorher ausgeschaltet werden. Dann hält der Akku länger.

Getrauert wird in Echtzeit online. Die kolumbianische Tageszeitung «El Comercio» berichtet, dass Internet-Beerdigungen immer beliebter werden. Trauernde, die «legal oder illegal im Ausland leben», schalten sich per Webcam zu. Gefängnisinsassen gehören ebenfalls zur Zielgruppe. Der Service ist in Kolumbien kostenlos und gut gebucht. Koks ist extra.

Wer das für den Ausdruck der vierundzwanzigstündigen Freakshow hält, die gerade auf dem Planeten als digitale Revolution gefeiert wird, hat recht. Wenn alle allen bei allem ständig zusehen können, muss auch das Sterben übertragen, mindestens aber der Tote digitalisiert werden. Terabytes an Fotos, Texten, Filmchen und Soundfiles sind schon online.

Außerhalb der virtuellen Welt ist es bisweilen schwieriger, genügend Speicherplatz bereitzustellen. In Japan stehen fünf- oder sechsstöckige Bestattungshäuser voll mit Urnen. So kann man siebentausend Verstorbene stapeln, wo unter freiem Himmel Platz für hundert wäre. Die Trauerfeier findet vor einem Bildschirm statt. Roboter übernehmen den Transport der Urnen. «BBC Online» berichtet, diese Art des Begräbnisses erfahre regen Zuspruch. Herkömmliche Beerdigungen im teuren Tokioter Grund kosten nämlich bis zu hunderttausend Euro.

Gravierende Platzprobleme in der Familiengruft löste eine Familie im spanischen Burgos 2007 kurzerhand, indem sie die vor zweiundzwanzig Jahren verstorbene Schwiegermutter ausgrub und auf die Müllkippe fuhr. Und wenn die Leiche so lang ist, dass sie nicht in den Sarg passt, kürzen die Jungs vom Bestattungsinstitut beherzt die Beine mit der Kettensäge. Merkt ja keiner. So geschehen 2009 in der US-amerikanischen Stadt Allendale.

Auch auf Südafrikas Friedhöfen wird's eng. Außerdem werden «Holzpyjamas» dort regelmäßig gestohlen und weiterverkauft. Mit einem neuen, pyramidenförmigen Sarg, in dem die Leiche kauert, schlägt man zwei Fliegen mit einer Klappe: Er braucht nicht nur zwei Drittel weniger Platz, er ist auch schwerer auszugraben, und sobald er mit dem Leichengift in Berührung kommt, verfärbt er sich, was seinen Marktwert gegen null tendieren lässt. In Brasilien, genauer gesagt in Biritiba Mirim, war der städtische Friedhof 2005 so voll, dass man bereits Menschen unter den Gehwegen begraben musste. Um dem notorischen Platzmangel abzuhelfen, verbot der Bürgermeister per Gesetz das Sterben. Ob unter Androhung der Todesstrafe, ist unbekannt.

Wo für die Toten auf Erden kein Platz mehr ist, wird der Weltraum zur letzten Ruhestätte. Ein Bestattungsinstitut in den USA nimmt Reservierungen für Beisetzungen auf dem Mond entgegen. Ursprünglich schon Anfang 2010 wollte das Unternehmen «Celestis» fünftausend Kapseln zum Erdtrabanten bringen und dort einen Friedhof einrichten. Eines Tages sollen Hinterbliebene ihn besuchen können. (Was stellt man da eigentlich für Blumen hin?) Ein Gramm Asche transportiert «Celestis» für 9995 Dollar; mit Partnertarif gibt's fünfzig Prozent Rabatt. Für ein Viertel dessen kommt man immerhin bis in den Orbit.

Sich komplett in den Himmel befördern zu lassen kann dagegen schon mal 2,5 Millionen Dollar kosten. Der exzentrische Autor und Journalist Hunter S. Thompson hatte sich im Februar 2005 in Colorado erschossen. Seinem letzten Willen gemäß wurde die Asche mit einer siebenundvierzig Meter hohen Kanone, an deren Mündung eine geballte Faust mit zwei Daumen prangte (Thompsons Markenzeichen zu Lebzeiten), in höhere Sphären katapultiert. Sein Freund Johnny Depp zahlte die Zeche. Nachdem Norman Greenbaums «Spirit in the Sky» erklungen war, sahen zweihundertfünfzig Trauergäste zu, wie die pulverisierten Reste in einem rot-weiß-blauen Feuerwerk zerstoben.

Auch zu Lande kommen die Toten ganz schön rum. Innerhalb Europas herrscht ein regelrechter Leichentourismus. Wer Opi in einer Vase ins Regal stellen oder als Diamant am Herzen tragen möchte, fährt einfach mit Anhänger in die Niederlande oder in die Schweiz und kommt mit einem Souvenir zurück. Und selbst die strenge deutsche Friedhofsordnung wird aufgeweicht. Als Rudolph Moshammer 2005 neben seiner Mutter in einem Mahagonisarg beerdigt wurde – mit einer schrillen lila Krawatte, in den Händen eine Locke seines Yorkshire-Terriers Daisy –, durfte die Hundedame ausnahmsweise auf den Friedhof. Nur Scharren war verboten, Fresschen suchen auch.

Zwei Jahre später hatte auch Daisys letztes Stündlein geschlagen. Während sie im Sterben lag, spielte Moshammers

Chauffeur, der das fippsige Tier geerbt hatte, ihr laut «Bild» die vom Meister selbst eingesprochene CD «Bekenntnisse einer Hundedame» vor. «Wenn Daisy seine Stimme hört, ist das Balsam für ihre Seele, und sie träumt von ihm.» Daisy wurde in einem Tierkrematorium verbrannt. Ein Schluchzen ging durch die Boulevardpresse. Vor hundert Jahren ein Ding der Unmöglichkeit; damals hieß es: «Durch kluges Schweigen ehrt man den Schmerz viel mehr als durch laut ertönendes Mitgefühl.»

Begrüßung Es tut noch heute weh, und das Geständnis fällt nicht leicht, aber der Englischunterricht auf dem Gymnasium begann mit einer großen Peinlichkeit: mit einem freundlichen «Good Day, Miss Teacher». Vielen Dank, Karl May, für deine gut ausgedachten Reiseerzählungen, in denen Old Shatterhand die anderen Westernhelden stets mit «Good Day» begrüßte. Möge man dich dafür in den ewigen Jagdgründen Tag für Tag für Tag skalpieren!

Bei den meisten Begrüßungsformen sind und waren kulturelle und soziale Unterschiede zu beachten. Sich darüber hinwegzusetzen, konnte sogar tödlich sein. Ein «Moin, Chef» zum König hätte im Mittelalter deutliche Probleme mit der eigenen Körperlänge nach sich gezogen. Der König erwartete, dass man seine Füße küsste. Diese sind, wie neuere Forschungen ergeben haben, nerventechnisch direkt mit den Geschlechtsorganen verbunden. Wenn der König also auf darauf bestand, die Füße geküsst zu bekommen, wollte er eigentlich etwas ganz anderes!

Natürlich gab es damals auch Formen des Widerstands gegen dieses Unterwerfungsritual. So soll der Normannenführer Rollo dem westfränkischen König Karl III. (genannt «der Einfältige») den Fußkuss verweigert und stattdessen einen seiner Krieger abkommandiert haben. Der küsste zwar des Königs Füße, allerdings legte er sich dazu nicht auf den Boden, sondern holte Karl III. von den Beinen und hob dessen Füße zu sich hoch.

Wer heute noch auf Füße im Gesicht steht, aber auf den einschlägigen Internetseiten nicht fündig wird, dem sei ein Trip nach Südindien empfohlen. Dort lebt das Volk der Toda. Die Toda begrüßen einander, indem sie ihre Füße auf die Köpfe von Menschen mit niedrigerem Status stellen. Ungünstig ist es hier also, mehreren Chefs gleichzeitig zu begegnen, denn dann hat man viele Füße im Gesicht.

In Deutschland hat sich eine einfachere Art der Begrüßung durchgesetzt: das Händeschütteln. Es stammt noch aus der Zeit der Ritter, die einander so empfingen, um zu zeigen, dass sie unbewaffnet waren. Auch Griechen und Römer sagten sich bereits auf diese Weise guten Tag. Das Händeschütteln lässt sich vielfältig variieren, zum Beispiel indem man gleichzeitig eine Verbeugung (einen Diener) macht oder die linke Hand zusätzlich um die Hand des anderen legt. Stärke des Händedrucks, Schüttelrhythmus und -dauer sind ebenfalls flexibel.

Jugendliche haben völlig andere Rituale entwickelt, wie das Abklatschen («high five»). Stark auf dem Vormarsch ist auch das Küsschen oder die Bussi-Bussi-Begrüßung (nicht nur in der Schickimicki-Gesellschaft). Es wird niemanden verwundern, dass es die «Grande Nation» war, die das Knut-

Saubere Jacke reicht nicht, auch die Öhrchen müssen bei der Begrüßung gut riechen. Mutti und Nicki 2007 in Berlin.

schen exportiert hat. In Frankreich gibt es eine Vielzahl von Varianten: einmal links, Wange an Wange, ohne Berührung mit einem in die Luft gehauchten Kuss; oder zusätzlich noch einmal rechts und Schluss; oder links, rechts, links und dann Ende; oder links, rechts, links, rechts; oder aber rechts, links, rechts, links. Schlecht ist, wenn man links will und das Gegenüber rechts versucht. Das passiert sogar den Franzosen immer wieder, ist dann megapeinlich, aber eben nicht zu verhindern. Selbst der «Knigge», der doch eigentlich dazu da ist, Peinlichkeit nicht aufkommen zu lassen, empfiehlt resigniert: «Eine Regel, ob Sie zuerst links oder rechts küssen, gibt es nicht. Achten Sie auf die Körpersprache des anderen.»

Trotz des erhöhten Peinlichkeitsrisikos nutzen vor allem Männer gern die Chance, sich attraktiven Frauen so zu nähern. Die Frauen sehen das eher mit gemischten Gefühlen, denn in Frankreich begrüßen sie sich traditionell nur untereinander so, während Männer sich nur die Hand geben und sich maximal auf Schulter oder Rücken klopfen. Das muss im Süden Italiens, in Sizilien, nicht angekommen sein. Dort küssen sich auch die Männer! Wie Verliebte fallen sie übereinander her. Manchmal verlieren sie in ihrer Euphorie dabei sogar ihre geliebten Sonnenbrillen, oder ihre Bärte verheddern sich ineinander.

Noch weiter haben es die Kommunisten getrieben. Den sozialistischen Bruderkuss platzierten die Angehörigen der Arbeiterklasse bisweilen direkt auf den Mund. Leonid Breschnew, Führer der Sowjetunion und Kettenraucher, muss dabei wie ein voller Aschenbecher gestunken haben. Wer von ihm geküsst wurde, wusste: Sein Land wird eigentlich von Moskau aus regiert.

Der sozialistische Bruderkuss hat sich aus dem russisch-orthodoxen Osterkuss entwickelt. Die Sizilianer haben das Begrüßungsschmatzen wahrscheinlich von ihren ehemaligen Besatzern, den Arabern, beigebracht bekommen. Diese versuchen in einer Art Rauferei die Hände des anderen zu küssen oder – falls vorhanden – auch den Bart.

Ein solches kampfsportähnliches Verhalten ist den Polynesiern fremd. Sie nehmen die Hand des Gegenübers und führen sie langsam über das eigene Gesicht, hygienische Vorbehalte sind dabei unbekannt. Ähnlich intensiv erkunden sich die Lappen und Mongolen. Sie beschnuppern sich an den Wangen und reiben dann ihre Nasen aneinander. Machen die Eskimos (Inuit) ja auch! Am Telefon kann man sich so natürlich nur schwer begrüßen. Aber da gibt es auch keine wirklich standardisierten Rituale mehr. «Hallo», «Wer da?», «Ja, bitte!», «Hier spricht» etc. Es gibt eine Menge Möglichkeiten. Nur in Italien nicht. «Pronto» ist garantiert das erste Wort am Telefon. Dafür machen die Italiener einem die verbale Begrüßung schwer. «Buon giorno» (guten Tag) sagt man bis zum Mittagessen («pranzo»), danach heißt es «buona sera» (guten Abend). Aber was ist mit dem frühen Nachmittag?

Das Internet schließlich hat die Begrüßungsformeln bis aufs Wesentliche reduziert. In E-Mails wurden aufgeblasene Formulierungen wie «Sehr geehrter Herr von und zu Blasius» verdrängt von einem locker leichten «Hi Blasius, alte Socke!». Und in der SMS lässt man Begrüßungsformeln oft ganz weg. Bei hundertsechzig möglichen Zeichen muss man sich aufs Wesentliche konzentrieren: «Mach gerade tolle Sachen und du?» Im Mittelalter wäre man dafür in hundertsechzig Teile zerlegt worden.

Was also ist von der Begrüßung heute noch zu halten? Die Briten haben das richtige Maß gefunden. Sie grüßen mit leichtem Kopfnicken lässig aus der Entfernung. Es gibt kein Abschlecken und Herumschnuppern, trotzdem ist man freundlich und offen. Auch beim ➶Abschied machen sie kein Theater – sie gehen einfach. Aber wenn die Briten bei der Begrüßung doch mal auf Tuchfühlung gehen, kann das umwerfende Wirkung haben. Auf einer Party in Los Angeles gab David Beckham, britischer Fußballstar, einer Frau ein Küsschen auf die Wange. Die Frau fiel daraufhin sofort in Ohnmacht. Wie Augenzeugen berichteten, blieb Beckham cool, als habe er so etwas öfter schon erlebt: «Holt ihr Wasser, es geht ihr gleich wieder besser!»

Die Briten!

Brautstraußwerfen Es war eine schlimme Zeit. Es stank schon, als man morgens aufstand. Ein animalischer, ekelerregender Geruch lag in der Luft. Die ➶Körperpflege erschöpfte sich darin, dass man mit einem trockenen Lappen kurz über diejenigen Hautpartien wischte, die nicht von Kleidung bedeckt waren. Auf keinen Fall durfte der Körper mit Wasser in Berührung kommen. Die Ärzte hatten herausgefunden, dass Wasser Pest und Syphilis auslöste. Gesund konnte nur bleiben, wer es schaffte, seine Poren mit Schmutz zu verschließen. Selbst die Kleidung stand vor Dreck! Wer es sich leisten konnte, trug einen sogenannten Flohpelz, in dem sich Ungeziefer sammelte. Alle anderen waren den Angriffen von Läusen und Flöhen schutzlos ausgeliefert.

Während der Renaissance (14.–17. Jahrhundert) stank es im Bett, im Zimmer und in der Wohnung. Es stank im Haus und auf der Straße. Es stank im Dorf und in der Stadt. Es stanken Kinder, Frauen, Männer, Arm und Reich. Bei großen Menschenansammlungen fielen immer wieder Leute in Ohnmacht, weil sie den Mief nicht mehr ertrugen. Andere mussten sich vor Ekel übergeben, was den Geruch nicht unbedingt verbesserte. Wieder andere bluteten aus der Nase. Damit merkten sie zwar vom Gestank nichts mehr, hatten aber ein anderes Problem: die Pest.

Die Renaissance muss nur aus einem einzigen Grund olfaktorisch so präzise beschrieben werden: Wenn alles täglich unerträglich stinkt, ist es ein Traum, für kurze Zeit etwas Angenehmes oder gar nichts zu riechen. Dieser Traum erfüllte sich damals bloß für Brautpaare. Denn irgendjemand hatte die geniale Idee, sie mit frischen Blumen auszustatten, die sie sich direkt vor die Nasen halten konnten. In vollbesetzten Kirchen muss es schlimmer gerochen haben als im Enddarm einer Kuh! Aber Brautleute waren durch die Blumen geschützt. Sie sahen nur noch, wie Menschen ohnmächtig rausgetragen wurden, riechen mussten sie sie nicht mehr. So war der Hochzeitstag in der Renaissance wirklich der schönste Tag im Leben. Mehrere Stunden lang konnte man den Gestank der Welt auf Distanz halten. Zumindest bist zur Hochzeitsnacht.

Der Gestank der Renaissance ist mittlerweile verflogen, aber der Blumenstrauß der Brautleute hat überlebt. Heute darf die Braut ihn alleine tragen. Im komplexen Regelwerk einer modernen Hochzeit in Mitteleuropa beziehungsweise den USA spielt er eine zentrale Rolle. Er muss nicht mehr der Nase schmeicheln, sondern in Farbe und Form mit dem Brautkleid harmonieren. Allerdings will die Tradition es, dass der Bräutigam den Strauß besorgt. Gleichzeitig verbietet sie ihm, das Kleid vor der Hochzeitsfeier zu sehen.

Schon hier beginnen die «diplomatischen Verwicklungen». Sie setzten sich fort beim Problem des Brautstraußwerfens. Wird der Strauß geworfen – was viele Hochzeitsausstatter und -veranstalter empfehlen –, ist er erst mal weg. Die Tradition will aber auch, dass die Braut ihn trocknet und als schöne Erinnerung aufbewahrt. Viele Hochzeitsausstatter raten deswegen zur Anschaffung einer minderwertigen Kopie. Die kann dann beim Brautstraußwerfen geopfert werden.

Bis heute ist ungeklärt, woher das Ritual des Brautstraußwerfens stammt. Möglicherweise ist es bei puritanischen Hochzeiten in Großbritannien entstanden. Auf spielerische Weise sollten sich die anwesenden Junggesellen so einen Überblick verschaffen können, wer von den Gästen «noch zu haben» ist! Teilnehmen beim Werfen dürfen nämlich nur die unverheirateten weiblichen Gäste, früher sogar nur Jungfrauen. Die Braut stellt sich mit dem Rücken zu ihnen und wirft den Strauß – die Kopie – hinter sich. Der Brauch sagt, dass die Fängerin im nächsten Jahr heiraten wird. Der Bräutigam kann mit den männlichen Gästen ein ähnliches Ritual durchführen. Er wirft dabei allerdings keinen Strauß, sondern ein blaues Strumpfband seiner Braut.

Wesentlich erotischer sind da die Hochzeitsspielchen der Franzosen. Da dreht sich zwar auch alles um das Strumpfband, aber das sitzt noch am Bein der Braut. Sie lässt sich von den männlichen Gästen dafür bezahlen, den Rock ein wenig anzuheben. Die weiblichen Gäste müssen zahlen, damit er wieder fällt. Ziel der Männer ist es, den Rock stückweise so weit angehoben zu bekommen, dass sie das Strumpfband sehen können. Die Frauen versuchen, das zu verhindern.

Zwar werden sie scheitern, allerdings kostet dieser Hochzeitsspaß die Männer auch eine schöne Stange Geld.

In Deutschland hat sich natürlich das langweiligere, jugendfreie Brautstraußwerfen etabliert. Es gibt keine Untersuchungen darüber, wie viele Fängerinnen des Brautstraußes tatsächlich im nächsten Jahr heiraten. Mit gesundem Menschenverstand kann man wohl davon ausgehen, dass das bloße Fangen des Straußes die Chancen auf eine Hochzeit nicht signifikant erhöht. Wesentlich wahrscheinlicher ist es, dass Braut und Bräutigam in absehbarer Zeit wieder Singles sind – die Scheidungsrate in Deutschland liegt bei über fünfzig Prozent. Da kann die Braut ihren Strauß auch gleich selber fangen.

Eine billige Kopie hinter sich zu werfen, dabei einer Tradition zu folgen, die niemand erklären kann, die möglicherweise in einer verkrusteten puritanischen Gesellschaft ihren Ursprung hat, ist heute ein völlig sinnentleertes Ritual. Vermutlich das Produkt der kranken Phantasie irgendwelcher Floristikmarketingstrategen, die es aus Eigeninteresse am Leben erhalten. Brautstraußwerfen stinkt genauso wie die Renaissance! Wenn überhaupt Hochzeit und Spiele, dann wollen wir das Strumpfband sehen …

Comeback 1968 kehrten sie das erste Mal zurück. Sie sahen nicht gut aus. Käsig wie sieben Seekranke umstanden sie ein altes Farmhaus, in das sich ein paar appetitliche Humanoide geflüchtet hatten. Sie fraßen Menschen und waren nur zu stoppen, wenn man ihnen direkt ins Gehirn schoss. In

Die blonde Stimme Südafrikas: Howard Carpendale bei dem Versuch, sich zu erinnern, sein wievieltes Comeback er da eigentlich gerade ankündigt.

einem Schwarzweißfilm taumelten sie mit steifen Armen und Händen durch die Lande. Man nannte sie Zombies – Tote, die wiederauferstanden waren.

Der Film «Die Nacht der lebenden Toten» ist heute Teil der Zelluloid-Sammlung des «Museum of Modern Art». Wer ihn damals sehen wollte, sollte laut deutschem Werbetrailer «nicht vergessen, seine Nerven zu Hause zu lassen!» Dieser Meilenstein des Horrorgenres – «Gänsehaut für Kenner» – bewies, dass die Menschen gerne ihre Ruhe haben, wenn sie sich schon mal die Mühe gemacht haben, jemanden unter die Erde zu bringen. Sie wünschen keine weiteren Störungen mehr. Erst recht nicht durch Geister, Widergänger oder wankende, zermatschte Leiber mit gebrochenen Augen und sehr, sehr schlechten Zähnen.

Am 5. März 2009 kündigte Michael Jackson auf einer Pressekonferenz sein Comeback für den Sommer desselben Jahres an. Die Fans kreischten. Die Journalisten durften nicht allzu viele Fragen stellen. «I love you all!» Anfangs hieß es, er wolle sich mit zehn Konzerten nochmals an den Zenit des Pophimmels hieven. Einen Monat später sollten es nach dem Willen des Veranstalters schon fünfmal so viele sein, und alle waren ausverkauft. «Ich weiß nicht, wie ich fünfzig Konzerte durchstehen soll!», sagte Jackson laut «Daily Telegraph».

Alle Welt mutmaßte, «Wacko Jacko» werde sich bis auf die wenigen echten Knochen im Leib blamieren. (Der Film «This is it» bewies später das Gegenteil.) Nur der kleine Bruder des Todes, der Schlaf, hatte kein Interesse mehr an ihm. Am 25. Juni 2009 war die Dosis des Narkotikums Propofol zu hoch: Jackson starb. Aus allen Löchern krochen plötzlich trauernde Wesen: Gefühlszombies. Allen voran Jacksons Vater Joe, der Beschreibung seiner Kinder nach ein berechnender, brutal prügelnder Unhold. In einer Talkshow stellte er trocken fest: «Mein Sohn ist tot mehr wert als lebendig.» Tatsächlich verkauften sich die Platten des King of Pop *post mortem* bis zu siebenhundertmal besser als zu Lebzeiten. «Die Welt» titelte daher ebenso richtig wie widersinnig: «Jacksons Tod ist das Comeback des Jahres».

Das Ritual des Comebacks ist ein wesentlicher Bestandteil unseres öffentlichen Lebens. Es ist die glamouröse Abwandlung eines bekannten Kinderspiels. Das Spiel heißt «Kuckuck! – Böh!». Babys lieben es. Nur wenige Erwachsene sind allerdings in der Lage, es länger als fünf Minuten zu spielen, ohne den Verdacht aufkommen zu lassen, das kleine

Einmaleins bilde für sie plötzlich wieder eine unüberwindliche intellektuelle Hürde.

Das Baby liegt auf dem Rücken und guckt. Dann kommt Oma und hält sich die Hände vors Gesicht. Dabei sagt sie: «Guckguck!» Das meint: «Ja, wo ist denn die Oma?» Kein Bild, diffuser Ton? Ja, wo ist denn die Oma …? Irgendwie weg. Und jetzt aber – sie öffnet die Hände, als würden ihr die Scheuklappen entfernt – «Böh!».

Daaahhh ist die Oma.

So ein Spaß!

Erst weg – dann wieder da. Oben, unten, *in* und *out* sind die Koordinaten des Spiels, von dem die Zeitungen täglich voll sind. Und wer da nicht alles im Laufe eines Jahres sein Comeback ankündigt: Allein 2009 waren es, nur so als Beispiel, Lynyrd Skynyrd, Kiss und Ultravox, die 2010 wieder auflaufen wollten. Auch Robbie Williams hatte sich vorgenommen, 2009 wieder voll da zu sein, schaffte es aber nur auf den gefühlten Platz 5 seiner eigenen Erfolgsskala. Irgendwo tingelte sicher noch Chris Norman von Smokie mit seinem neunzigsten Comeback durch die Lande. Nur Johannes Heesters zögert aus unerfindlichen Gründen, seine Tourneedaten für das neue Jahrzehnt preiszugeben.

Die allgemeinen Voraussetzungen für ein Comeback dürften hinlänglich bekannt sein. Ohne Popularität keine dauerhafte Rückkehr ins Rampenlicht. Wer den anderen nichts zu geben hat, wird auch nicht nachgefragt. Das ist kein Qualitätsurteil, denn es gibt ja auch Menschen, die DJ Ötzi gut finden. Wenn Kassiererin Elfriede P. morgens um 7.00 Uhr Paletten ablädt und dann die Kasse mit Wechselgeld befüllt, stürmen nicht die Kollegen herbei und beglückwünschen sie zu ihrem furiosen Comeback. «Chapeau, Elfriede! Gestern erst um 19.15 Uhr aus dem Haus, heute schon wieder Frühschicht. Wie du die Kartoffeln stapelst – Hammer! Und zwischendurch auch noch die Kinder bekocht und zugedeckt!» Ohne Ruhm kein Comeback.

Um einen Wiedereintritt in den Orbit des Planeten Popularis feiern zu können, muss man sich ferner eine Weile in anderen Sphären aufgehalten haben. Mindestens aber auf der erdabgewandten Seite des Mondes. Dann trete man erneut vor die Öffentlichkeit und verkünde Sensationelles: «Isch habe die Bühne vermisst», sagte zum Beispiel Howard Carpendale, nachdem er 2003 für fünf Jahre in der Versenkung verschwunden war und dort sein Handicap im Golf verbessert hatte.

Daliah Lavi ließ sich zum Jagen tragen. Die gebürtige Israelin – «Wer hat mein Lied so zerstört?» – verriet der «Welt am Sonntag», es sei ihr Manager gewesen, der sie daran erinnert habe, dass es Zeit für eine Ehrenrunde sei: «Du weißt es nicht, Daliah, du lebst in Amerika, aber deine Musik, deine Titel werden jeden Tag auch heute noch im Radio gespielt. Die Leute wollen dich noch mal sehen.» Fünfzehn Jahre nach ihrem letzten Bühnenauftritt ging sie, fast siebzig, Anfang 2009 auf eine Abschiedstournee. Die Platte war ein Erfolg, das Comeback geglückt.

Halb so alt ist das Schlagerschönchen Michelle. Nach Nervenzusammenbrüchen, Schlaganfall, dem Betrieb eines Hundesalons und privater Pleite (in ungefähr der Reihenfolge) tauchte sie im Herbst 2009 nochmal auf und gab ihr «Comeback zum Abschied» – das ist etwa so, als würde man eine Rede mit den Worten «Auf Wiedersehen, meine

Damen und Herren!» beginnen. «Da ich meinen Fans immer einen tollen ➶Abschied versprochen habe, entschloss ich mich, mit ‹Goodbye Michelle› mein Versprechen zu halten und Danke zu sagen.» Danke Michelle. Mit frischgestanzten Sätzen aus der Worthülsenfabrik fasste sie die Lage vorbildlich zusammen: «Ich kann's noch gar nicht fassen, ich bin wieder da!»

Guckguck.

Bööh!

Im selben Jahr hatte auch Tina Turner mal wieder ihren Abschied gefeiert. Nach fünfzig Jahren auf der Bühne und x Comebacks beendete sie ihre Konzerte in gürtelbreitem Röckchen und mit den Worten: «Wir werden uns wahrscheinlich nicht wiedersehen!» Wahrscheinlich.

Keiner tritt vor und sagt: «Ich kann gar nix anderes. Ist mir aber auch erst in der Auszeit aufgefallen. Und übrigens brauche ich Geld.» Nicht mal Matthias Reim, obwohl der stets und ständig einräumt, total abgebrannt zu sein. Er hat schließlich sein gesamtes Geld durch Immobilienspekulationen seines Managers verloren. Zehn bis fünfzehn Millionen Euro Schulden sollen dabei aufgelaufen sein. Reim wird Comebacks bis zum Sankt-Nimmerleins-Tag versuchen müssen und gleicht darin Prometheus, dem – an einen kaukasischen Felsen gekettet – jeden Tag aufs neue die Leber rausgehackt wurde, weil er den Menschen das Feuer brachte. Das erfolgreiche Comeback hat im Hause Reim jeden Tag aufs Neue nur der Adler, das heißt der Verursacher des Schmerzes, den jeder Verlust mit sich bringt.

Und damit sind wir bei einem der wichtigsten Kriterien für ein großes Comeback: Tragik. Je schwieriger die Lage vor dem Wiederantrittsversuch, desto größer die Überschriften in der Zeitung. Geburt ist okay, fortgeschrittenes Alter (siehe oben) Standard, Krebs ist optimal, nur Koma noch besser. Das sind die zynischen Messlatten, nach denen sich die Buchstabengröße der blutroten Lettern bemisst. Unter dem Vergrößerungsglas der Medien studieren wir das Treiben der Stars und lernen: So kann man es schaffen. Oder hämisch: So nicht! Gefeiert wird meist ein Sieg über den schwächelnden Körper.

Im September 2009 siegte die sechsundzwanzigjährige Belgierin Kim Clijsters bei den US Open, anderthalb Jahre nach der Geburt ihrer Tochter Jada. Sie war die erste Mutter seit neunundzwanzig Jahren, die ein Grand-Slam-Turnier für sich entscheiden konnte. Lance Armstrong war ein ausgezeichneter Radrennfahrer, der 1995 bei der Tour de France einen Etappensieg herausfuhr. Im Jahr darauf erkrankte er an Krebs, biss sich durch die Chemotherapie und musste seine gesamte Muskulatur neu aufbauen. Er gewann das härteste Rennen der Welt anschließend sieben Mal in Folge.

Bei Profiboxern gilt die goldene Regel «They never come back». Wer sich einmal an die Spitze eines Verbands geboxt und einen Weltmeistertitel mit phantasievollen Nasenformen und Blumenkohlohren bezahlt hat, sollte sich so lange wie möglich im Sonnenlicht der öffentlichen Aufmerksamkeit aalen. Und dann still und leise abtreten.

Max Schmeling, Muhammad Ali, Graciano Rocchigiani und Dariusz Michalczewski hielten die prügelfreie Zeit nicht lange aus. Sie stiegen alle noch einmal in den Ring und unterlagen. Dabei wurden sie aber durchgängig nicht ganz so bratfertig geklopft wie Axel Schulz bei seinem gescheiterten

Comeback-Kampf gegen den amerikanischen Kabelmonteur Brian Minto. Noch heute kaut Schulz darauf herum. Auf seiner Homepage schreibt er: «Was bleibt an den Tagen und Wochen danach? Sicher nicht die Fragen – Wer war schuld? Hätte ich einen leichteren Gegner wählen sollen? Wäre ein anderer Trainer besser gewesen? – Weil ich für alles selbst verantwortlich war und selbst entschieden habe. Was bleibt, ist etwas Großes und Positives: Ich hab es für mich gemacht. Danke an alle, die geholfen haben.»

Sind Menschen indes nach moralischen Verfehlungen öffentlich in Ungnade gefallen, soll ein Comeback zugleich die Rehabilitierung bringen. Wenn jemand wie Kate Moss beim Kokainschnupfen erwischt wird wie 2006, springen die Sponsoren vorgeblich schockiert ab. Moss tat Buße, trennte sich von ihrem drogenabhängigen Freund Pete Doherty und machte eine Entziehungskur. Die Jahreseinkünfte verdoppelten sich laut «The Independent» anschließend auf vierzehn Millionen Euro.

Tiger Woods verkündete im Dezember 2009, er wolle sich fortan mehr darum bemühen, ein besserer Ehemann, Vater und Mensch zu werden. Nachdem die Welt das hämische Vergnügen hatte zu erfahren, dass der wohl beste Golfspieler aller Zeiten – angeblich der erste Profisportler, der mehr als eine Milliarde Dollar verdient hat – nicht nur auf dem Golfplatz mit Einlochen beschäftigt war, legte er den Schläger erst einmal beiseite. Woods zeigte sich fortan nur noch zerknirscht in der Öffentlichkeit. Sein Gesicht verkündete sieben Tage Regenwetter, man wähnte ihn unter einer unsichtbaren Dauerdusche, aus der Nesselsud tropfte. Sein erstes fünfminütiges Interview zur Causa Woods im März

2010 zeigte ihn ebenso kleinlaut wie nichtssagend. Und im April schon stand er wieder auf dem Platz.

Leichter nimmt man alle Unwägbarkeiten mit Humor. Das belegt wenigstens, dass man wirklich über den Dingen steht, also da ist, wo alle hinwollen. Die Amerikaner sind darin nach wie vor weltweit führend. (Vielleicht liegen aber auch nur zu wenige indische und chinesische Magazine in Übersetzung vor.)

Sylvester Stallone zum Beispiel hat nicht nur die geilste Stimme Hollywoods, laut «dpa» wie ein Bass mit eingebautem Verstärker, sondern auch hinreichend Distanz zu sich selbst. Als eine Reporterin ihn fragte, ob er denn statt unansehnlicher Prügelfilme nicht mal eine romantische Komödie drehen wolle, meinte er: «Mit *dem* Gesicht?» Stallones Humor wird dem Vernehmen nach nur von Cher übertroffen. Sie kennt ihre ästhetischen Mängel und arbeitet hart daran. Sechs Stunden dauert es, bis ihr Gesicht vor Kameras darf. Und das war 1998, noch im vierten Jahrzehnt ihrer Karriere. Sie berichtete zeit ihres Lebens freizügig über ihre Schönheitsoperationen und Burnouts, ihre desaströsen Ehen und ihren sexuellen Appetit: Wenn ihr bei Konzerten einer gefiel, sagte sie zu ihren Zofen: «Zieht ihn aus, wascht ihn und bringt ihn in mein Zelt!» Gefragt, wie sie all die Ups und Downs, die Wendungen und Verwicklungen ihrer Karriere überstanden habe, erzählte sie einen Witz. «Wer überlebt den Atomschlag? – Kakerlaken und Cher!»

Dieser Wille zur selbstentblößenden Maskerade zeichnet auch die amerikanischen Hartrocker Kiss aus, nach den Beatles und den Stones die erfolgreichste Rockband auf dem Globus. Geschätzte achtzig Millionen Alben haben

Kiss verkauft. 1973 betraten sie erstmals die Bühne, und in den folgenden Jahren verkörperten sie dort die Figuren Demon, Starchild, Spaceman und Catman. 1983 zeigten sie sich erstmals ungeschminkt. Seitdem haben Kiss alle Mittel genutzt, die Technik, Pressearbeit und Promotion bieten, um ein Comeback nach dem nächsten zu erleben. Auch ihr Merchandising ist perfekt. 2001 warfen sie für knapp fünftausend Dollar eine Devotionalie auf den Markt, mit der man die Zeit zwischen zwei Comebacks oder Konzerten der Band in aller Ruhe überbrücken kann. Entweder weil man seine Getränke darin kühlt oder zur Probe darin ruht: Der «Kiss-Sarg» – schwarz lackiert, mit dem Schriftzug «Kiss Forever» und den Schminkmasken der Musiker geschmückt – ist für die Fans in aller Welt bestimmt, für «unsere Armeen», wie Kiss sie nennen. Nach ihrem Ableben sollen alle ewig darin ruhen, Fans wie Bandmitglieder. Kurz zuvor haben sie hoffentlich den Schlachtruf gemurmelt, mit dem die Band jedes Konzert eröffnet: «You wanted the best? – You got the best!» Solange man das nicht hatte, will man es immer wieder suchen.

Dinner, Candle-Light- Welcher verträumte Wirrkopf ist eigentlich auf die Idee gekommen, dass man bei Funzellicht offenherzig und paarungswilliger wird? Man ist doch gar nicht ganz bei Sinnen! Und zudem noch erschöpft von den organisatorischen Anstrengungen, die ein solches Tête-à-Tête erfordert. In einem Meer aus Terminverbindlichkeiten muss ein Inselchen der Ruhe gefunden werden, ohne den

Der schmierige Franz, einer der bekanntesten Heiratsschwindler der Neunziger, hier mit seiner Ausbilderin Ilona beim Grundkurs «Candle-Light-Dinner». Beide sitzen heute in verschiedenen Haftanstalten jeweils in Einzelzellen ein.

Eindruck zu erwecken, man koordiniere dies wie einen weiteren schnöden Werkstatt- oder Friseurtermin. Es gilt, ein gerade neu eröffnetes In-Restaurant zu wählen, das weder als Sportsbar noch als Ludentreff fungiert – in manchen Gegenden nicht so einfach –, und dann vor Ort den Tisch in Sekundenbruchteilen auf seine strategische Position im Raum hin zu überprüfen: zu hell, zu dunkel, zu laut, zu leise gelegen? Portemonnaie und Handy sind zu verorten, Letzteres muss demonstrativ abgestellt werden. Die Wahl der Speisen und Getränke darf nicht zu lange dauern, andernfalls entsteht der Eindruck, man sei wankelmütig oder, noch schlimmer, überzogen anspruchsvoll. Aber gehetzt wirken darf es auch nicht. Sonst ist man ein Banause. Und bitte hübsch lächeln. Stets irgendwie altersmilde und grenzdebil zugleich.

Jahrtausendelang fehlte in allen Bauernkaten von Romantik jede Spur. Trotz Kessel überm offenen Feuer und Funkenflug begattete man sich, nur in Fetzen gehüllt, eher wortkarg. Wenn da mal Essensreste im Gesicht herumwanderten wie bei Loriot die Nudel um Mund und Nase, wurde das schnoddernd am Ärmel abgewischt. Fertig. In den Katen ging es um Überlebensgemeinschaften. Bei Loriot stellt der alleinstehende angehende Leiter der Einkaufsabteilung fest, dass das Glück nur zu zweit komme. Dabei schmiert er sich mit leichtem Überbiss das klebrige Stück Pasta an die Nasenwurzel. «Warum sagen Sie denn nichts, Hildegard?»

Kerzenlichtabendbrot ist etwas für Bürger und Neureiche, ein Candle-Light-Dinner sogar ein exklusives Event für World Citizens. Also uns. Dieses Ritual gibt es laut Werbung mittlerweile auch in einer Heimversion für Schmalhans. Quasi light. Lediglich zwei Kerzen, Fertigpizza, billiger Rotwein, klein karierte Tischdecken und hantelschwere Serviettenringe müssen aufgefahren werden, um ans Ziel zu kommen. Und nur noch mal für alle, die das nach all der Anstrengung vergessen haben, was das eigentliche Ziel dieses Stelldicheins ist: romantische Bezirzung, Vereinigung. Selbstauflösung. Liebe. Aber sicher keine Crème brûlée.

Tageslicht zwingt zum Hinsehen, das Halbdunkel erlaubt, von noch Schärferem zu träumen. Daher kann man bei Kerzenschein tatsächlich so anziehend wirken wie sonst nur die Sonne auf eine sehbehinderte Motte, die sich auf dem Weg ins gleißende Glück entweder verkühlt (Troposphäre), verausgabt (Stratosphäre), erstickt (Exosphäre) oder vollends verirrt (Sonnenuntergang). Für Motte wie Mensch gilt: Es gibt kein größeres Irrlicht als die Einbildungskraft. Das Candle-Light-Dinner verhüllt und lockt. Es täuscht uns arg. Das dient dem Arterhalt.

Wir kennen das vom Anglerfisch mit seinem dünnen Stäbchen, Angel genannt, an denen mal wurmförmiges Gezappel, mal ein kräkeliger Fortsatz hängt. In der Dunkelheit der Tiefsee helfen Bioluminiszenzen ihm, sich interessant zu machen. Leuchtbakterien hausen in den Ködern und flüstern lautlos: Petri heil!

In der schier endlosen Schwärze glimmt plötzlich die Hoffnung auf Befriedigung einfachster Bedürfnisse, so wie das Kerzenlicht verzaubert. Das wirkt anziehend. «Oh lecker, da leuchtet was!» ist der letzte Gedanke, den die angehende Speise hat, bevor ihr der finale Schock der Erkenntnis in die Gräten fährt. Will das Opfer gerade daran knabbern, reißt der getarnte Kollege das Maul auf und saugt es ein. Auf menschliche Verhältnisse übertragen, ist das der Moment, wo Männe sein Jahreseinkommen andeutet, mit dem Bentleyschlüssel klappert und auch sonst eine Menge Staub aufwirbelt.

Menschen sind neugierig aufeinander. Was will man da machen? Man verabredet sich zum Essen. So hat man vorgebaut. Ist das Gegenüber als Gesprächspartner und potenzieller Liebhaber ein Totalausfall, bleiben als Trost Speis und Trank. Will man aber die Wahrheit über einen Menschen erfahren, muss man ihn eigentlich bei Lichte betrachten. Nicht im Halbdunkel. Da erliegt man eher dem Schein. Verhöre legen von dieser Tatsache Zeugnis ab. Wenn der *bad cop* den

Tatverdächtigen ausquetscht, ist der *good cop* ja nicht damit beschäftigt, ein Kerzlein anzuzünden, um im Schummerlicht die Antwort auf die Frage zu erfahren, wo denn bitte schön die Beute versteckt ist.

Die Römer waren es, die im 2. Jahrhundert Kerzen an Dochten heranzogen. Zuvor nutzte die Welt vor allem Öllampen und Pechfackeln. Von daher müsste die gesamte Spätphase des römischen Reiches eigentlich ein Arkanum für Liebende gewesen sein, ein dauerhaftes Stelldichein auf Speiseliegen. Besieht man jedoch die Delikatessen, an denen sich wohlhabende Römer erfreuten, ahnt man, warum die Festmahle abends im Halbdunkel stattfinden mussten. Pulmentum und Garum waren für alle Schichten die Hauptbestandteile der Cena, der Abendspeise. Pulmentum ist ein fetter Dinkelbrei, ein Vorfahre der Polenta. Garum wurde meist aus gesalzenen, fermentierten Makrelen samt Innereien gebrodelt und war stets Zutat in jeder Sauce. Burps.

Da der spartanische Römer morgens und mittags nur wenig zu essen geruhte – offenbar war es ihm zu hell –, saß man des frühen Abends schon mal vier bis fünf Stunden zusammen und schaufelte. Hier seien nur die Appetizer genannt, damit wir anschließend nicht auf die Hauptspeise, nämlich gebratenen Papagei oder mit Pinienkernen und Schweinfleisch gefüllte Haselmäuse, zu sprechen kommen müssen. Als Antipasti wurden gereicht: Quallen und Eier; Saueuter, mit gesalzenen Seeigel gefüllt; Hirn, mit Milch und Eiern gekocht; gekochte Baumpilze in gepfefferter Fischsauce; Seeigel mit Gewürzen, Honig, Öl und Eiersauce. Das sind Gerichte, die selbst dem hartgesottensten Masochisten beim ersten Treffen gründlich den Appetit verderben können.

Spätestens jetzt erkennen wir einen weiteren Vorteil des Rituals Candle-Light-Dinner: Beim Kerzenschein kann man seine finstere Miene verbergen angesichts liederlicher Tischmanieren, öder sprachlicher Ergüsse, unliebsamer Speisepräferenzen, der geschmacklosen Krawatte oder des billigen Make-ups. Noch besser ist da völlige Dunkelheit, eine Geschäftsidee, die weltweit um sich greift. Dunkelrestaurants sind en vogue. Vordergründig, um den Geschmackssinn zu schärfen. Tatsächlich aber wohl eher, um von den Unzumutbarkeiten des Gegenübers ganz absehen zu können.

Während Sie also noch in einem stereotypen Ritual gefangen sind, denken wir schon über die Zukunft des Candle-Light-Dinners nach. Unterwerfen Sie sich derweil ruhig weiter dem tumben Diktat einlullender Romantik, um – umgeben von zahllosen anderen gefühlsduseligen Paaren – unter den Klängen einer Café-del-Mar-CD, die Hände aufeinanderlegend, in die vor den Pupillen tanzenden Flammen zu starren. Suchen Sie unseretwegen weiter dort den Beweis, dass nur Sie es sind, der oder die dem Gegenüber dieses besondere Gefühl geben kann, dass man einander gefunden hat, hier im Dunkel, auf den unbequemen Stühlen hockend, weinselig, vom Tagewerk erschöpft, aber eben nicht vor dem Fernseher; sondern eben da, in diesem Restaurant, wo man reservieren muss, um einen Tisch zu bekommen. Wie einzigartig. Bravo. Aber leicht zu überbieten.

Extrem gut Betuchte können schon heute auf der ISS, der International Space Station, ihr Dinner einnehmen. Bislang gaben aber nur Herren ohne Damenbegleitung die rund 17 Millionen Euro Flugkosten pro Nase aus. Gemeinsames wie einsames Speisen an Bord der ISS sieht dann so aus: Unter dem ohrenbetäubenden Lärm der Luftreinigungsaggregate dockt man seine Fressbeutel an sogenannte *hydration stations* an. Durch eine Nadel schießt Wasser in das obskure Pulver, das sich nach dem Kneten in eine Art Schweinefleischkartoffelbrei mit Rosenkohlgeschmack verwandelt. Es folgt ein Bad in heißem Wasser, der Beutel wird aufgerissen und der Inhalt vorsichtig ausgelöffelt.

«Das war Katzenfutter», befand einer der besten Köche Deutschlands, Harald Wohlfahrt, beim Verkosten auf der Erde. Im Auftrag der European Space Agency entwickelte er – kochen mag man es nicht nennen – ein Kompott vom Kalbsbäckchen mit Gemüse in Balsamico-Sauce und weißem Bohnenpüree. Die robuste Masse wird in Dosen serviert und jenseits aller bekannten Tischmanieren verputzt. «Ich habe Kameraden von mir gesehen, die schwebten in der Schwerelosigkeit ihren Essensbrocken hinterher, als wären sie Haifische auf der Jagd nach Beute», berichtet der weltraumerprobte amerikanische Astronaut R. Mike Mullane, mehrfach mit den Raumtransportern «Discovery» und «Atlantis» unterwegs.

Und das ist sie denn auch, die fast schon greifbare Zukunft des Candle-Light-Dinners: Sie buchen einen Ausflug zu zweit bei einem der im Aufbau befindlichen Weltraum-Touristikunternehmen. Für verhältnismäßig günstige 200 000 US-Dollar fliegen Sie zum Beispiel mit Virgin Galactic, der Airline des exzentrischen Milliardärs Sir Richard Branson. Nachdem Sie in der Mojavewüste in Kalifornien gestartet sind, werden Sie in fünfzehn Kilometer Höhe vom Trägerschiff abgekoppelt und kacheln dann mit viertausend Sachen in den suborbitalen Raum. Dort zünden Sie im Schein des Blauen Planeten eine Kerze an und staunen tüchtig, dass die Flamme in der Schwerelosigkeit dem Wasserschirm ähnelt, der an Betonpilzen in Spaßbädern herabrinnt. Zeit für ein Häppchen aus der Dose. Sie lutschen das Kalbsbäckchenragout. Jetzt schon – die Zeit bis zum Rückflug drängt – kommt das, was Laura Woodmansee, die Autorin des Buches «Sex in Space», eine «Killerapplikation des Weltraumtourismus» genannt hat. Der Koitus in Schwerelosigkeit.

Angeblich 1982 zum ersten Mal von der russischen Astronautin Swetlana Sawitskaja plus Mannschaftsmitglied und zehn Jahre später nochmals von einem amerikanischen Ehepaar absolviert, wird der Akt bis heute weder von Amerikanern noch von Russen kommentiert. Dafür beschreibt Frank Schätzing das Treiben in seinem Roman «Limit» (2009): In eigens dafür geschaffenen Kabinen sorgen spezielle Gurte, bekannt aus Darkrooms und Swingerclubs, dafür, dass der Rückstoß nicht drei Meter weiter mit dem Hintern am Knopf für die Notausstiegsluke endet. Und dann zurück zur Erde.

So schön, so neu, so besonders wird das ausgelutschte Ritual des Candle-Light-Dinners an Bord des SpaceShip-Two also wieder sein. Und vielleicht gehören Sie sogar zu den wenigen, denen es schon beim dritten oder vierten Ausflug ins All gelingt, sich nicht zu übergeben oder vor Angst in die Hose zu machen. Achten Sie auf jeden Fall darauf, ob Ihre Begleitung die Nase rümpft oder Mitgefühl zeigt. Letzteres zeugt, bei Lichte betrachtet, von wahrer Liebe.

Elefantenrunde Fernsehen ist Teufelszeug. Es macht dick und groß. Kluge Menschen können darin tumb und komisch wirken, Trottel dagegen werden zu umschwärmten Superstars. Selbst die TV-Profis wissen manchmal nicht, warum was wie wirkt!

Aber Fernsehen kann auch überraschende Sternstunden bieten, in denen die Nation gebannt auf den Bildschirm schaut. Dann sind die Mächtigen plötzlich ungeschminkt zu sehen: grobschlächtig und authentisch. Am 18. September 2005 war es mal wieder so weit: Alle Welt erwartete das ewig gleiche Politikergequatsche bei der «Elefantenrunde» nach einer Bundestagswahl. Im Studio saßen die üblichen Verdächtigen: Guido Westerwelle, Angela Merkel, Edmund Stoiber, Joschka Fischer und Noch-Bundeskanzler Gerhard Schröder. Aber der hatte wohl gerade eine Extraportion Testosteron geschnupft. Zumindest hatte ihm angeblich kurz vor der Sendung jemand zugeraunt, dass die SPD – nach der letzten Hochrechung leicht hinter der Union – dank einiger Überhangmandate doch noch die stärkste Fraktion bilden könnte.

Schröder stammt aus kleinen Verhältnissen, was ihn zu einer Kämpfernatur hat werden lassen. Und nur der Kämpfer, dem der Glaube an sich selbst in Fleisch und Blut übergegangen ist, hat eine Chance zu überleben. Der Bundestagswahlkampf 2005 mit dem Wahlabend stand symbolisch für sein ganzes Lebens: Schröder kämpfte mal wieder allein gegen alle. Er hatte die vorgezogenen Neuwahlen gegen den Widerstand der eigenen Leute durchgesetzt. Auch wenn selbst die ihm den Erfolg nicht gönnen mochten, würde ihm das Unmögliche gelingen, da war er sicher. Er würde allen

Vorhersagen und Prognosen zum Trotz doch noch als Sieger aus der Wahl hervorgehen. Die Bühne seines «Triumphs» war schon bereitet: die «Berliner Runde», die von den Journalisten Nikolaus Brender (ZDF) und Hartmann von der Tann (ARD) geleitet wurde.

Brender: «Herr Bundeskanzler – das sind Sie ja noch …»

Schröder: «… das bleibe ich auch, Herr Brender, auch wenn Sie dagegen arbeiten wollen (…). Wir haben verloren, und das schmerzt mich. Aber verglichen mit dem, woher wir kamen, Herr Brender, von 24 Prozent nämlich, verglichen mit dem, was wir in den letzten Monaten erleben mussten, bin ich wirklich stolz auf meine Partei und die Menschen, die uns unterstützt haben, gewählt haben und uns ein Ergebnis beschert haben, das eindeutig ist. Jedenfalls eindeutig, dass niemand außer mir in der Lage ist, eine stabile Regierung zu bilden.»

Brender: «Mit 35,2 Prozent und 34,2, damit kann man zumindest nicht der starke Führer einer Regierung sein!»

Schröder: «Aber Entschuldigung, natürlich kann ich das!»

Von der Tann: «Herr Bundeskanzler, ich hab jetzt ein intellektuelles Problem – jetzt weiß ich nicht, wie Sie eine Regierung bilden wollen.»

Schröder: «Herr von der Tann, Ihr intellektuelles Problem in allen Ehren, aber hier ist doch deutlich geworden, dass die demokratischen Parteien miteinander reden können und müssen. (…) Glauben Sie im Ernst, dass meine Partei auf ein Gesprächsangebot von Frau Merkel bei dieser Sachlage einginge, in dem sie sagt, sie möchte Bundeskanzlerin werden? Ich meine, wir müssen die Kirche doch auch mal im Dorf lassen. Die Deutschen haben doch in der Kandidatenfrage eindeutig votiert. (…) [Frau Merkel] wird keine Koalition unter ihrer Führung mit meiner sozialdemokratischen Partei hinkriegen, das ist eindeutig, machen Sie sich da gar nichts vor.»

Der Rest ist Geschichte. Die SPD beteiligte sich an einer Großen Koalition und wählte Angela Merkel zur ersten Kanzlerin der Bundesrepublik. Zwar konnte man bei der TV-Debatte den Eindruck haben, dass eigentlich niemand gewonnen hatte, weil Schröder einen schlechten Verlierer und Merkel eine schwache Siegerin abgab, aber ein erfolgreiches ➚ Comeback stand bereits fest: Die sogenannte Elefantenrunde – von den meisten politischen Kommentatoren, die die alten Haudegen wie Franz Josef Strauß, Willy Brandt oder Herbert Wehner vermissten, als langweilig verschrien – war wieder etwas, über das man sprach.

Zu dem großen Palaver, das sich damals noch aus gutem Grunde «Bonner Runde» nannte, versammelte man sich erstmals 1967. Im Volksmund setzte sich schnell die Bezeichnung «Elefantenrunde» durch, weil sich dort die politischen «Schwergewichte» des Landes trafen.

1972 bekam die Elefantenrunde Verstärkung. Um eine weitere Wahlkampfarena zu bieten, strahlten ARD und ZDF eine neue Sendung aus, und zwar «Drei Tage vor der Wahl» – eine Politikerrunde, in der es wirklich rundging: Ohne Zeitbeschränkung wurden hier systematisch alle Felder der Politik und des Wahlkampfes abgearbeitet. Für die Politiker bot sich die Chance, den politischen Gegner vor den Augen der Wähler ungespitzt in den Boden zu rammen. Das konnte dauern. 1976 stritt man sich vier Stunden lang zur besten Sendezeit. Die Sendung lief auch vor den Wahlen von 1980, 1983 und 1987. Drei Jahre später lehnte der damalige Bundeskanzler Helmut Kohl eine Teilnahme ab und beerdigte damit die Sendung. In den Jahren 1994 und 1998 traten gar keine Spitzenpolitiker während des Wahlkampfs im Fernsehen gegeneinander an. Erst 2002 verständigten sich Bundeskanzler Schröder und Herausforderer Edmund Stoiber auf ein TV-Duell. FDP-Chef Westerwelle versuchte sich als «dritter Kanzlerkandidat» in die Sendung einzuklagen, scheiterte jedoch am Kölner Verwaltungsgericht.

Komplizierte Regeln, wie sie für das TV-Duell abgemacht werden, gibt es bei der «Elefantenrunde» nicht: Zwei Journalisten von ARD und ZDF stellen den Spitzenpolitikern der Bundestagsparteien Fragen. Die CSU nahm dabei immer das Recht für sich in Anspruch, trotz gemeinsamer Bundestagsfraktion mit der CDU eine Extraeinladung zu erhalten. Um diese Sonderstellung zu unterstreichen, hielt mancher CSU-Politiker es nicht einmal für nötig, persönlich anwesend zu sein, und ließ sich lieber «zuschalten». Auch am 25. Januar 1987 sollte Franz-Josef Strauß von München aus an der «Bonner Runde» teilnehmen, aber der Monitor im Bonner Studio blieb schwarz. Erst am Ende der Sendezeit – Martin Schulze von der ARD, einer der beiden Moderatoren, hatte sich bereits zu verabschieden begonnen – tauchte ein gut aufgelegter bayerischer Ministerpräsident im Münchner Studio auf und parlierte mit den dort anwesenden Journalisten. Als Schulze versuchte, in den Wortschwall des Ministerpräsidenten hinein eine Frage zu stellen, war Strauß sichtlich verwirrt: «Wer ist Herr Schulze?» Es dauerte einige Sekunden, bis Schulze die Fassung wiederfand, um schließlich doch noch eine Frage loszuwerden: Ob Strauß ins Kabinett von Bundeskanzler Helmut Kohl eintreten werde? «Meine Güte, schminken Sie sich doch den Bart ab. Eine so dumme Frage sollten Sie nicht stellen, Herr Schulze. Das ist ja beinahe unwürdig … Die Frage ist sinnlos!» Schließlich sprang Reinhard Appel vom ZDF seinem Kollegen bei: Ob Strauß sich denn an den bevorstehenden Koalitionsverhandlungen beteiligen werde? Auch darauf fand Strauß die passende Antwort: «Das Gegenteil wäre mir völlig neu!»

Nicht immer waren die verbalen Scharmützel so hochprozentig. Schmidt («Schnauze») zeigte in einer kurzen Auseinandersetzung mit Helmut Kohl, warum er den Ruf hatte, arrogant zu sein. Während Kohl mehrfach Zitate von Schmidt vorzulesen versuchte, zündete sich dieser genüsslich eine Zigarette an und unterbrach Kohl jedes Mal mit dem Hinweis, dass die Zitate aus ganz verschiedenen Zeiten stammten. Als Kohl entgegnete: «Aber doch zum gleichen Thema!», konterte Schmidt: «Aber Sie verstehen doch das Thema gar nicht!»

Auch Willy Brandt und Helmut Kohl gerieten mehrfach aneinander. Bei der Elefantenrunde zur Landtagswahl in Nordrhein-Westfalen vom 12. Mai 1985 stritten sie sich wie die Kinder.

Kohl: «Was haben Sie alles gegen den amerikanischen Präsidenten gesagt!?»

Brandt: «Das stimmt doch gar nicht!»

Kohl: «Ja, ich war doch mitten im Lande.»

Brandt (energischer): «Das stimmt doch gar nicht!»

Kohl: «Was Sie in diesen zehn Tagen gegen den amerikanischen Präsidenten …»

Brandt *(holt mit der Hand aus und schlägt auf den Tisch)*: «Nein, Sie sagen dem Volk die Unwahrheit, Herr Bundeskanzler. Ich lass das nicht durchgehen!»

Kohl: «Ob Sie das durchgehen …»

Brandt *(peitscht mittlerweile mit der Hand zum Staccato seiner Worte auf den Tisch)*: «So können Sie nicht die Partei behandeln, die in Nordrhein-Westfalen die Mehrheit hat!»

Das Ritual der «Elefantenrunde» ist aus dem Fernsehabend nach einer Wahl nicht wegzudenken. Diese endet gewöhnlich am Sonntag um 18.00 Uhr. Danach folgen Prognose und Hochrechnungen und anschließend die «Elefantenrunde». Früher waren die Diskussionen erhitzter und die Studios verqualmter. Nicht immer bescheren sie den Zuschauern Highlights wie 1985, 1987 oder 2005. Aber selbst bei der vergleichsweise ruhigen Elefantenrunde 2009 war was dabei. FDP-Chef Guido Westerwelle, eigentlich Wahlgewinner, suchte die Anerkennung bei den Besiegten: «Sie haben jetzt die ganze Zeit behauptet, hier säße der personifizierte Teufel … Vielleicht sind wir gar nicht so schlimm, wie Sie immer behaupten.» Eine bessere Werbung für die nächste Elefantenrunde kann es gar nicht geben! Da will doch jeder wissen, ob die FDP in vier Jahren wieder so höllisch gut abschneidet.

Essensrituale «Mahlzeit!» Kühe könnte man nicht passender begrüßen als mit dieser vermeintlichen Aufforderung zum Zermalmen der Nahrung zwischen den Backenzähnen. Mürrische Angestellte an klebrigen Kantinentischen und

Handwerker auf weißen Plastikstühlen, alle mit von der Gabelspitze herabhängenden Wurstpellen, hat man vor Augen bei diesem Schlachtruf – erklingt «Mahlzeit!», gibt's selten was Leckeres. Da muss man dann durch wie die Made durch den ranzigen Speck. Dabei hieß die Essenszeit ursprünglich einfach «Mahl», weil *mal* wieder die Zeit für Happahappa oder Schmackofatz gekommen war. Später wünschte man dann «gesegnete Mahlzeit». Aber das sagt heute kaum noch jemand. Gott isst am Katzentisch. «Na denn Prost Mahlzeit», hört man noch, «da ham wir den Salat!»

Diesen aufzupiken, Fleisch zu schneiden, Kartoffeln mit Soße zu vermengen oder Suppen zu löffeln, all das lernen Kinder bei Tisch. Gemeinsames Essen übt für alle Lebenslagen. Unter den sozialen Haftstoffen sind Essensrituale der Sekundenkleber. Im Kleinen werden die Regeln des sozialen Zusammenspiels vertieft. Komm nicht zu spät zum Essen! Sitzen bleiben, bis der Teller leer ist! Schling nicht so! Mund zu beim Kauen! Ellenbogen vom Tisch! Nur weil es zum ersten Mal seit drei Wochen keine Nudeln mit Tomatensoße gibt, ist das noch lange kein Grund, deinen Teller auf den Boden zu werfen!

Aufs Leben übersetzt, bedeutet das im Klartext: Wir funktionieren als Gruppe nur, wenn du dich an Vereinbarungen hältst. Akzeptiere, dass die anderen immer in der Mehrzahl sind und sie daher nicht nach deiner, sondern du nach ihrer Pfeife zu tanzen hast. Lerne, deine Triebe zu beherrschen. Achte auf deine Gesundheit, du bist auch wertvoll. Und was die Spaghetti angeht: Ich war jetzt drei Wochen lang zu faul, dich zu erziehen – mit einem Schlag soll sich alles ändern. Jetzt musst du auslöffeln, was ich dir einbrocke. Doch ganz gleich, welche Speise gereicht wird, wir Deutschen haben es immer gerne übersichtlich.

Der Sozialwissenschaftler Jörg Zirfas entdeckte im Zentrum des gedeckten Tisches stets einen Laib Brot und Kaffee. «Das Brot symbolisiert das gemeinsame Leben angesichts der Arbeit – ein Leben, das nur durch die Anstrengung, die Beschränkung, den Aufschub und die Selbstbeherrschung zu gewinnen ist (...). Der Kaffee wird für Mitteleuropa zum Symbol bürgerlicher Betriebsamkeit, Rationalität und Funktionalität.» Unschwer erkennt man darin ein gewisses protestantisches Ethos, das vielen in der Kindheit die Suppe versalzte. Katholisch geht es zumindest jenseits des heimischen Esstischs zünftiger zu: «Bessa an Moang varengt, ois am Wiat wos gschenkt», sagt eine bayerische Weisheit. Doch was soll der Geiz, mittlerweile ham wir's ja.

Wer an einem Tisch sitzt, ist nahezu gleichberechtigt. Auch wenn alle erst anfangen zu essen, wenn der Gastgeber, König oder Koch ebenfalls Platz genommen hat. Ein Toast wird ausgesprochen. Es soll Frieden herrschen. «Piep, piep, piep – wir haben uns alle lieb.» Der schlichte Wunsch «guten Appetit!» bezeugt, dass die Phase des Futterneides überwunden ist oder dieser erfolgreich verborgen werden konnte. Dem Kannibalismus wird ebenfalls ausdrücklich abgeschworen. «Jeder esse, was er kann. Nur nicht seinen Nebenmann. Und wir nehmen's ganz genau: auch nicht seine Nebenfrau.» Anstand zügelt unsere Fresslust, und Kochen kultiviert uns. «Wo das Rohe in das Gekochte übergeht», so Jörg Zirfas, «hat die Zivilisation über die Natur gesiegt.» Worauf Sie sich schon in aller Früh ein Ei pellen können!

Beim Frühstück essen die meisten ohnehin immer das

Gleiche: 72 Prozent schieben sich hierzulande süß oder salzig belegte Brötchen rein. Der Rest isst in der Früh unregelmäßig oder nie. Dazu trinken wir unser Lieblingsgetränk, Kaffee, beliebter als Bier und Mineralwasser. Um 11.00 Uhr gibt es einen Apfel. Anderthalb Stunden später nimmt die Mehrheit die einzige warme Mahlzeit am Tag ein. Ein Kilo Tier verdrücken deutsche Männer im Durchschnitt pro Woche, zweihundert Gramm mehr als die Damen, vierhundert Gramm mehr als empfohlen. Gegen halb vier folgt «was Süßes», abends dann belegte Brote oder eine Tiefkühlpizza. Einer Studie von 2003 zufolge gibts bei jedem Fünften keine Abwechslung im Speiseplan. Da lachen Käpt'n Iglo und der kleine Hunger ob so viel Markentreue.

Angesichts der hetzenden Menschenmengen auf deutschen Straßen könnte man meinen, das gemeinsame Essen in der Familie bilde heute eher die Ausnahme. Nö. Falsch. Zwar ist der Trend zum Futterfassen unterwegs vor allem bei den Zwanzig- bis Vierundzwanzigjährigen stark – laut Gesellschaft für Konsumforschung nehmen sie rund vierzig Prozent der Mahlzeiten außerhalb der eigenen vier Wände ein –, aber nur die wenigsten speisen ständig außer Haus, weil sie dabei soziale Netze knüpfen und pflegen. Fragen Sie Ihren Tischnachbarn mit dem teuren Laptop, dem schicken Handy und den Dreihundert-Euro-Designerjeans, ob er dazugehört. Die Mehrheit macht nach wie vor auf Familie. Das Tafeln bietet eine einzigartige Gelegenheit für Austausch und Gemeinsamkeit. Drei Viertel der Befragten versammeln sich zumindest abends im Familienkreis. Am Wochenende frühstücken 80 Prozent im Rudel, und fast genau so viele (76 Prozent) essen anschließend auch gemeinsam zu Mittag.

Wenn alle am Tisch zusammenkommen, gelten feste Regeln. 2009 ermittelte das Meinungsforschungsinstitut Forsa die wichtigsten Tischmanieren: Das ➶ Händewaschen vor dem Essen landete auf Platz eins (89 Prozent der Befragten), dicht gefolgt von der Regel «Essen ist kein Spielzeug» (85 Prozent). In 73 Prozent der Familien heißt es: «Erst aufstehen, wenn alle fertig sind», und in 65 Prozent: «Alle helfen beim Tischdecken und Abräumen.»

Bei so viel Wohlerzogenheit und sozialen Zwängen wundert es nicht, dass sich hier und da anarchische Ticks oder auch Macken ins Essverhalten einschleichen, mit denen die Individuen ihre Einzigartigkeit zum Ausdruck bringen, ihre Tischgenossen aber in den Wahnsinn treiben können. Dazu gehört das obsessive Umrühren des Cappuccinos, wobei der Schaum so lange untergehoben wird, bis das Getränk auf dreißig Grad runtergekühlt ist. Für den Aufrührer ist es ein Ritual, für Außenstehende eine Zwangshandlung, bei der entweder Triebverzicht an die Stelle des unmittelbaren Genusses tritt oder aber übermäßige Gier zur Schau gestellt wird, weil nicht abgewartet werden kann, dass das Getränk von alleine abkühlt. Für andere Ticks hat das Netz längst eigene Gattungsnamen entwickelt. Da gibt es die «Jaffa-Keks-Gelee-Separatlutscher», den «Toffifee-Karamellhüllen-Abknabberer», den «Prinzenrolle-Rand-Abbeißer» oder den «Cordon-Bleu-Entblätterer» – alles Ersatzhandlungen, die an die Stelle jener Liebe treten, die durch den Magen gehen soll.

Wenn Sie einen unverstellten, unmittelbaren Zugang zu dieser Liebe haben wollen, gibt es eine Methode, die auch bei Erwachsenen nicht nur gut, sondern sehr gut funktioniert. Dazu muss man vorweg nur eins verstehen: Wer sich verliebt, vollzieht schlicht die Mutter-Kind-Beziehung in ihrer intimen Körperlichkeit, Vertrautheit und Abhängigkeit nach. Wenn sich Ihnen jemand mit überwältigend liebender Güte zuwendet, seine gesamte Existenz in einem Augenblick Ihren Bedürfnissen unterordnet, werden Sie glücklich und wollen immer mehr davon. Und so geht es: Sie müssen Ihr Gegenüber füttern. Bitte nicht vorkauen. Aber pusten Sie ruhig mal den Gabelbissen zu Kühlungszwecken an. Das Gegenüber muss gar nichts machen. Nur Mund auf, kauen und zuhören. Langsam führen Sie die Gabel immer wieder zum Mund des anderen. Die Bissen genau so groß, dass er nicht sprechen kann. Reden Sie einfach mit diesem Menschen, ohne rumzuwitzeln. Fragen Sie, ob es schmeckt. Mitgefühl, Teilnahme, Erotik, Sorge, Beistand, Gleichmut sind alles Formen von Liebe, das einzige Würzmittel, das jedem Essen in unbegrenzten Mengen zugeführt werden kann. Wenn Sie das Futter verabreichen, haben auch Sie was davon. Durch die Spiegelneuronen in Ihrem Hirn erleben Sie dabei die Liebe, die Sie beim anderen durch Ihr Handeln erzeugen. Ein echtes Perpetuum mobile ohne irgendeinen Nachteil. Liebe ist kein Geschmacksverstärker und braucht auch nachfolgend keine Diät. Man darf reinhauen. «Ein Löffelchen für Mutti.» «Und eins für Vati.» «Und noch eins für den Autor dieser Zeilen. Jaaah, so ist gut. Den Mund schön weit aufmachen. Hm. Das ist aber lecker!»

Friedenspfeife Eine Pfeife macht noch keinen Frieden. Diese Erfahrung mussten über tausend Indianer vom Stamm der Delawaren machen. So viele quarzten 1795 in Greenville zusammen eine einzige Friedenspfeife, weil sie das Kriegsbeil begraben wollten. Acht Stunden ließen sie die Pfeife kreisen. Die glückliche Nummer tausend muss sich wohl, nachdem sie sich das aufgelöste Mundstück zwischen die Lippen geschoben hatte, auf der Stelle vor Ekel skalpiert haben. Wirklich geholfen hat dem roten Mann das Ritual allerdings nicht: Über zweihundert Jahre später rauchen die Bleichgesichter ihren Tabak, und nur Bilder auf Tabakpackungen erinnern noch daran, dass es Indianer waren, die ursprünglich den Norden Amerikas besiedelten.

Lange bevor Columbus in See stach, um einen neuen Weg nach Indien zu suchen, wussten die Cheyenne bereits, dass Rot und Weiß nicht friedlich nebeneinander existieren können: «Eines Tages werdet ihr einem Volk begegnen, das weiß ist. Sie werden stets versuchen, euch etwas zu geben, aber nehmt nichts. Zuletzt, so glaube ich, werdet ihr die Sachen nehmen, die sie euch anbieten, und das wird euch krank machen.»

Es war aber nicht nur das Feuerwasser der Weißen, das die Rothäute nicht vertrugen. Sie verzweifelten bereits an der Logik des weißen Kapitalismus, wie ein kanadischer Indianer, der feststellte: «Ich sitze in freier Natur am See. Die Weißen möchten, dass ich wie sie arbeite, wie sie viel Geld verdiene, wie sie ein Auto kaufe und wie sie in freier Natur an einem See Urlaub mache und angle. Ich sitze schon in freier Natur, am See ...»

Irgendwo an so einem See muss es auch passiert sein: Der

Stamm der Lakota kennt eine Geschichte, die erklären soll, wie die erste rituelle Pfeife auf die Welt kam. Am Ufer begegneten zwei Jäger einer schönen jungen Dame, die den wenig attraktiven Namen «weiße Büffelkalbfrau» trug. Trotzdem verliebte sich der eine der beiden sofort in sie. Das war keine gute Idee. Der Lakota verschwand in einer Wolke, zurück blieben nur seine Knochen. Das Geistwesen aber erschien seinen Stammesbrüdern und übergab ihnen wortreich eine Pfeife: «Seht diese Pfeife! Vergesst niemals, wie heilig sie ist, und behandelt sie dementsprechend (...). Denkt daran, in mir sind vier Zeitalter: Ich kam zu euch; ich gehe von euch; ich schaue auf euch zurück; und am Ende kehre ich wieder.» Seit damals hüten die Lakota dieses Heiligtum, angeblich bis heute. Die Familie Looking Horse verwahrt es zusammen mit einem großen Tabaksbeutel, dessen Fransen den Boden berühren, um die guten Kräfte der Erde einzusammeln.

Einige Stämme haben den Mythos der weißen Büffelkalbfrau variiert, andere führten die Herkunft der Friedenspfeife auf ein anderes Geistwesen zurück: auf Wakan Tanka. Angeblich rief der einst alle Indianerstämme zu den Felsen, aus denen später der Pfeifenstein gebrochen wurde. Er hatte Lust zu rauchen, schnitzte sich aus dem Stein eine riesige Pfeife und zündete sie an. Den Rauch blies er über die versammelten Indianer, zuerst nach Norden, dann nach Süden, Osten und Westen. Anschließend erklärte Wakan Tanka den Ort für heilig. Aus diesem roten Stein sollten von nun an die Friedenspfeifen geschnitzt werden, denn er sei getränkt mit dem Blut der Ahnen. Nachdem der große Geist ein letztes Mal inhaliert hatte, verschwand er – das machten Geistwesen damals so – in einer Wolke.

Der große alte Häuptling der Christdemokraten spielt einhändig auf der Flöte «Ein bisschen Frieden». Konrad Adenauer 1956 bei den Indianern.

Wakan Tanka knüpfte mit seinem verbalen Qualm an eine andere Legende an, die von Unktehi. Das war kein großer Geist, sondern ein großes Wasserungeheuer, das in grauer Vorzeit gegen die Indianer kämpfte. Irgendwann überflutete Unktehi das gesamte Land. Die Menschen flohen in die Berge, aber auch dorthin stieg das Wasser und ließ die Felsen über ihnen zusammenstürzen. Alle fanden den Tod. Ihr Blut färbte die Felsen rot. Moderne Geologen erklären die Farbe des Steins zwar damit, dass er Hämatit (ein rostrotes Eisenerz) enthält, die Geschichte von Unktehi ist aber um Längen besser.

Angeblich waren es europäische Missionare, die der Pfeife den Namen «Calumet» gaben (vom lateinischen «calamus»

= «Rohr»). Die Lakota nannten sie «Chanupa» (beziehungsweise «Reed»), und die Delawaren sprachen von der «Hobowakan». Niemand weiß, was das ursprünglich bedeutete. Aber wenn man an die tausend Delawaren von 1795 denkt, wird es wohl «ewig qualmendes Schilfrohr» heißen.

Was aber stopften die Rothäute sich in die Pfeifenköpfe? Sie rauchten «Kinnikinnik». Das klingt verdammt nach einer Droge, ist es aber nicht. «Kinnikinnik» bedeutet nichts anderes als «Mischung», und die bestand aus Tabak (Nicotiana Rustica) und anderen Kräutern, die der Veredelung dienen, wie Weidenborke, Salbei, Pfefferminze, Süßgras, Bärentraube oder Kamille. Der Mix würde heute jeden Raucher auf der Stelle zum Nichtraucher machen, zumindest seine Schleimhäute nachhaltig verändern. Kinnikinnik hat natürlich auch nichts mit den Tabakmischungen zu tun, auf denen heute Indianer oder deren Symbole abgebildet sind.

Mit Kinnikinnik wurden Ritualpfeifen, Tomahawkpfeifen, Kriegspfeifen – die gab's auch! – und eben Friedenspfeifen gestopft. Der Indianer quarzte gerne eine, weil er glaubte, dabei würden seine Probleme sich in Rauch auflösen. Und Probleme hatte er genug. Schließlich raubten Hunderttausende Bleichgesichter sein Land; sie hielten sich nicht an die Abmachungen, die mit der Friedenspfeife besiegelt wurden. Überzeugender kann ein Ritual nicht scheitern!

Es kommt sogar noch schlimmer, denn die ganze Welt glaubt, sich dieser Ritualrelikte bedienen zu können: Im Jahr 2003 erhielt der «große weiße Häuptling in Washington», der amerikanische Präsident George W. Bush, eine Friedenspfeife. Sie sollte ihn davon überzeugen, den Irakkrieg unverzüglich zu beenden. «Rauche in Frieden», stand in Italienisch auf dem Pfeifenkopf, der aus korsischem Wurzelholz geschnitzt war. Der Absender hatte wahrscheinlich weder von Wakan Tanka noch von der weißen Büffelkalbfrau je gehört, denn es war gar kein Indianer – es war ein Pfeifenbauer aus Berlin-Treptow. Eigentlich klar, die Lakota hätten Bush gar keine Friedenspfeife mehr geschickt, sie hätten ihn gleich an den Marterpfahl gestellt.

Friseurbesuch Die Lage ist haarig: Immer mehr deutsche Friseure schneiden immer seltener Haare. Dabei werden die Anlässe ja nicht weniger. Weihnachten und ➶Geburtstage finden regelmäßig statt, und auch die Haare wachsen ständig nach, jedes davon im Jahr durchschnittlich fünfzehn Zentimeter.

An den Voraussetzungen kann es also nicht liegen, dass das Ritual des Friseurbesuchs bedroht ist. 1993 gingen Männer wie Frauen im Schnitt noch neunmal zum Hairdresser, Stylisten oder Coiffeur. 2003 ließ sich die deutsche Dame dort nur noch sechsmal blicken. Selbst der notorisch haarlosere Mann schleppte sich siebenmal hin. Gleichzeitig, vermeldete die «Zeit», habe die Zahl der Salons innerhalb eines Jahres von 63800 auf 65400 zugenommen. Warum versagen sich die Frauen einen Teil ihrer Lieblingsrituale, die Schönheitspflege?

Die Ansprüche der Herren sind bekanntlich von Natur aus geringer, unsere Frisuren günstiger. Frauen gestehen Friseurpreise nur unter Folter. Das ist auch der wahre Grund, warum wir Herren nie sehen, dass unsere Partnerin beim

Friseur war. Wir wollen gar nicht wissen, was das wieder gekostet hat. Seit Supermärkte Haarschneideapparaturen für kleines Geld verhökern, haben alle brav auf Küchenhockern oder nackt in der Badewanne Platz genommen und lassen sich scheren wie die Schafe. 2009 schnippelte jeder dritte Bundesbürger höchstselbst an seiner Fellmütze herum und störte sich nicht daran, dass es meistens auch so aussah. Herrenfrisuren wie die vom Hinterkopf diagonal über die Glatze geklebte Speckhaarmatte, der Pudel-Minipli oder der gegelte Fassonschnitt sind dadurch so gut wie verschwunden. Ratzefatzekahl ist aus genetischen und modischen Gründen in. Praktisch hat Priorität. Da murrt man nicht groß rum und gönnt auch den Frauen nichts.

Was aber hat uns allgemein und den Damen im Besonderen den Friseurbesuch vergällt? Nur der geile Geiz? Oder liegt es auch an den sperrigen Krepppapierhalskrausen, die stets zu eng angelegt werden? An den Polyesterumhängen, unter denen Zustände herrschen wie in der Sauna bei einem ➶Aufguss? Am Kaffee, der seit zwei Tagen auf der Wärmplatte zu Kuhgalle eingedampft wurde und mit weichem Keks gereicht wird? Ist es die Geltungs- und Schwatzsucht mancher Friseure, die uns erst die Sprache verschlagen und dann vom Waschgang mit überstreckter Kehle ferngehalten hat?

1995 wurde der Münchner Starfriseur Gerhard Meir im «Spiegel» mit den Worten zitiert: «Du, ich fön' dich nicht weiter, hab' ich der gesagt, bis wir das ausdiskutiert haben.» Das ist übrigens derselbe High-Society-Schnippelfreak, der 1991 Marion Gräfin Dönhoff, damals Chefredakteurin und Mitherausgeberin der «Zeit», nach der Lektüre eines Artikels

In der Mützenbraterei – die Schenkel sind schon schön knusprig. Damen auf der Stange und unter der Haube.

über ihn zu der Bemerkung veranlasste, dies sei «der erste und letzte Friseur» gewesen, über den sie in ihrer Zeitung einen Artikel zu lesen wünsche. Es nützte nichts. Friseure wurden systemrelevant und walzen wie Udo seitdem alle intellektuellen Unebenheiten in Talkshows nieder.

Bis heute folgten mindestens elf weitere Friseur-Artikel in der «Zeit». Darunter auch solche, die sich mit der Frage beschäftigten, warum alle bundesrepublikanischen Frauen im Ruhestand die gleiche Frisur, anders gesagt, den gleichen Haarhelm tragen. Die Antwort war vielschichtig. Zum einen verliere auch die Frau ab fünfzig Haare und kenne daher nur noch eine Frisur: die, die einen auf «Volumen, Volumen und nochmals Volumen» mache. Beste Beispiele: Margaret Thatcher, Margot Honecker und Erika Steinbach. Ferner orientiere sich die Damenwelt unbewusst am Modestil ihrer jungen Jahre. Daher sähen alle wie Doris Day oder Frau Monroe im Altenteil aus. Was bedeutet, dass in fünfzig Jahren alle wie Lady Gaga oder Rihanna durch die Gegend rennen und explodierende Mieder tragen werden. Viel Spaß.

Bis dahin werden wohl auch die Frauen immer häufiger Hand an sich legen. Einige haben es als Autodidakten mit Färbepackungen, Lockenstäben, Föhn und Geflügelschere auch schon zu ansehnlichen Frisurattrappen gebracht. Die Moden der Zeit – bisweilen ist ein geplatztes Kopfkissen nicht von einem modernen Haarschnitt zu unterscheiden – spielen den Friseuren allerdings arg mit. Um die Umsatzeinbußen auszugleichen, sind einige Salons dazu übergegangen, neben Dauerwelle, Strähnchen und Haarverlängerung auch Wein, Kaffee oder Damenschuhe anzubieten. Andere haben sich in futuristische Schuppen verwandelt, in denen der Friseur sich im Untertitel Visagist nennt und geheimnisvolle Fläschchen aus dem Tresor kramt, deren Inhalt er raunend in Gesicht und Kopfhaut einmassiert. «Die Angebotspalette wird ausgedehnt: Kosmetik, Pediküre, Licht-Studios, Wellness, bis hin zu Boutiquebereichen», beschreibt der Chef der Kölner Friseurinnung den neuen Trend.

Bald heißt es womöglich sogar: Zurück zu den Wurzeln! Bader wuschen und frisierten ab dem 14. Jahrhundert nicht nur, sie zogen auch Zähne und behandelten Augenkrankheiten. In China, wo Prostitution offiziell verboten ist, hat sich eine andere Art der Mischkalkulation bewährt. Wer zum Beispiel in der südchinesischen Millionenmetropole Shenzhen einen «Barber Shop» besuchen will, sollte vorher ins Schaufenster gucken. Wenn die Damen extra wenig anhaben, liegt das nicht daran, dass die Heizung auf Hochtouren läuft. Bei der Gelegenheit und für den Fall der Fälle – was heißt nochmal «Hinten kurz, vorne lang, bitte!» auf Chinesisch?

Frühjahrsputz Seit unendlich langer Zeit tobt im Sonnensystem der Kampf zweier mächtiger Gegner. Menschen stehen auf der einen, Wollmäuse und ihre Bundesgenossen, die Milben, auf der anderen Seite. Die Front verläuft mitten durch unsere guten Stuben, fräst sich durch Fransenteppiche, bohrt sich durch Betten und Böden. Ständig gibt es Scharmützel. Immer neue Stellungen der Feinde spüren unsere Späher auf. Täglich kämpft die Nachhut sie erfolgreich nieder. Ein unaufmerksamer Moment, ein Tag nachlassender Sorgfalt – schon rücken neue gegnerische Truppen vor, und alles ist wieder verkeimt.

Der Zahl nach sind uns die Milben haushoch überlegen. Ihr Erscheinungsbild ist furchterregend. Aus ihrem kartoffelartigen Leib dringen sechs wulstige Beinchen, die an die Ärmel speckiger Dauenjacken erinnern. An den unmöglichsten Stellen ragen Antennen hervor, über die sie offenbar mit einer geheimen Kommandozentrale in Verbindung stehen. Ihr Kauapparat gleicht einer Kreuzung aus Guillotine und Gartenhexler. Gierig zermalmen sie damit jede menschliche Hautschuppe, um sie in eklige Sekrete zu verwandeln – eine Bedrohung, die uns oft kopflos und panisch macht. Allein in Österreich verletzen sich jeden Tag sechzig Menschen bei Unfällen im Haushalt. In Deutschland ist es noch schlimmer. 6240 Menschen (3558 Frauen und 2682 Männer) starben im Jahr 2003 bei solchen Unfällen, 5,5 Prozent mehr als 2002. Kein Wunder, dass unsere Rüstungsausgaben entsprechend hoch sind: Mit Haushaltsreinigern wurden 2008 in Deutschland 693 Millionen Euro umgesetzt.

Die meisten chemischen Kampfstoffe werden nach Untersuchungen der Gesellschaft für Konsumforschung zwischen Januar und April gekauft, weshalb in dieser Zeit die Preise steigen. Sie fallen wieder, sobald sich unser Waffenarsenal gefüllt hat. Spätestens im März, wenn die Heizperiode sich dem Ende zuneigt, stehen «Ajax», «Meister Propper» und «Der General» und all die anderen kampferprobten Haudegen bereit zur Attacke.

In den Fensternischen und unter der Zimmerdecke pendeln getrocknete Spinnenleiber, als hüte Gundel Gaukeley dort Zutaten für einen ultimativen Trank. Staub und Ruß quillt aus Vorhängen und Polstern. Der Ficus benjamini hat Blätter abgeworfen, als sei er mit Entlaubungsmitteln aus der Luft behandelt worden. Die Fensterscheiben sind fast blind. Flusen und Gewölle wogen zwischen Sesselbeinen hin und her – man wähnt sich am Rande eines Testgebietes für Neutronenbomben. Es ist Zeit für die Revanche, den Gegenangriff. Wir haben schließlich nicht angefangen!

Eine Armada Putzwütiger betritt das Schlachtfeld. Ausgerüstet mit Mikrofasertüchern neuester Bauart, Chemikalien, Glasabziehern und Dampfreinigern. Doch Vorsicht vor der Großoffensive! Erfahrene Putzstrategen raten zur Guerillataktik. «Erlaube niemals, daß nach der lieblichen Manier etlicher, stadtberühmter Scheuerkünstlerinnen alle Zimmer auf einmal vorgenommen und förmlich unterwühlt werden. Trotz aller Beteuerungen, etwa – ‹So geht es am allerfixesten, gnä' Frau!› – bleibe kühl und bestimmt bei dem, was ich dir schon sagte. Drei Zimmer in zwei Tagen», lesen wir im «Hilfs- und Erfahrungsbuch für Heim und Haushalt» von Bernhardine Schulze-Smidt, Anfang des vorigen Jahrhunderts für die deutsche Hausfrau, was Sun Tsus «Die Kunst des Krieges» für die Militärs aller Zeiten war: Pflichtlektüre.

Fachzeitschriften empfehlen, sich ausgiebig zu stärken, Duftlampen aufzustellen und während des Feldzugs die eigene Lieblingsmusik aufzulegen, um Pulverdampf und Schlachtgetöse vergessen zu machen. Man kennt das aus «Apocalypse Now». Singen Sie laut mit! Dann hören Sie auch die Todesschreie der Milben nicht. Denken Sie nicht an die Ausweglosigkeit des Kampfes, sondern an die neue Energie, die Ihnen dieses Ritual verleiht. Im Jahr 2008 haben Forscher vom University College London 20 000 Putzrekruten befragt. Je aktiver diese waren, desto weniger litten sie an Stress und Angstzuständen. Wer Sport treibt, kann sein Stressrisiko um 33 Prozent senken, mit Hausarbeit sind es immerhin noch 20 Prozent. Aber nur wenn man auch zwanzig Minuten schwitzt.

Mit den zwanzig Minuten versehen Sie also täglich Ihren Grundwehrdienst. Einmal pro Jahr rücken Sie ein und kämpfen sich systematisch durch das ganze Haus durch. «Rein das Herz und rein der Sinn. Ordnung draußen, Ordnung drin» sei Ihr Motto. Sie sind John Rambo. Denken Sie daran, was wir in Teil I der Filmreihe erfuhren: «Es gibt keine harmlosen Zivilisten!»

Wenn Sie fertig sind, reinigen Sie Ihre Waffen, spülen Sie die Putzlappen aus und hängen Sie sie zum Trocknen in den Wind. Soll der Gegner ruhig glauben, wir hissten die weiße Fahne. Soll er sich doch in Sicherheit wiegen und meinen, wir seien auf Frieden aus. Sind wir nicht. Wir atmen tief die Zitrusdüfte und Essigessenzen ein. Wir sammeln neue Kräfte. «Watt fott is, is fott», sagt der Rheinländer. Wir halten uns an Sun Tsu: «Jede militärische Operation basiert auf Täuschung.» Um diesen ewigen Krieg zu beenden, müssen wir lernen, wie der Gegner wirklich tickt. Wir müssen selbst zur Milbe werde, in das Wesen ihrer Niedertracht eindringen. Dann sehen wir: Fressen oder gefressen werden ist der eherne Grundsatz, den es immer wieder zu vergegenwärtigen gilt. Selbst große Männer haben nämlich schwache Stunden. Loriot zum Beispiel hatte noch Mitleid mit der niederträchtigen Steinlaus, deren Lebensraum er durch den Menschen bedroht sah. Mit dieser Gefühlsduselei muss Schluss sein! Vorbei die Zeiten, in denen der gefräßige Nager ganze Häuserzeilen zum Einsturz brachte. Hier haben «übertriebene Hygiene und der rücksichtslose Gebrauch von Sprayflaschen» die erwünschten Ergebnisse erzielt. So soll es sein. Keine Macht den Milben! Feuer frei!

Geburtstag Englische Königin müsste man sein! Da hätte man mitten im Sommer Geburtstag, und der würde so aufwendig gefeiert, dass es wirklich jeder mitbekäme. Gut eintausendvierhundert Soldaten würden dann an einem vorbeimarschieren, zweihundert Pferde würden an einem vorbeitraben, und um das Herz zu erfreuen spielten vierhundert Musiker nur für das Geburtstagskind den langsamen Marsch aus der Oper «Die Hugenotten». Da wäre wohl nicht nur die Queen *amused*.

«Trooping the Colour» unterscheidet sich schon deutlich von der Geburtstagsfeier eines durchschnittlichen Mitteleuropäers. Eigentlich sind weder Elisabeth II. noch die meisten ihrer Vorgänger am zweiten Sonnabend im Juni auf die Welt gekommen. Aber so was interessiert einen waschechten Monarchen nicht. Seinen Geburtstag kann er zwar nicht verlegen, aber er kann mit absoluter Macht bestimmen, dass dieser Tag im Sommer zu feiern ist und dass auch seine Nachfolger sich daran zu halten haben. König Karl II. von England hat das Datum ausgesucht, und nun muss jeder englische Monarch seine Geburtstagsparty am gleichen Tag steigen lassen. Ausgefallen ist sie nur wegen Problemen mit streikenden Eisenbahnern 1955, wegen Problemen mit dem Wetter 1948 und wegen Problemen mit den Deutschen 1939 bis 1945. An allen anderen königlichen Geburtstagen im Juni haben die Throninhaber die farbenfrohe ➶ Militärparade abgenommen. Bis zu ihrem Siebzigsten hat Queen Elisabeth das hoch zu Ross erledigt. Mittlerweile sitzt sie lieber in der Kutsche und krault ihre Corgies.

Wer das Pech hat, nicht das ganze Jahr über König oder Königin zu sein, muss seinen Ehrentag meist selbst organisieren. Dafür darf er aber auch wirklich an seinem Geburtstag feiern. Das war nicht immer selbstverständlich. Das Christentum begeht zwar die Geburt Christi, ist aber lange ein erbitterter Gegner von Geburtstagspartys gewesen. Die

Dr. Stan Laurel gratuliert seinem wohl berühmtesten Patienten O. Hardy zum Geburtstag. An ihm gelang zum ersten Mal die genetische Verschmelzung aus Gemüse (hier: Brokkoli) und Mann. Der Anbau von Rharbarber auf Frauen hingegen scheiterte.

dekadenten Orgien, die römische Kaiser aus diesem Anlass gaben, wurden als Gotteslästerung geschmäht. Theologisch betrachtet, ist der Geburtstag von Menschen fast bedeutungslos, dagegen spielt der Todestag eine wichtige Rolle, weil an diesem Tag das ewige Leben beginnt. Da die Gläubigen ja nicht wissen, wann sie mal sterben werden, sollten sie nach dem Willen der katholischen Kirche ihren Namenstag begehen, meist der Todestag des Heiligen, auf dessen Namen man getauft ist. Luther und seine Protestanten hatten kein Herz für tote Heilige, sie feierten lieber den eigenen Geburtstag.

In streng katholischen Regionen Deutschlands war das Feiern des Namenstages lange verbreiteter als das Feiern des Geburtstags. Die Moselbauern hatten dafür den passenden Spruch parat: «Jedes Kalb hat Geburtstag, aber noch lange keinen Namenstag!» Genutzt hat es nichts, mittlerweile hat der Geburtstag den Namenstag flächendeckend abgehängt. Selbst der Papst feierte wider besseres Wissen 2008 im Kreis von 12 000 Gästen. Der damalige amerikanische Präsident George W. Bush hatte ihn ins Weiße Haus eingeladen. Und zum Achtzigsten im Jahr davor hat Benedikt gar eine Sonderbriefmarke der deutschen Post mit seinem Konterfei geschenkt bekommen. Da können die meisten gleichaltrigen Jubilare nur vor Neid erblassen. Normalerweise wird ihnen ein ➶ Mitbringsel wie ein Fläschchen Doppelherz, eine Packung Rumkugeln oder eine Flasche süßer Wein überreicht. Vielleicht schaut auch der Bürgermeister mal vorbei, um mit eigenen Augen zu sehen, wer da die Rentenversicherung so lange schon belastet.

In der Regel gibt es zum Geburtstag einen Kuchen mit Kerzen, die man dann mit einem Atemzug auszublasen hat. Kinder haben es natürlich mit den wenigen Kerzen leichter als Erwachsene, denen dabei schon mal die Puste ausgeht. Das Spektrum der Möglichkeiten, wie man mit dem eigenen Geburtstag umgeht, ist breit. Es gibt Geburtstagskinder, die ganz bewusst keine Party wollen, aber insgeheim den Verzicht als wahren Triumph feiern. Dann gibt es diejenigen, die nur das Ziel verfolgen: «Am Geburtstag schieß ich mir die Birne weg.» Außerdem gibt es die Pechvögel, die an ➶ Silvester, Weihnachten oder am 29. Februar Geburtstag haben. Und Menschen, die nicht wissen, an welchem Tag sie das Licht der Welt erblickten. Die sind allerdings selten geworden, hat doch die strenge Bürokratie heute kein Verständnis mehr für solcherlei romantische Schicksale. Auch die berufliche Zukunft der Astrologen stünde in den Sternen, könnte man anhand des Geburtstags nicht das Sternzeichen ermitteln. Der Verfasser dieser Zeilen wüsste dann nicht, warum er mit dem Kopf immer durch die Wand will. Dabei liegt es einfach an seinem Geburtstag, der ihn zum Widder macht. Er glaubt zwar nicht an Astrologie. Aber das liegt natürlich auch am Widdereinfluss, wie jeder Astrologe weiß.

Geburtstage bergen hohes Frustpotenzial. Einige Gäste kommen nicht, andere bringen blöde Geschenke mit, und das Älterwerden ist auch nicht jedermanns Sache. Selbst wenn alles prima läuft, quatschen einem manchmal Außenstehende den wunderschönen Abend schlecht. «Es war ein wunderschöner Abend», sagte der Chef der Deutschen Bank Josef Ackermann über die Feier zu seinem sechzigsten Geburtstag am 22. April 2008. Einen solch wunderschönen Geburtstag gönnt man einem der erfolgreichsten deutschen Banker seit Ende des Zweiten Weltkriegs. Der Mann verdiente im Jahr 2007 immerhin knapp vierzehn Millionen Euro, da kann er schon mal einen springen lassen. Dreißig Gäste hatte er eingeladen, und man speiste vorzüglich. Zwar wunderte sich so mancher über den ausgefallenen Ort, an dem die Party stieg – das Bundeskanzleramt. Das kann man eigentlich für Privatveranstaltungen nicht mieten. Aber das hatte Josef Ackermann auch gar nicht nötig. Bundeskanzlerin Angela Merkel wollte mal wieder so richtig einen abfeiern und lud den Joe einfach zur großen Geburtstagssause ein. Die offizielle Version der Geschichte klingt allerdings etwas anders. Man weiß doch, wie missgünstig der Wähler sein kann. Das Kanzleramt bestritt, dass es sich um eine Geburtstagsparty gehandelt habe. Man habe den Anlass lediglich genutzt, um im repräsentativen Bereich des Kanzleramts ein Abendessen mit Vertretern aus Politik und Wirtschaft auszurichten. Die entstandenen Kosten seien aus den Haushaltsmitteln finanziert worden, die dem Kanzleramt dafür zur Verfügung stünden. Allein das Servicepersonal soll mit 2100 Euro zu Buche geschlagen haben. Das Abendessen selbst war sicher auch nicht günstiger.

Die Opposition regte sich auf, und ein Großteil der Deutschen fand es ebenfalls übertrieben, für einen Multimillionär mit Steuergeldern eine Party im Kanzleramt zu schmeißen. Ackermann und Merkel hatten nämlich etwas Entscheidendes am Geburtstagsritual durcheinandergebracht: Der Jubilar lädt zwar ein und lässt sich reich beschenken, aber für die Party zahlt am Ende er, nicht seine Gäste …

Grillabend Am Anfang war das Feuer. Wahrscheinlich nutzten schon die ersten Menschen (Australopithecinen) es vor fast vier Millionen Jahren, um Nahrung zuzubereiten. Archäologisch nachgewiesen sind Feuerstellen, die vor 750 000 Jahren angelegt wurden – die frühen Grillplätze befinden sich im Norden Israels.

Vor etwa 600 000 Jahren hat dann vermutlich der Homo erectus das Feuer nach Europa weitergetragen. Die menschliche Sprache entwickelte sich allerdings erst vor etwa

100 000 Jahren. Der Mensch konnte also schon grillen, bevor er sprechen konnte, und das hat Spuren hinterlassen: Es sind die Stillen, die grillen – die Männer! Schließlich brachten sie früher die Beute von der Jagd, zerlegten sie und bereiteten das Fleisch über dem Feuer zu. Am Grill stehen ist purer Atavismus! Nina Degele, Professorin für Soziologie und Geschlechterforschung an der Universität Freiburg, erklärt das damit, dass Männer sich am Grill in die Rolle des Jägers und Höhlenmenschen zurückversetzt fühlen. Am Grillrost würden die männlichen Urinstinkte geweckt. Frauen, die den Umgang mit Feuer und rohem Fleisch weniger schätzen, verzichten auf den Führungsanspruch innerhalb der Grillgemeinschaft. Denn das Entzünden und Hüten des Feuers ist das uralte Privileg der Alphatiere.

Nicht nur die Wissenschaft erforscht geschlechtsspezifische Verhaltensmuster beim Grillen. Auch das Internet ist eine Fundgrube für althergebrachte Vorstellungen über die Aufgabenverteilung von Männern und Frauen beim Grillfest. Wenn sich ein echter Kerl mal wieder großzügig bereit erklärt, seine Frau beim Kochen zu entlasten, heißt das nichts anderes, als dass er mal wieder grillen möchte. Dabei fällt ihm natürlich die spannendere Aufgabe zu, den Kampf mit dem gefährlich lodernden Grillanzünder aufzunehmen, während die Frau erst mal zum Einkaufen geschickt wird. Die Frau kauft das Essen. Die Frau macht den Salat, schnibbelt das Gemüse und bereitet den Nachtisch zu. Die Frau würzt das Fleisch und darf es immerhin bis zum Grill tragen, an dem – mittlerweile schwankend – der Mann mit einer Bierflasche steht. Bevor der Mann nun das Fleisch auf den Grill legt, nutzt er noch einmal die Gelegenheit, die Würz-

Gemüseallergiker beim vitaminschonenden Grillen seiner Diätnahrung.

arbeit seiner Frau einem prüfenden Blick zu unterziehen. Danach schickt er die Frau ins Haus, um Teller und Besteck zu holen. Wenn sie wieder zurückkommt, informiert sie den Mann darüber, dass das Grillgut in Gefahr ist anzubrennen. Während sie ihm ein neues Bier besorgt, nimmt er das Fleisch vom Grill. Die Frau deckt den Tisch, anschließend wird gegessen. Danach darf sie den Tisch abräumen und das Geschirr abwaschen. Schon beim Nachtisch hatte der Mann eigentlich ein Lob für seine schweißtreibenden Anstrengungen am Grill erwartet. Aber die Frau war zu beschäftigt, um sich mit ihrem Mann zu unterhalten. Verbittert stellt er fest: «Man kann es ihr einfach nicht recht machen!»

Während bei den Pharaonen Krokodile und Hyänen über dem Feuer brutzelten, schätzen die Deutschen seit jeher die Bratwurst. Erfunden haben diese allerdings die Babylonier. In Deutschland wurden die bekannten Nürnberger Rostbratwürste – das fränkische Manna – erstmals im Jahr 1313 urkundlich erwähnt. Bereits im 12. Jahrhundert soll es aber Würstchenbuden in mehreren deutschen Städten gegeben haben.

Heutzutage schmeißen die Deutschen sechsmal im Jahr den Grill an und legen sich, wie gesagt, am liebsten ein paar Bratwürste auf den Rost. Vierundachtzig Stück verdrücken sie im Schnitt pro Kopf und Jahr. Mit 1500 verschiedenen Sorten ist Deutschland unangefochtener Wurstweltmeister. Für die Italiener ist diese kulinarische Vorliebe so exotisch, dass es ihnen schier die Sprache verschlagen hat. Um die Bratwurst beim Namen zu nennen, greifen sie auf das deutsch-bayerische Fremdwort «Würstel» zurück.

Inzwischen wird in deutschen Gärten kalorienarm gebrutzelt, zumindest verglichen mit dem Neandertaler. Für den war das Grillen allerdings auch kein Freizeitspaß – er konnte gar nicht anders kochen. Zwei Kilo Rentierfleisch benötigte er täglich, das sind gut fünftausend Kalorien. Wir kommen locker mit der Hälfte aus. Damit könnten unsere prähistorischen Verwandten nur noch schwach atmend im Bett liegen.

Gesund kann Fleisch und Wurst vom Grill aber nicht sein, schließlich ist der Neandertaler ausgestorben. Schon vom Zusehen kann man Krebs bekommen: Tropft das Fett der toten Tiere in die Glut, dann steigt bläulicher Rauch auf, der unheilvolle Ablagerungen auf dem Grillgut bildet. Mit Bier, das man über das Fleisch schüttet, kann man den Prozess noch weiter anheizen. Es entstehen polyzyklische aromatische Kohlenwasserstoffe, die Krebs in allen Varianten und Formen auslösen können. Ausgerechnet in den leckeren, knusprigen Krusten, versichern uns die Ärzte, lauert die Gefahr. Im Grunde kann man dann auch gleich Urlaub in Tschernobyl machen. Okay, risikolos ist eigentlich nur der Verzehr von leicht im Wasserbad erhitztem Tofu. Der ist dafür aber auch geschmacklos.

Der Grillabend ist ein Ritual, das mittlerweile sogar gesetzlich geschützt wird. Das Landgericht Stuttgart stellte fest, dass in einer multikulturellen Freizeitgesellschaft, die von einer zunehmenden Rückbesinnung auf die Natur geprägt ist, das Grillen eine übliche Art der Zubereitung von Speisen aller Art sei. Wenn der Nachbar aufs Jahr verteilt sechs Stunden grillen wolle, müsse man das als geringfügige Beeinträchtigung im Rahmen des Toleranzgebots hinnehmen. Das Bonner Amtsgericht erklärte das Grillen 1997 quasi zum Grundrecht: «Grillen im Freien ist inzwischen als sozialüblich anerkannt und kann auch dem in einer Großstadt wohnenden Menschen nicht gänzlich untersagt werden.» Und gerade dort lassen sich die Menschen nicht davon abhalten. Es ist, als wollten sie die von der Stadt verdrängte Natur «zurückgrillen».

In der Vier-Millionen-Metropole Berlin brennt an Wochenenden im Sommer der Tiergarten. So scheint es jedenfalls, denn die Bäume sind dann wegen des Grillqualms kaum mehr zu erkennen. Schweigend stehen Männer an offenen Feuern, während Frauen das Gemüse schnibbeln – wahrscheinlich auch noch in den nächsten 750 000 Jahren.

Haberfeldtreiben Angst ging um in München. Die Landesregierung hatte zusätzliche Polizisten angefordert. Einige Experten rechneten mit Ausschreitungen. Plötzlich riss schriller Lärm die Bewohner der Isarmetropole aus dem Schlaf. Es wurde getrommelt und geklingelt, geschlagen und gebimmelt. Furchterregende Kreaturen mit lodernden Fackeln brüllten durch die sternenklare Nacht. Unter ihnen eine Gestalt, die sich aufführte wie der Leibhaftige und schrie: «Wo Aufrichtigkeit und Wahrheit hinkt, wo Lug und Trug zum Himmel stinkt, und wo's der Brauch ist, dass man Worte bricht, da kommt das Haberfeldgericht! Is des wahr?» Und aus tausend Kehlen kam die Antwort: «Ja, wahr is»! Daraufhin rief Haberermeister Georg Prechtl am Abend des 3. Juni 2009 mitten in München vor zweitausend Bauern, die sich aus Protest vor der bayerischen Staatskanzlei versammelt hatten: «Nachad treibt's zu!» Und ohrenbetäubender Lärm ließ die bayerische Landeshauptstadt mitten in der Nacht erzittern. Ein altes bayerisches Brauchtum war in der Gegenwart angekommen.

Ziel des Demonstrationsrituals war der bayerische Ministerpräsident Horst Seehofer und seine umstrittene Agrarpolitik. Die «Arbeitsgemeinschaft bäuerliche Landwirtschaft» hatte zum Haberfeldtreiben gegen Seehofer geladen, und wie es die Tradition verlangt, kamen die Bauern verkleidet, bis zur Unkenntlichkeit geschminkt und bewaffnet mit Kuhglocken, Topfdeckeln, Trommeln und Fackeln.

Mehr als hundert Jahre lang gab es kein Haberfeldtreiben in Bayern. Der moderne bayerische Justizapparat hatte diese Sonderform bajuwarischer Selbstjustiz mühsam, aber erfolgreich bekämpfen können. Seehofer verstand es allerdings so gut, in seinem ersten halben Jahr als Ministerpräsident die Bauern gegen sich aufzubringen, dass sie den Brauch schnell wieder einführten – als basisdemokratisches Instrumentarium.

Entstanden ist das Haberfeldtreiben in wenig demokratischen Zeiten. Denn das Ritual war einst für die Bauern die einzige Möglichkeit, ihren Unmut über verhasste Amtspersonen kundzutun. Im Schutze der Nacht konnte man die Obrigkeit den Volkszorn spüren lassen, ohne Konsequenzen am nächsten Tag fürchten zu müssen. Die Vertreter der Staatsmacht wurden wieder auf den richtigen Weg «zurückgetrieben».

Erstmals für das Jahr 1717 dokumentiert, sind im 18. und 19. Jahrhundert über hundertdreißig solcher organisierten

Ausbrüche des Volkszorns aktenkundig geworden. Wahrscheinlich gab es aber erheblich mehr.

Das Haberfeldtreiben ist eine Form der Selbstjustiz. Außer gegen staatliche Autorität richtete es sich immer auch gegen Außenseiter der dörflichen Gemeinschaft. Besonders wild trieb man es nicht zuletzt mit denjenigen, denen man Sitte und Moral absprach. Heimlich trafen sich die Dorfbewohner an einem Sammelplatz, um durch den Ritus des Haberereides die Wandlung zur Haberergruppe zu vollziehen: «Ich schwöre bei meinem Leben, unverbrüchliches Schweigen zu wahren, über den Habererbund und über das Treiben. Nicht List, nicht Gewalt, nicht Tod sollen mich bewegen, diesen Schwur zu brechen.»

Angeführt wurde die Gemeinschaft vom Haberfeldmeister. Zu seinen Machtsymbolen gehörten zwei weiße Gockelfedern am Hut. Er führte die mit Gewehren bewaffnete und lärmende Gruppe dann zum Haus desjenigen, über den zu richten war. Mit Klopfen an Türen und Fenstern wurde der «Gesetzesbrecher» geweckt. Er durfte das Haus nicht verlassen, da die Situation dann hätte eskalieren können. Also zwang man ihn, sich ans Fenster oder in den Türrahmen zu stellen, während der Haberfeldmeister die Anklage in Versform verlas. Jeden Satz beendete er mit der Frage «Is des wahr?», auf die der Mob antwortete: «Ja, wahr is!» Am Ende der Anklageverlesung folgte der Aufruf des Haberfeldmeisters: «Nachad treibt's zu!» Daraufhin veranstaltete die Haberergruppe einen ohrenbetäubenden Krach. Ab und zu wurde sogar in die Luft geschossen – angeblich nahmen auch Wilderer gern an den Veranstaltungen teil –, und es kam vor, dass der Mob sich auf die Herkunft des Namens für den Brauch besann, denn ursprünglich scheuchte man die «Delinquenten» wohl wirklich über ein Haferfeld. In Verruf geriet das Haberfeldtreiben aber nicht nur, weil das bayerische Bier die Bestrafungen schon mal etwas handfester werden ließ, sondern auch, weil so mancher Haberfeldmeister das Ritual missbrauchte, um eigene Rechnungen zu begleichen. 1893 ging der bayerische Staat entschlossen gegen das Treiben vor. Es gab zwar immer wieder Versuche, weitere Haberfeldtreiben abzuhalten. Die endeten aber stets mit der Festnahme aller Teilnehmer.

Das Haberfeldtreiben war sicher kein Ausdruck rechtsstaatlicher, demokratischer Kultur, aber heute hat es in der Tat neben den anarchischen Bestandteilen auch basisdemokratische Ansätze. Angeblich plant die «Arbeitsgemeinschaft bäuerliche Landwirtschaft» auch in den nächsten Jahren Haberfeldtreiben gegen die Verantwortlichen einer ihrer Meinung nach verfehlten Politik. Das empörte im November 2009 den bayerischen Innenminister Joachim Herrmann von der CSU. Wütend gab er in einem Zeitungsinterview zu verstehen, das Haberfeldtreiben habe «nichts mit bayerischer Kultur und bayerischem Brauchtum zu tun. Das ist nur eine persönliche Verunglimpfung und Diffamierung, in einem Jargon, der das politische Klima in Deutschland und in der Weimarer Republik vergiftet und letztlich dem Nationalsozialismus den Boden bereitet hat!»

Na, da steht doch der Treffpunkt zum nächsten Haberfeldtreiben schon fest: Bayerisches Staatsministerium des Inneren, Odeonsplatz 3, 80539 München.

«Wo's der Brauch ist, dass man Blödsinn spricht, da kommt das Haberfeldgericht. Drum Herrmann, schließ jetzt Tür und Tor, denn bald schon stehen wir davor! Is des wahr?»

«Ja, wahr is!»

«Nachad treibt's zu!»

Halloween Michael Myers ist kein guter Junge. Kaum sechs Jahre alt, tötet er seine siebzehnjährige Schwester mit einem Messer. Auch der Aufenthalt in einer psychiatrischen Anstalt sorgt nicht dafür, dass sich seine Laune bessert. Im Gegenteil, mit einundzwanzig Jahren bricht Michael aus, um in einer Kleinstadt als maskierter Mörder unschuldige Menschen abzuschlachten. Der Gruselhöhepunkt ist erreicht, als deutlich wird, dass niemand Myers aufhalten kann. Selbst mit Stricknadel im Hals, Kleiderbügel im Auge und Messer in der Brust macht er immer noch einen munteren Eindruck. Sogar Pistolenkugeln können ihm nichts anhaben. Getroffen fällt er zwar vom Balkon, doch seine Überreste werden nicht gefunden. Myers ist nicht mehr zu stoppen ...

«Halloween» heißt der Horrorfilmklassiker von John Carpenter. Und er spielt nicht nur an Halloween, er ist mittlerweile auch eine Parabel auf Halloween geworden: Ähnlich wie Myers ist dieses Ritual nicht mehr zu stoppen. Da können amerikanische Schulen noch so viele neue Regeln aufstellen. In Illinois wurde 2009 ein Horrormaskenverbot verhängt: Die Schüler eines Schulbezirks durften keine «provokanten» Kostüme tragen, keine Gruselmasken und keine Spielzeugwaffen. Auch aufgemaltes Blut war nicht mehr erlaubt. In Los Angeles untersagte ein Schulleiter sogar künstliche Fingernägel. Und in der Blumenkinderstadt San Francisco verbot man den Mädchen, sich als Jungen, und den Jungen, sich als Mädchen zu verkleiden. Dem Erfolg von Halloween tut dies allerdings keinen Abbruch.

Seit ein paar Jahren boomt das Fest auch außerhalb der USA, in Old Europe, insbesondere in Deutschland. Der Kommerz hat ihm den Weg gewiesen. Als der Karneval 1991 wegen des Golfkriegs ausfiel, erlitten die Geschäfte schwere Umsatzeinbußen. Mit viel PR wurde Halloween als kommerzielle Alternative aufgebaut. Besonders die Süßwarenhersteller profitieren von dem neu etablierten Brauch. «Für uns ist Halloween nach Weihnachten und Ostern inzwischen zum drittwichtigsten Ereignis im Jahr geworden», erklärte Torsten Erbrath vom Bundesverband der deutschen Süßwarenindustrie gegenüber dem «Focus».

Dabei ist Halloween eigentlich gar kein amerikanischer Export, sondern hat europäische Wurzeln. Zwei Theorien über seinen Ursprung gibt es: Entweder geht alles auf das zweitausend Jahre alte keltische Samhainfest zurück oder auf das christliche Allerheiligen («All Hallows Day»), das im Jahre 731 zum ersten Mal begangen worden sein soll. Am wahrscheinlichsten ist allerdings, dass die Kirche versuchte, durch Allerheiligen das heidnische Fest Samhain in das Kirchenjahr zu integrieren.

Die Iren wurden die größten Fans von Halloween, und irische Auswanderer brachten ihre Begeisterung mit in die USA. Von den Iren stammt auch die Erklärung, warum an Halloween Kürbisse zu beleuchteten Fratzen werden. Der Legende nach hatte der Hufschmied und Trinker Jack mit dem Teufel einen Pakt geschlossen, um der beste Huf-

Guido Westerwelle (vorne) auf seinem ersten «Bravo»-Starschnitt mit Mitgliedern seiner Band «The Unbearables».

schmied der Welt zu werden. Dabei gelang es ihm, den Teufel auszutricksen. Der musste Jack versprechen, auf dessen Seele zu verzichten.

Nach seinem Tod wurde Jack wegen seiner Trinkerei an der Himmelspforte abgewiesen. Die Hölle musste Jack aber auch nicht fürchten, da der Teufel ihm darauf sein Wort gegeben hatte. Und weil kein Platz im Jenseits für ihn war, sollte er als Toter in die Welt der Lebenden zurück. Damit er den Weg fand, gab ihm der Teufel ein Stück glühender Kohle aus dem Höllenfeuer mit. Aus einer Rübe, die Jack als Proviant für den anstrengenden Gang durchs Jenseits mitgebracht hatte, bastelt er sich eine Lampe – er höhlt die Rübe aus und legt die Kohle hinein. Rastlos streift er seitdem als

Untoter umher, weder im Himmel noch in der Hölle erwünscht.

Die Amerikaner verwenden statt der Rübe große Kürbisse, in die furchteinflößende Gesichter geschnitzt werden, die die Geister vertreiben sollen. Auch der bekannte Ausruf «trick or treat» («Süßes oder Saures»), mit dem die Kinder von Haus zu Haus gehen und Süßigkeiten fordern, stammt aus den USA. Dass sie dabei verkleidet sind, hat wiederum mit den europäischen Wurzeln des Festes zu tun. Die Menschen glaubten, dass in der Halloween-Nacht die Geister der Toten unterwegs seien, die man irgendwie besänftigen müsse. Was lag näher, als ihnen Essen anzubieten? Schließlich mussten die Toten nach der mühevollen Wiederauferstehung halb umgekommen sein vor Hunger. Also stellte man Speisen vor die Türen. Indem man sich selbst als Gespenst verkleidete, konnte man die echten Geister abschrecken und beim Nachbarn unerkannt vom Essen probieren.

Halloween ist ein interessanter Forschungsgegenstand für Brauchtumsexperten. Die haben sonst nur selten Gelegenheit, direkt mitzuerleben, wie sich ein Ritual in der Gesellschaft etabliert. Sie analysieren Halloween als Fun-Spektakel, untersuchen seine Anleihen an Karneval und Sankt Martin und prognostizieren dem Fest, das Zerstreuung und den Umgang mit dem Tod als spirituelles Event verkleidet, eine süße Zukunft.

Das muss den Kirchen sauer aufstoßen. Die evangelisch-lutherische Kirche in Schweden demonstrierte sogar schon gegen Halloween. Ein französischer Bischof warnte vor dem «höchsten Fest der Satanisten in aller Welt», und auch die ehemalige Ratsvorsitzende der Evangelischen Kirche in

Deutschland, Margot Käßmann, findet Halloween schrecklich. Sie könne verstehen, sagte sie im Deutschlandfunk, dass dieses Fest in einer Zeit, in der Hexenkulte neu entdeckt werden und Harry Potter ganz oben ansteht, populär sei. «Aber es ist natürlich ein Trauerspiel für mich, dass im Land der Reformation (...) Menschen überhaupt nicht mehr wissen, was da geschehen ist vor fast fünfhundert Jahren.» Luther hatte nämlich am 31. Oktober 1517 seine Thesen an die Kirchentüren in Wittenberg genagelt.

Tatsächlich denken am Reformationstag mittlerweile mehr Deutsche an Michael Myers als an Martin Luther. Das Spaßritual hat die Erinnerung an den Reformator fast verdrängt. «Die Leute wollen Action», sagt ein Brauchtumsforscher. Michael Myers hätte sich sicher nicht damit begnügt, nur Thesen an eine Kirchentür zu nageln.

Händewaschen Es passiert bei der ➶Begrüßung eher selten, dass wir mit dem Darm eines anderen Menschen in Berührung kommen. Hände dagegen schütteln wir jeden Tag. Hygienisch betrachtet, ist der Unterschied allerdings marginal. Mikrobiologen haben festgestellt, dass auf unseren Händen die Bakterienvielfalt so groß ist wie in unserem Darm. Eigentlich sollten wir gar nicht «Hände» sagen, es sind vielmehr die Heimatplaneten von Millionen kleiner Lebewesen. Wie Mediziner herausgefunden haben, hausen dort über hundertfünfzig verschiedene Mikrobenfamilien und fast fünftausend verschiedene Bakterienarten. Die fühlen sich pudelwohl in kleinen Hautfalten, in Vertiefungen,

Poren, unter Ringen an den Fingern, auf Haaren oder unter den Fingernägeln. Sie kämpfen gegeneinander, sind wichtig für unsere Gesundheit, machen uns krank, und manche trachten uns gar nach dem Leben. Dabei ist die Besiedelungsstruktur von Mensch zu Mensch sehr unterschiedlich. Und weil wir unsere beiden Hände jeweils unterschiedlich einsetzen, sind sogar die Bakterien der linken nur zu 17 Prozent identisch mit den Bakterien der rechten.

Nach Ansicht von Mikrobiologen leben auf Frauenhänden wesentlich mehr Keime als auf Männerhänden; die Haut von Frauen biete ideale Lebensbedingungen, der Säuregrad sei geringer und neben hormonellen Faktoren begünstigten Kosmetika die Ansiedlung der Kleinstlebewesen. Doch Männer sollten angesichts dieser Tatsache nicht zu früh in die verkeimten Pfoten klatschen. An der Studie nahmen nämlich Frauen und Männer teil, die sich regelmäßig die Hände wuschen. Andere Untersuchungen haben aber gezeigt, dass Männer die mikrobiologische Benachteiligung an ihren Händen offenbar wettmachen wollen, indem sie sich konsequenterweise seltener die Hände waschen.

Für eine wissenschaftliche Studie zum Thema «Hygiene nach dem Toilettengang» wurde das Verhalten von über 200 000 Toilettenbesuchern auf Autobahnraststätten beobachtet. 64 Prozent der Frauen wuschen sich die Hände mit Wasser und Seife, bevor sie wieder in den Wagen stiegen. Bei den Männern hielten nur 32 Prozent dieses Ritual für notwendig, darunter waren allerdings auch viele «Schau-Wäscher»: Männer, die sich unbeobachtet fühlten, wuschen sich nämlich so gut wie nie die Hände; sobald aber jemand mit im Raum war, drehten sie viel häufiger am Wasserhahn, um dem anderen zu zeigen, dass sie keine Schweine sind. Auf die reinigende Kraft von Alkohol hingegen sollte man sicher nicht vertrauen: Nach ein paar Bier steht der typische Mann vom Barhocker auf, wankt zur Toilette und kehrt – ohne den Umweg übers Waschbecken zu nehmen – an den Tresen zurück, um dort seine Wurstfinger in die Schale mit Erdnüssen zu tauchen.

Wie es der Mann geschafft hat, aus seiner Händewaschsozialisation auszusteigen, ist unklar. Denn kaum jemand ist als Kind aufgewachsen, ohne den Spruch zu verinnerlichen, dessen Befolgung von Eltern und Erziehern auch immer kontrolliert wurde: «Vor und nach dem Essen Händewaschen nicht vergessen!» Viele Kinder hielten das für das elfte Gebot. Allerdings scherten sich sogar die zwölf Apostel nicht darum – die Schriftgelehrten und Pharisäer waren empört. Jesus aber nahm seine Jünger in Schutz: «Nicht das, was aus dem Mund in den Menschen hineinkommt, macht ihn unrein, sondern was aus dem Mund herauskommt» (Matthäus 15,11).

Dennoch: Reinigungsrituale wie das Händewaschen spielen in fast allen Religionen eine wichtige Rolle. Hindus waschen sich im heiligen Fluss Ganges, Muslime kennen rituelle Fußwaschungen. Und auch der katholische Priester wäscht sich im Gottesdienst die Hände, bevor er den «Leib Christi» damit berührt. Mancher Analytiker erkennt im Waschen der Hände eine symbolische Verarbeitung von Schuld. Bekannt ist der Ausspruch des Pilatus, nachdem das Volk den Tod von Jesus forderte (Matthäus 27,24): «Als Pilatus sah, dass er nichts erreichte, sondern dass der Tumult immer größer wurde, ließ er Wasser bringen, wusch sich vor allen Leuten die Hände und sagte: Ich bin unschuldig am Blut dieses Menschen. Das ist eure Sache!»

Die meisten Krankheitserreger gelangen über die Hände in den Körper. Bakterien und Viren kleben an Geldscheinen, Zeitungen, Türklinken und Computertastaturen und können dort bis zu drei Wochen auf mögliche «Opfer» warten. Haben sie eines gefunden, quetschen sie sich entweder durch mikroskopisch kleine Verletzungen an den Händen in den Körper, oder sie lassen sich von ihrem Wirt zu dessen Schleimhäuten befördern.

Vor allem das Auftreten der Schweinegrippe 2009 hat das Händewaschen wieder in die öffentliche Diskussion gebracht. Laut Weltgesundheitsorganisation (WHO) kann sowohl das Schweinegrippevirus als auch das Influenzavirus mit Seife und Wasser buchstäblich liquidiert werden. Die Seife zerstört die Hülle des Virus, das Wasser spült die Innereien weg. Fünfundvierzig Sekunden soll ein hygienisch korrekter Handwaschgang dauern:

- Hände zuerst mit warmem Wasser benetzen
- reichlich Seife auftragen
- Handflächen aneinander reiben
- mit ineinander verschränkten Fingern die rechte Handfläche über den linken Handrücken reiben und umgekehrt
- die Handflächen mit ineinander verschränkten Fingern aneinander reiben
- Bei geschlossener Hand die Fingerrücken und Nägel über den Ballen der anderen Hand reiben

- Den linken Daumen in der geschlossenen rechten Hand reiben und umgekehrt
- Hände gut mit Wasser abspülen und mit einem Einwegpapier abtrocknen

Diese Prozedur könne, so die WHO, bis zu zwanzigmal am Tag notwendig sein. Kein Wunder, dass es mittlerweile einen eigenen internationalen Tag des Händewaschens gibt: Das Hygieneritual braucht dringend Werbung. Wer wäscht sich schon zwanzigmal am Tag die Hände, und wer nimmt sich dafür fünfundvierzig Sekunden Zeit? Bei der erwähnten Untersuchung investierten Frauen im Schnitt gerade mal 10,48 Sekunden. Die Männern waren zwar erst nach 13,18 Sekunden fertig, aber zwei Drittel von ihnen fingen gar nicht erst an. Zwei Drittel der Frauen wuschen zwar ihre beiden Problemzonen, aber eben viel zu kurz. Wir werden alle sterben!

Wer seine beiden Patscher allerdings hygienisch korrekte zwanzigmal am Tag putzt, leidet womöglich an einem Waschzwang – für die WHO ein Vorbild, für den Psychologen schon der nächste Fall. Überhaupt, wie verkeimt sind eigentlich Wasserhähne in Toiletten, die man nach dem Waschen wieder zudreht? Und was klebt auf der Türklinke, die man anschließend mit seinen frischgewaschen Händen anfassen muss? Mit Logik kommt man beim Thema Händewaschen wohl nicht weiter.

Selbst in der Medizin dauerte es, bis man merkte, wie wichtig die Hygiene ist. Erst der ungarische Arzt Ignaz Philipp Semmelweis erkannte im 19. Jahrhundert den Zusammenhang zwischen Krankheiten und nicht desinfizierten Händen von Ärzten. Er arbeitete 1846 in einem Wiener Krankenhaus und registrierte dort hohe Infektionsraten von Kindbettfieber. Seinen Verdacht, die Ärzte selbst könnten die Krankheit übertragen, nahmen seine Kollegen lange Zeit nicht ernst. Erst als man versuchsweise eine Desinfektion der Hände mit Chlorkalk vor den Untersuchungen durchführte und sich die Zahl der Infektionen drastisch reduzierte, sah man die Notwendigkeit von Hygienemaßnahmen ein. Da war Semmelweis allerdings schon tot.

Mancher mag sich mit dem Händewaschen gar nicht auseinandersetzen. Der moderne Mensch habe, so eine weitverbreitete Meinung, kaum noch Abwehrkräfte, weil er kaum noch mit Dreck in Berührung komme. Völlig übertrieben seien die Sorgen vor Noro-, Influenza- und Schweinegrippevirus. Sich eine Woche nicht zu waschen wäre demnach die einfachste Methode, gesund zu bleiben und die Abwehrkräfte aufzubauen. Dem widerspricht allerdings der auf einigen Herrentoiletten zu lesende hygienische Imperativ: «Seif es ab oder iss es später!»

Initiationsrituale Wetten, dass Sie es nicht schaffen, alle im Folgenden aufgeführten Mutproben an einem Tag zu absolvieren? Dafür sind Sie bestimmt zu feige. Ohne Mutprobe dürfen Sie diesen Text aber leider nicht weiterlesen. So ist das nun mal: ohne Herausforderungen kein Wachstum. Das haben alle anderen vor Ihnen auch gemacht. Sie müssen ja nicht. Aber wenn es Ihnen etwas bedeutet, zum erlauchten Leserkreis zu gehören, dann …

So geht es oft los. Eben noch Mensch, werden Anwärter auf vorgeblich höhere Weihen als schlappschwänzige Waschlappen mehr oder weniger subtil gehänselt und manchmal auch geknebelt. Wer zum Beispiel bis 2007 im nordrhein-westfälischen Oer-Erkenschwick zur Feuerwehr wollte, musste sich mit dicken Seilen nackt auf eine Bierbank binden und übertrieben gründlich abspritzen lassen. Selbstverständlich erst nachdem Wurst und Bohnen mit Schuhcreme eingefettet worden waren. Wem das nicht ganz so zusagte, der durfte zur Strafe nie ein C-Rohr halten. Auch die angehenden Feuerwehrleute im westfälischen Olfen können von Qualen ein Liedchen singen: allerdings ein eher dumpfes, atemlos unter der Gasmaske.

Mutproben sind Initiationsrituale, die Menschen vom Solitär zum Gruppenmitglied oder vom Unterlegenen zum Gleichberechtigten machen sollen. Sie finden vor allem statt, wenn es ans Erwachsenwerden geht – neurologisch betrachtet, nicht gerade die beste Zeit: Neue Synapsenbahnen werden gelegt, überall frische Baustellen. Da geraten einige Hirnareale kurzfristig ins Hintertreffen; Selbst- und Außenwahrnehmung klaffen bisweilen gewaltig auseinander. Das Präfrontalhirn, das unter anderem rationales Denken und vorausschauendes, überlegtes Planen erledigt, bildet sich zuletzt aus. Solange es in der Beta-Version läuft, schießen Triebe und Launen ungefiltert ein. Es herrscht eine gnadenlos egozentrische Sicht auf die Welt. So wollen es die Hormone. Jeder Satz fängt mit «Ich» an. Ich bin unsterblich. Ich brauche keine Erklärungen. Ich hasse. Ich liebe. Ich weiß auch nicht, warum ich so traurig bin.

Subjektiv betrachtet, so stellt eine der wenigen Studien

Superman wird von einem Versorgungskran im Flugbetrieb aufgetankt.

zum Thema Mutproben aus dem Jahr 2003 fest, geht es um die Überwindung von unangenehmen Gefühlen wie Angst, Unsicherheit, Ekel oder Scham. Adieu Heulkrampf, wenn das Schnuffeltuch mal weg ist. Das Ich soll Stürme überstehen und die Erfahrung machen, dass es den Anfeindungen des Lebens trotzen kann. Jeder vierte Schüler zwischen neun und siebzehn Jahren räumte ein, sich «in letzter Zeit» mindestens einer Mutprobe unterzogen zu haben. Meistens sind es Jungen. Die Faustregel, nach der bemessen werden kann, wie Wagemut in mittleren bis schweren Schwachsinn übergeht, lautet: Je weniger die Eltern Fürsorge und Anerkennung zollten, je größer die Bildungsferne, desto abwegiger die Mutprobe. Sagen die Statistiker.

Also balancieren Jünglinge auf dem Weg in die soziale Anerkennung auf Brückengeländern oder «surfen» auf S-Bahnen. Sie verspeisen Regenwürmer oder, die harmloseren, stiften sich gegenseitig an, mit nacktem Hintern über den Schulhof zu rennen. Zur Belohnung gibt's dann Erdbeeren mit Essig und Senf. Mädchen, wenn sie denn überhaupt anfällig für solche Herausforderungen sind, müssen dünne Spinnenbeine sammeln oder – und das ist jetzt wirklich eklig – Jungen küssen. Der Preis für das Frauwerden ist hoch.

Der Körper wird zum Mittel, sich selbst in ekstatischer, adrenalindurchschwemmter Intensität als vorhanden zu erleben. Was sich so intensiv anfühlt, muss einen tieferen Sinn haben. Sie werden das nicht verstehen, wenn Sie nicht schon mal mit rasendem Herzen im toten Winkel einer Kaufhauskamera Rasierklingen oder Lipgloss in ihre Taschen gleiten ließen und dann – dumdidumm, pfeif-flöt – harmlos und gesichtsneutral gen Ausgang strebten. In banger Erwartung der Pranke des Kaufhausdetektivs auf ihrer Schulter.

Mut (oder Dummheit) wird bewiesen, wenn Schmerzen ertragen, gültige Rechtsnormen wissentlich verletzt, Scham und Ekel sowie Ängste vor Selbstaufgabe überwunden werden. Man muss es ja nicht gleich so weit treiben wie bei einigen australischen Stämmen, wo dem Heranwachsenden ein Schneidezahn ausgeschlagen wird. Soll heißen: «Und das ist erst der Anfang deines Lebens als Krieger!» Naturvölker kennen auch heute noch Initiationsriten, die Jungen an der Schwelle zur Mannwerdung willentlich Lebensgefahren aussetzen: Die Inuit wollen, dass Junior einen Bären tötet. Je mehr der Bär sich wehrt, desto besser. Das Leben ist eben kein Zuckerschlecken.

Die Karajá, ein Stamm in Brasilien, verlangen von ihrem männlichen Nachwuchs, dass er mit zwölf das Elternhaus verlässt. Die Jungs leben fortan in der Herrenhütte. Vorher durchstößt man ihre Lippe und setzt einen Pflock ein. Dann wird der ganze Körper mit schwarzer Farbe bemalt, sodass sie einem prächtigen Fischotter gleichen – das natürliche Vorbild an Geschick und Kraft der Karajá. Damit sehen sie aus wie hierzulande mittlerweile jeder geschlechtsreife Mann unter dreißig: gepierct und voller Tribals.

Gleich mehrere Wochen dauert das Ritual der Aufnahme in den Kreis der Männer bei den Hamar, einem Stamm im Südwesten Äthiopiens. Sind erst einmal genügend Feinde oder Tiere getötet, sieht sich der angehende Krieger einer Herde von Kühen gegenüber, die von tanzenden, stampfenden, singenden Frauen zusammengetrieben werden. Viermal muss der nackte Junge die dichtgedrängte Herde überqueren: erst auf den Rücken eines der Viecher und dann zum nächsten hüpfen, als spränge er in einem Wildbach von Stein zu Stein. Kein Schritt darf danebengehen.

Eine Schwundstufe dieses Rituals kennen auch unsere europäischen Nachbarn. Michau C. aus Polen spielte zu Schulzeiten Küheschubsen. Man nimmt Anlauf und versucht, die genüsslich wiederkäuende Kuh auf der Weide, satte achthundert Kilo schwer, mit einem Mal umzulegen. «Die gucken ganz schön doof, wenn man es geschafft hat.»

Jede Gruppe hat ihre eigenen Regeln und besteht darauf, dass Novizen sich entsprechend verhalten. Die Christen beträufeln einander mit Wasser. Aber die ➶Taufe ist weniger angsteinflößend als symbolisch. Initiationen müssen also nicht wehtun. Rocker laden zum ‹Fassrollen›, ‹Wurstschnappen› und ‹Schweineaugenweitspucken› auf Biker-Parties ein, und die Rosenkreuzer verbinden dem Neuling die Augen. Was dann geschieht, darf keiner weitererzählen, damit es für alle Nachfolgenden eine echte Herausforderung bleibt. Im Hintergrund schwingt immer die Angst vor Verletzung und Tod mit.

In Deutschland sind vor allem die Burschenschaften für ihre drakonischen Aufnahmerituale bekannt, die zusammen mit tüchtig viel Bier und strengem Regelwerk den Freundschaftsbund fürs Leben festigen sollen. Die größte Herausforderung stellt dabei der streng reglementierte Waffengang mit Säbeln dar, die Mensur, bei der im schlimmsten Fall ein tiefer Schnitt in die Wange, der sogenannte Schmiss, entsteht. Einer der Teilnehmer erklärt den Nutzen dieses Rituals so: «Mit der Mensur stärkst du einfach nur deine eigene Persönlichkeit, wenn du in eine Lebenssituation kommst und dir denkst, das ist jetzt ein Wahnsinn, dann kannst du zurückdenken, was du schon alles gemacht hast und hinter dir hast. Du stellst dich der Gefahr. Mit der Mensur wächst du eigentlich nur.» Die Zeiten, in denen man sich ein Rosshaar in die offene Wunde legte, um eine Narbe zu züchten, seien aber vorbei.

Während der Chor der Gutmenschen und politisch Korrekten die Ode an das ewige Einerlei der Normalität anstimmt und alles Lebensgefährliche verbieten will, sind Kamikazesportarten wie Komasaufen, das Tomatenspiel und Surfen auf Zugdächern trotz herabhängender Hochspannungsleitungen verbreitete Ventile für das Bedürfnis nach Entgrenzung. Das Tomatenspiel kennt mittlerweile jeder Grundschüler. Man lässt sich so lange würgen, bis man erst knallrot, dann ohnmächtig wird. Immer wieder fällt jemand dabei ins Koma. Manche wachen nie wieder auf. Verbote machen die Sache nur reizvoller. Der Wille zur Selbstüberwindung sucht sich auch in einer zivilisierten Gesellschaft immer neue Bahnen, selbst wenn Duelle, Schlägereien und andere Machismen verpönt sind.

An französischen Eliteschulen gab es neben den üblichen zotigen Aufgaben (Banane aus der Hose eines Kommilitonen essen, ohne Unterhose auf der Straße singen etc.) ein Aufnahmeritual, das seit 1997 allerdings verboten ist. (Was ja erst mal nichts heißt.) Der Studienanfänger bekommt *Soupe Stanislas* vorgesetzt, eine Delikatesse aus Hühnerköpfen, Exkrementen und Erbrochenem.

Schier grenzenloser Alkoholgenuss ist das weltweit wohl verbreitetste Initiationsritual, seit Dionysos' Zeiten wohlbekannt. Neuerer Bauart sind die von Johnny Knoxville aus der MTV-Serie «Jackass» entwickelten Rituale zur Aufnahme in den Club der orientierungslosen Sensualisten. Der professionelle Stuntman ließ sich zum Beispiel von kleinen Krokodilen in die Nippel beißen, seine Hoden mit Billardkugeln beschießen und mit Tauchermaske und Schnorchel ausgestattet in ein gutgefülltes Toilettenhäuschen einschließen. Dann wurden Nasszelle nebst Klo umgedreht. Genau besehen auch eine Art von Taufe.

Überhaupt bemühen sich Fernsehsendungen redlich, die Menschen vor dem Lagerfeuer der Moderne fassungslos zu machen. Sie nutzen Spiegelneuronen im menschlichen Hirn, die bewirken, dass im Körper des Zuschauers ähnliche Prozesse ablaufen wie in dem des Delinquenten. Die «Süddeutsche Zeitung» schrieb: «Was gibt es Schöneres, als einer drallen Blonden dabei zuzusehen, wie sie das seidige Haar zurückstreift, um sich über einen Teller blutiger Kuhaugen herzumachen!» Neben dem Ekel wohnt hier die Geilheit. In Amerika kredenzt die Sendung «Fear Factor» bevorzugt gegarte Genitalien von Nutztieren und verfaulte Fischprodukte. Bon Appetit, hähähä.

Der höhere Zweck hat bei solchen Initiationsritualen meist ausgedient. Die Mehrheit der Menschen wird nicht ordiniert, sondern ordinär. Assessment-Center sind zu zentralen Herausforderungen geworden, der Zugang zu gesellschaftlich höherstehenden Gruppen hängt heute im Wesentlichen vom Bildungsgrad ab. Wer seinen Mut beweisen will, dem bleiben, der Größe der Herausforderung nach aufsteigend geordnet, ein Sprung vom Zehnmeterturm, am Bungee-Seil oder aus dem Flugzeug, möglichst mit Fallschirm im Gepäck. Wer schnell rennen kann – oder seine persönliche Bestzeit verbessern möchte –, dem sei ein Besuch des jährlichen Bikertreffens empfohlen. Dort stelle man sich breitbeinig vor eines der buntbemalten Alphamännchen und sage: «Äih, du schwabbeliges Furzkissen, ich weiß gar nicht, was schmieriger ist: deine Kette oder deine Fresse.» Auch im Weiteren zeige man sich entgegenkommend: «Wenn der Satz übrigens zu komplex für dich war, Sackgesicht, kann ich ihn gerne noch mal wiederholen.»

Maulfaulen Zeitgenossen mit geringeren Neigungen, sich aktiv körperlich zu verausgaben, bleibt ein Besuch des Frankfurter «Snackpoint». An diesem Imbissstand bekommt man Currywürste, zu denen Saucen in der Schärfe A bis F gereicht werden. Ab Stufe D müssen die Kunden volljährig sein. Was sie dann durch den Chiliwirkstoff Capsaicin als Schärfe im Mund erleben, ist tatsächlich ein Schmerzeindruck. Der Körper setzt anschließend Endorphine, Glückshormone, frei.

Wenn Sie dieses Glück kultivieren wollen, treten Sie besser einer weltanschaulichen Gruppe bei. Wäre nett von Ihnen, wenn es eine ist, die Frauen und Männer gleich behandelt und hinter Andersgläubigen nicht her ist wie der zölibatäre Missionar hinter den grunzzufriedenen Eingeborenen. Wozu Initiationen ansonsten eigentlich da sind, hat der Regisseur George Lucas gezeigt.

Der überaus weise, aber dafür kleine und grüne Yoda aus «Der Krieg der Sterne» schickt seinen Zögling Luke Skywalker auf dem Planeten Dagobah in eine Höhle. Luke trifft dort auf seinen schlimmsten Gegner, Darth Vader, den er bekämpft und besiegt. Am Ende entdeckt er sein eigenes Gesicht unter der Maske des schwarzen Lords. Wir lernen:

Wer seine Schatten nicht herausfordert und bekämpft, wird immer von ihnen verfolgt werden.

Möge die Macht mit Ihnen sein, lieber Leser, wenn Sie sich Ihrer dunklen Seite stellen. Mögen Sie den Mut haben, sich selbst herauszufordern. Und möge, wenn es in Ihrem Leben um die Wurst geht, immer die passende Sauce parat sein.

Jagd Es war der Albtraum vieler Kinder. Die meisten weinten, einige hatten danach Schlafprobleme, fast alle haben die Szene ihr ganzes Leben lang nicht vergessen. In vielen Internetforen schildern Menschen noch heute, wie sehr sie damals der Mord an Bambis Mutter schockierte. Das «American Film Institute» hat eine Liste mit den größten Schurken der amerikanischen Filmgeschichte veröffentlicht, und jener hinterhältige Jäger belegt darin Platz 20. Damit rangiert er nur knapp hinter dem weißen Hai (Platz 18) und Alien (Platz 16), aber immerhin vor dem Terminator (Platz 22). Gefasst wurde der Mörder von Bambis Mutter nie.

«Bambi» ist zwar bloß ein Zeichentrickfilm von Walt Disney aus dem Jahr 1942, aber er enthält einen wahren Kern. Denn Jäger gehen nicht einfach in den Wald, um frische Luft zu schnappen. Bewaffnet mit einem Gewehr, dürfen sie Tiere töten – auch wenn sich die Killer von Bambis Mutter alles andere als waidgerecht verhalten haben: der Abschuss einer Ricke (weibliches Reh) mit Kitz ist nämlich streng verboten.

Die Jagd ist fast so alt wie die Menschheit. Da ist es nicht verwunderlich, das sich eine eigene Jagdsprache mit weit über dreitausend Begriffen herausgebildet hat und eine Vielzahl unterschiedlicher Jagdrituale existieren. In der Steinzeit jagte man mit Vorliebe Mammuts, Riesenhirsche, Nashörner, Waldelefanten, Wisente, Elche und Bären. Die Waffen bestanden aus Holz, Steinen, Tierhörnern oder Knochen. Die Jagd war natürlich wesentlich gefährlicher. Ein großes Tier, das in die Enge getrieben worden war, konnte die steinzeitlichen Waidmänner schwer verletzen. Selbstverständlich kannten auch sie schon Rituale. Mit Ketten aus den Zähnen ihrer Opfer und Bildern an Höhlenwänden versuchten sie, das Jagdglück zu beschwören.

Im Laufe der Zeit entwickelte der Mensch immer bessere Methoden, das Wild zu erlegen. Er domestizierte den Wolf und machte ihn zu seinem Jagdgefährten. Ausgesprochene List bewies er bei der Konstruktion todbringender Fallen. Mit zunehmender Zivilisierung wurde die Jagd gewissen Regeln unterworfen und war schließlich einer privilegierten Minderheit wie König und Adel vorbehalten. Doch auch innerhalb des Adels gab es Unterschiede, die sich in den Begriffen «hohe Jagd» und «niedere Jagd» widerspiegeln. Nur die Angehörigen des Hochadels durften Rotwild, Bären und Schwarzwild jagen, während man dem niederen Adel den «Rest» überließ. Bis heute spricht man daher von «Hochwild» und «Niederwild».

Mit Entwicklung der Schusswaffen gab es bei der Jagd einen Quantensprung. Die Strecken (wie die Jäger die aneinandergereihten getöteten Tiere nennen) der Fürsten wuchsen ins Unermessliche. Kurfürst Johann Georg I. von Sachsen (1585–1656) schoss während seiner vierundvierzigjährigen

Die wollen nur spielen.

Regierungszeit 116 907 Stück Wild. Vögel nicht mitgezählt. Das sind im Schnitt sieben pro Tag. Sein Nachfolger Johann Georg II. (1613–1680) kam in nur vierundzwanzig Jahren auf 111 517 erlegte Tiere. Das sind mehr als zwölf pro Tag, darunter auch vier Löwen und zwei Tiger, die man eigens für diesen Zweck in Sachsen gezüchtet hatte. Das Fleisch wurde häufig vernichtet und nicht den hungernden Bauern gegeben, die bei der Jagd Hilfsdienste leisten mussten – die Fürsten befürchteten, die Bauern könnten auf den Geschmack kommen und zum Wildern animiert werden.

Gejagt wurde nicht, um Nahrung zu beschaffen, sondern zur Unterhaltung und um soziale Beziehungen zu pflegen. Dabei entstanden ganz neue Formen der Jagd. Bei der Parforcejagd hetzen Hunde das Wild so lange, bis es sich ermüdet stellt. In Großbritannien durfte man bis zum Jahr 2004 dem Fuchs auf diese Weise zusetzen, in Frankreich ist das nach wie vor erlaubt. Einst jagte man auch Hochwild auf diese Weise. Angeblich konnten Hirsche dabei mehr als hundert Kilometer zurücklegen. Es kam vor, dass ein Jäger sein Pferd bei der Verfolgung zu Tode ritt. Wenn der Hirsch sich dann ermattet abfangen ließ, schnitt ihm ein Jäger die «Hessen» (Sehnen) durch und verhinderte so, dass sein Opfer noch mal entkommen konnte. Dann wurde der Jagdherr mit dem Horn gerufen. Er durfte nun auf das bewegungsunfähige Tier den «Fangschuss» abgeben. Anschließend wurde das Signal «Hirsch tot» geblasen. Danach zückten die Jäger den Hirschfänger und schnitten dem Tier unter den Tönen des «Halali» den unteren Teil des rechten Vorderlaufes ab, um ihn dem Jagdherrn als «Ehrenlauf» zu überreichen. Als Höhepunkt trennte man den Kopf ab und präsentierte ihn unter erneutem Horngeblase dem Fürsten. Anschließend tauchten einige Jäger Zweige in das Blut des Hirsches und steckten sich diese an den Hut («die Jäger steckten sich den Bruch auf»). Während man das Hirn an die Hunde verfütterte, wurde der Hirsch aufgeschnitten und gehäutet. Die Innereien servierte man auf der ausgebreiteten Haut und reichte dazu Brot und Käse.

Im Anschluss an die Parforcejagd gab es das sogenannte «Blattschlagen». Damit wurden Jagdvergehen bestraft. Der Delinquent musste seine Taschen leeren, durch Anheben des Rocks sein Hinterteil entblößen und sich bäuchlings auf die Überreste des kapitalsten Hirsches legen. Dann bekam er mit der flachen Klinge des Weidblattes drei Streiche. Dabei bliesen die Jäger erneut in ihre Hörner.

Eine ganz eigene Symbolik innerhalb der Jägersprache haben die «Bruchzeichen». Sie dienen den Jägern zur «stillen» Kommunikation. Äste von unterschiedlichen Bäumen haben auch unterschiedliche Bedeutungen. Der «Hauptbruch» ist ein armlanger Zweig, der auf dem Boden liegt. Gesteckt bedeutet er allerdings «Achtung» und kündigt weitere Botschaften an. Der «Leitbruch» dagegen zeigt die Richtung an, in die das Wild geflüchtet ist. Getötetes Schalenwild wird mit dem «Inbesitznahmebruch» markiert. Ein Ast wird auf den Kadaver gelegt. Männliche Tiere bekommen ihn auch mal zwischen die Zähne geschoben, er gilt dann als «letzter Bissen». Der «Schützenbruch» ist ein kleiner Zweig, der mit dem Blut (der Jäger spricht vom «Schweiß») des toten Tieres getränkt ist und vom Schützen auf der rechten Seite des Hutes getragen wird.

In Deutschland darf nur zu Jagd, wer den Jagdschein gemacht hat. Eine Prüfung, die auch als «grünes Abitur» bezeichnet wird. Trotz klarer gesetzlicher Regelungen steht der Jäger bei vielen auf der Abschussliste. Immer wieder fordert der Bundesverband der deutschen Berufsjäger e.V. mehr «Respekt und Anerkennung für die hochqualifizierte Ausbildung» und sieht den Berufsjäger als «Profi auf dem Gebiet der Jagd- und Wildbewirtschaftung». Bei der Organisation «Abschaffung der Jagd» ist man nicht ganz dieser Meinung: «Jäger haben Spaß am Töten. Jäger quälen gerne zu ihrer Luststeigerung Lebewesen. Jäger lügen, um nicht als das angesehen zu werden, was sie wirklich sind – lizenzierte Sadisten!»

Wenn man sich anschaut, welch obskure Angebote es zum Beispiel auf der Fachmesse «Jagd und Hund» gibt, fällt es tatsächlich schwer, die Jäger zu verteidigen. Dort kann man, wie der «Spiegel» am 5. Februar 2010 berichtete, für 7500 Euro das Recht erwerben, in Namibia eine Pferdeantilope zu töten, Reisekosten exklusive. Das Leben eines Schakals kostet schlappe fünfzig Euro. Das Internet ist voll mit ähnlichen Angeboten. Einige Veranstalter bieten Komplettpakete mit Präparation und Transport der Jagdtrophäen ins Heimatland unter Berücksichtigung gültiger Einfuhrbestimmungen. Man möchte kaum glauben, was da rechtmäßig nach Europa eingeführt werden darf. Aus Afrika: Löwe, Pavian, Servalkatze, Karakal, Breitmaulnashorn (nur aus Südafrika), Litschi-Wasserbock (nur aus Südafrika und Namibia) und Afrikanischer Elefant (nur aus Namibia, Simbabwe und Botswana). Sogar der vom Aussterben bedrohte Eisbär passiert als Jagdtrophäe ohne Probleme europäische Grenzen.

Es mag Gründe dafür geben, Tiere zu jagen, und bei der großen Anzahl unterschiedlicher Jagdrituale gibt es einen breiten Bogen von interessant bis abscheulich. Die Teilnahme an einer Großwildjagd in Afrika mit dem Ziel, sich die Hörner einer Pferdeantilope ins Wohnzimmer zu hängen, um dann im Zebraledersessel zu sitzen und «Schnee am Kilimandscharo» zu lesen, ist abartig! Das ist kein Jagdritual, das ist Mord an Tieren.

Kinderrituale Im Laufe seines komfortablen Lebens, das oft beachtliche acht Jahrzehnte währt, liest der Bundesbürger 3634 Bücher. Dafür wendet er jeden Tag sieben Minuten auf. 1978 besaß ein deutscher Haushalt laut Infratest Medienforschung noch durchschnittlich 186 Schwarten. Goethe hielt schon fünf Bücher pro Haus in ländlichen Gegenden für viel. Unklar bleibt, ob all die Petzi-Hefte, Geschichten von der Raupe Nimmersatt oder Wimmelbildbände mit eingerechnet werden müssen. Zählt «Bob der Baumeister» als Buch oder ein Connyheft als Literatur? Oder sind es Ballaststoffe, damit die Gebrüder Grimm besser verdaut werden können?

Kinder lieben jedenfalls Bücher. Sie lieben es, wenn man ihnen vorliest. Morgens, mittags, abends. Und Kinder lieben Rituale. Deshalb heißen auch ungefähr gefühlte viertausend Bücher «Kinder lieben Rituale». Oder «Kinder brauchen Rituale». Oder «Die schönsten Rituale mit Kindern». Als Kind muss man nehmen, was man kriegt.

Wenn die Kleinen aber könnten, wie sie wollten, würden sie mit Sicherheit ein Buch aus dem elterlichen Regal reißen und es zersägen, durchbohren, in der Wanne einweichen und anschließend drei Stunden schleudern. «Jedes Kind kann schlafen lernen», ein Bestseller, der müde und hilflose Eltern dazu bringt, im Wohnzimmer zu hocken und mit Stirnschweiß abwechselnd auf die im Buch enthaltenen Tabellen und die Uhr zu starren, während das Baby schreit.

«Jetzt nicht weich werden, Ulf! Wir gehen streng wissenschaftlich vor und expandieren sukzessive die Schreiphase bis zum nächsten Empathieintervall!»

«Ausgezeichnet, Hilde. Ein hervorragender Plan. Ich öffne die Tür zum schreienden Säugling also in 10, 9, 8 ...»

An welche Klientel im Reich der Ratlosen sich das Standardwerk wendet, wird klar, wenn man liest, dass die Autoren das Ritual des ➶ Zähneputzens nur für solche Kinder empfehlen, die schon Zähne haben. Ach so.

Ausgehend von der These, dass Kindern früh gezeigt werden müsse, was und wo Grenzen sind, wird Eltern angeraten, ihren weinenden, schreienden Kindern in zeitlich immer größer werdenden Intervallen fernzubleiben, damit Kevin oder Cindy begreifen, dass jeder Widerstand zwecklos ist und sie nun schlafen müssen. Immer wieder. Blinddarmdurchbruch ausgenommen.

Der Familientherapeut Wolfgang Bergmann erkennt in dieser Methode «eine Form seelischer Misshandlung». In der SZ berichtete er im Februar 2009: «Als meine Tochter abends geschrien hat, da bin ich zu ihr ins Zimmer rein und habe festgestellt: Allein meine Gegenwart beruhigte sie. Wenn ich die Hand auf das Herz meines Kindes lege, so komme ich auf eine ganz andere Ebene. Dann werde ich ruhig und das Kind wird auch ruhig, weil sich die Liebesbindung gerade wieder als verlässlich erwiesen hat. So lernt ein Kind schlafen.»

Wenn Rituale dazu dienen, Macht auszuüben, werden sie verdächtig. Ihr pädagogischer Nutzen wird dennoch seit neuestem wieder allüberall gepriesen. Erziehungswissenschaftlich betrachtet, sind endlose Wiederholungsschleifen von allererster Güte: «Rituale haben den Vorteil, dass sie nicht den Eindruck einer Begründung oder einer Ermahnung erwecken. Durch Rituale vermittelte Regeln werden durch ihren Vollzug von den Interaktionsteilnehmern aufgenommen. Ein fragloser Automatismus wird in Gang gesetzt, denn der spielerische Charakter des Rituals verhindert das Gefühl der Beeinträchtigung.» Dieses Proseminarwissen der Uni Koblenz ist landauf, landab in praktischer Verwendung. Rituale haben Konjunktur. In unserer vernetzten, komplexen Welt kommt Eltern die Aufgabe zu, Wärme, Sicherheit und Geborgenheit zu spenden, gestiftet durch – richtig! – Rituale.

Der Tag sollte daher verlässlich beginnen. Auch das Kind im vorkindergartlichen Alter freut sich jeden Morgen, von einem gutgelaunten Vater in Bärenkostüm und Schalmei geweckt, von Mutter im Elfengewand umschwebt und mit lieblichen Gesängen aus fünf Jahrhunderten willkommen geheißen zu werden. Beim Anlegen der Windel loben wir Junior stets aufs Neue, dass er den *Schlafi* (Elternsprech!) nicht eingekackt, sondern alles nur ins Unterhemd gepresst hat. Auf das schokonussbeschmierte Brötchen drapieren wir eine rote Radieschennase, ein Cornichon als Mund und chinesische Wolkenohrenpilze als Lauscher. So weiß das Kind, es ist Frühstückszeit. Dazu tanzt der Vatibär, und Äuglein aus Kapern zwinkern dem Kind vom Brötchen her zu. Eine Runde Hoppehoppereiter sorgt anschließend für die notwendige Durchmischung aller Zutaten im Magen. Der Start in den Tag ist geglückt. Zeit für die ganze Familie, sich auf die Socken zu machen:

«Guten Morgen, ihr Füße! *(Ergreifen Sie die Patschefüßchen des Kindes.)* Wie heißt ihr denn?

Ich heiße Hampel *(Umgreifen Sie den rechten Fuß.),* und ich heiße Strampel. *(Umgreifen Sie den linken Fuß.)*

Ich bin das Füßchen Übermut.

Und ich bin das Füßchen Tunichtgut.

Übermut und Tunichtgut gehen auf die Reise. *(Lassen Sie die Speckbollen zappeln.)*»

Erste Schritte in die weite Welt hinaus führen die lieben Kleinen meistens in den Kindergarten. Dort plaudern sie dann im Morgenkreis alles, auch Intimes aus. «Mama nackig. Papa nackig. Mama Aua!»

Bereits auf dem Weg in die Kita sollte Junior daher rituell mit der gleichen «Benjamin Blümchen»-Kassette sediert werden, mit der schon die Eltern vor intellektueller Überforderung im Kindesalter geschützt wurden. Natürlich in digitalisierter Form, «töröööh!» An der Tür zur Kita drücken Sie Ihrem Liebling zum rituellen Abschied ein Plüschtier in die Hand: «Das ist Muttis Beutelratte! Gibst du mir die nachher wieder, wenn Mutti dich abholt, ja?» Wenn Mutti dann acht Stunden später wieder in der Kita aufläuft, fordert sie freundlich die Beutelratte zurück und findet sie sicher auch nach einer halben Stunde Durchstöbern der Windeltonne. Ein ziemliches Tänzchen, vor allem weil es jeden Tag aufs Neue aufgeführt werden muss.

Montags Sport, dienstags kommt Elli und macht Musik – «Schöne Lala!» – mit den Kleinsten. Mittwochs ist Schweinetag, da darf man mit allen Fingern essen und nicht eher aufstehen, bis alles gründlich vollgeferkelt ist. (Das müssen Sie wahrscheinlich nur fünfmal ertragen, wenn Sie Glück haben, dann wird es langweilig!) Donnerstag ist dann sicher auch irgendwas, denn irgendwas ist ja immer. Schon im Vorschulalter. Diese Gewohnheiten werden dereinst behagliche Erinnerungen hervorrufen und neurobiologisch prägend sein. «Rituale sind extrem gedächtnisfähig. Sie sind sinnstiftend und emotional und somit Ereignisse, die den Weg vom Kurzzeit- ins Langzeitgedächtnis gut schaffen», erklärt Professor Henning Scheich, Neurobiologe aus Magdeburg.

Ob weitverbreitet oder auf häuslichem Mist gewachsen: Wenn Rituale in liebevoller Absicht vollzogen werden, bieten sie – nicht nur – Kindern Halt, Orientierung, Sicherheit und in schwereren Zeiten Trost. Das Schnuffel- oder Schmusetuch, die Lieblingspuppe oder der abgegriffene, einäugige Hase sind stumme Zeugen dieser Wahrheit. Das kleine Licht im dunklen Zimmer verspricht: Fortsetzung folgt. Das Lied und die Geschichte zuvor bezeugen: Mutti hat dich heute genauso lieb wie gestern. Und vorgestern. Und morgen. Alles wird gut. Wird es natürlich nicht, aber das glauben viele erst dem Chefarzt oder den Leuten, die um das eigene Sterbebett herumstehen.

Die Summe all dieser Erfahrungen hat die Hamburger Band Blumfeld auf ihrem Album «Verbotene Früchte» 2006 zusammengetragen. Im Stile eines Kinderliedes nähren sie eine immerwährende Sehnsucht aller, Kinder wie Erwachsener.

Kleines Lied
Es kommt zu Dir
Kommt und will Dir sagen:
Du bist nicht allein
Was auch geschieht
Und es trägt uns durch den Tag
Fragen über Fragen
Und sagt auf seine Art:
Ich hab Dich lieb.

Klaglos ergeben wir uns in unser von Ritualen vorgezeichnetes Geschick. Es fühlt sich gut an. Na denn: Schön die

Äuglein zumachen und bis morgen! Gute Nacht, Mutti, gute Nacht, Vati. «Gute Nacht, John Boy. Gute Nacht, Jim Bob!»

Körperpflege «Das Spülmittel Divine Dishes (...) entfaltet schon bei Dosierung in geringer Menge (...) seine optimale Wirkung. Geschirrspülen wird zum Reinigungsritual, bei dem die Haut der Hände feuchtigkeitsspendende Pflege erhält, während Sie ein frisch-süßes Dufterlebnis auf der Basis von Grünem Apfel mit einem Hauch würzigen Korianders genießen.» So weit die Werbung.

Seit Nachhaltigkeit in aller Munde ist, riechen selbst schmutzige Gedanken ausgesprochen nach Eternity. Wer gepflegt und adrett, manierlich und possierlich ist, gilt als zuverlässig und normal. Schon der Waschbär ist von Natur aus putzig, überhaupt sehen wir bei der Körperpflege im Tierreich viel Behagen bei den zahllosen Waschgängen. Straßenköter, die sich genüsslich die Eier lecken, bezeugen dies *coram publico*. Wer sauber ist (auch unten rum), fühlt sich einfach wohler. Zudem trägt er zum Substanzerhalt seines Körpers bei, mit dem er schließlich bis zum Ende seiner Tage durchs Leben schaukeln muss.

Wer den Zahn der Zeit auf Granit beißen lassen will, bis er abbricht, muss ackern und auch noch viel Geld dafür ausgeben. Das kann nerven (➶ Zähneputzen). Diese Wahrheit verpacken Werber gerne hübscher: «Unsere Leidenschaft ist es, aus der täglichen Routine wieder kleine, besondere Rituale zu machen. Einfach stehen bleiben und ein heißes

Bad, eine Tasse Tee oder eine angenehme Massage genießen.» Wo das Reinigende zum Genuss stilisiert wird, stört der Aufwand weniger.

Für den Berliner Seifenhändler Erik Kormann beginnt der Tag erst richtig mit der Rasur: «Immer, wenn ich das Messer über den Riemen ziehe, den Pinsel auf der Seife kreisen lasse und mir einen wunderbaren Schaum selber herstelle, kommt es mir vor, als würde die Zeit langsamer ablaufen.» Je traditioneller ein Reinigungsritual ist, desto mehr Zeitlosigkeit vermittelt es.

Körperpflege soll dem Verfall entgegenwirken. «Unabhängigkeit von allen Verfallsprozessen» oder simpler «ewige Attraktivität!» Diese unsinnigen Gebote flüstert uns täglich der eitle Teufel ein, der uns im Nacken sitzt, wenn wir vor dem Spiegel stehen. Es folgt der schwere, aussichtslose Kampf, der jeden Tag mit einem Pyrrhussieg endet – seit Anbeginn der Zeiten.

Die ältesten Schminkfunde sind schwarze Manganstifte, mit denen die Neandertaler sich Zeichen ins Gesicht kritzelten. Wir wissen nicht, ob sie einander damit erschrecken oder locken wollten. (Wie brutal aber selbst Lockbemalung abschrecken kann, sahen wir ja an Tatjana Gsell und ihrem vom schnellen Wechsel der Anziehungs- und Abstoßungskräfte ganz belämmerten Foffi.) Die Sumerer steuerten vor 3500 Jahren das Lippenfett zum Schminkkästchen der Menschheit bei. In Rom wurde ebenfalls gerußt und gefettet, geweißt und gefärbt, von Dominus wie Domina. Die Schminke musste allerdings schon am Abend vorher aufgetragen werden, da die Schafswollfette trotz massiver Parfümierung übel rochen und über Nacht in die Haut einziehen mussten. Am Ende stand ein gebleichtes, maskenhaftes Gesicht.

Das wöchentliche Vollbad im Imperium Romanum ist bezeugt, Hände und Füße wurden immerhin täglich nach der Arbeit gewaschen. Ansonsten wurde der Dreck eher abgeschabt. Die alten Ägypter benutzten dazu Schlamm in diversen Körnungen und Duftnoten. Erst die Araber begannen im 7. Jahrhundert, Öl und Laugen zu verkochen, um daraus Seife herzustellen. Die war teuer und galt lange Zeit als Luxus. Bis ins 20. Jahrhundert hielt sich der Bimsstein recht wacker – zumindest unter Arbeitern war Seife etwas für Warmduscher.

Auch in den mittelalterlichen Badehäusern gab es als Reinigungsmittel nur eine Lauge aus Wasser und Asche. Ein Vollbad war sowieso Wohlhabenden vorbehalten. Die anderen schwitzten den Dreck eher ab – im Dampf, der entstand, wenn das Wasser in großen Zubern erhitzt wurde. Die Kirche sah es gar nicht gern, wenn Männ- wie Weiblein im selben Bottich Platz nahmen und einander anschließend womöglich ohne Handtuch trocken rieben. Bekanntermaßen hat das Christentum den Leib gründlich diskreditiert. Er war sündhaft und so unrein, dass alles Waschen nicht half. Passender waren Sack und Asche. Da traf es sich gut, dass zuerst die Angst vor Pest und dann die mit der Kolonialisierung eingeschleppte Syphilis die Menschen aus den öffentlichen Reinigungsstuben vertrieb. Wasser galt als Krankheitsträger.

Schminke und Lippenstift waren in den Augen der Geistlichen ebenfalls nur was für Huren, Schauspielerinnen und Königinnen. Vor allem Letztere scherten sich nicht um die klerikalen Kritikaster: Elizabeth I., Königin von England, soll die Erste gewesen sein, die gefärbten Balsam zu kleinen Stiften pressen ließ, um sich auch unterwegs die Lippen nachziehen zu können. Pralle, aufsehenerregende Lippen schätzte auch Katharina die Große. Die Zarin verzichtete allerdings auf Mittelchen und nötigte ihre Hofdamen, regelmäßig daran zu lutschen, damit ihre Lippen prachtvoll durchblutet und dick daherkamen.

Zumal der Adel tauchte seit der Renaissance die Quaste immer tiefer in die Puderdose, um aristokratisch blass mit glänzender Schnute die Welt in Verzückung zu versetzen, und statt zum Shampoo griffen Frauen wie Männer lieber zur Perücke, die sie ebenfalls mit Weizen-, Bohnen- oder Stärkemehl bestäubten. Die feinen Herren französischer Provenienz trugen dazu seit dem Spätbarock parfümierte Handschuhe. Die Damen benutzten Rosenwasser, Irispulver, Lavendel oder Nelkendüfte, um die Nasen der Männer zu betrügen, und im 17. Jahrhundert wurden Schönheitspflästerchen, sogenannte *mouches* (frz. Fliegen), beliebt. Unter den kleinen Flicken aus Leder, Seide oder Samt verbargen sich nicht selten Abszesse und Geschwüre, die durch die giftige Schminke entstanden waren.

Es ist nicht besser geworden seitdem, nur subtiler. Duft- und Aromastoffe sowie Konservierungsmittel in Köperpflegeprodukten führen oft zu Allergien. «Polyethylenglykole und deren Derivate, die häufig als Feuchthaltefaktoren, Emulgatoren und Konsistenzgeber eingesetzt werden, machen die Haut für schädliche Stoffe durchlässig. Haarfärbemittel können schwere allergische Reaktionen auf der Kopfhaut auslösen. Formaldehyd, das in vielen konventionellen

Wimpertuschen verwendet wird, oder Paraben, das in Deodorants und Cremen enthalten ist, stehen unter Verdacht, krebserregend zu sein», schreibt die Ärztin Dr. Caroline Weckerle. Wer schön sein will, muss leiden. Oder Naturkosmetika kaufen.

Leider gleicht Permanent-Make-up oft dem Versuch eines Blinden, die Mona Lisa durch Malen-nach-Zahlen zu kopieren. Puristen wissen: Wer sich so stark schminkt, dass man es sieht, hat es offenbar dringend nötig. Das macht die Betrachter misstrauisch und weist eher auf das Versteckte denn auf das Offensichtliche hin. Geschminkte Wahrheiten im gleißenden Kunstlicht unseres Alltags fallen auf. Das ist der Fluch der Moderne. Die Modeschöpferin Coco Chanel (1883–1971) verstand beide Seiten unseres pflegerischen Tuns. Den Kampf gegen den Verfall und dessen Vergeblichkeit. Für sie war Kleidung eine Fortsetzung der Kosmetik mit feststofflicheren Mitteln. Sie wandte sich mit folgenden Worten vor allem an die Freunde des schönen Geschlechts, also die Männer: «Eine Frau kann mit neunzehn entzückend, mit neunundzwanzig hinreißend sein, aber erst mit neununddreißig ist sie absolut unwiderstehlich. Und älter als neununddreißig wird keine Frau, die einmal unwiderstehlich war!» Dass die Palette für pflegende Herrenprodukte seit Jahren ebenfalls immer breiter wird, bestätigt die jahrtausendealte Erkenntnis, dass jeder Mensch sich, nett gesagt, für verbesserungsfähig hält. Auch dazu hat Frau Chanel alles Wesentliche gesagt: «Wer sich in der eigenen Gesellschaft nicht wohl fühlt, hat gewöhnlich ganz recht.»

Krönung Es gibt nur ein' Rudi Völler. Und es gab auch immer nur jeweils einen deutschen Kaiser. Der letzte zum Beispiel hieß weder Franz noch Beckenbauer, als er am 28. November 1918 seine Abdankungsurkunde im holländischen Exil unterzeichnete. Wie schmerzhaft das Ende der Herrschaft Wilhelms II. war (vor allem für ihn selbst), versteht jeder, der weiß, dass man sich auf seinen Lorbeeren zwar ausruhen, auf einer Pickelhaube aber schwerlich zur Ruhe setzen kann. Die Könige von Bayern, Sachsen oder Württemberg hatten ebenfalls bis zum November 1918 das Vergnügen, von ihren Untertanen mit «Eure Majestät» angesprochen zu werden. Ein Privileg, das vererbt und nur im besten Fall von märchenhaft gütigem und weisem Regieren begleitet wird.

Könige sind, das weiß jedes Kind, genau einen unter Kaiser, und sie alle sind letztlich über Kritik erhaben. Weithin erkennbar ist ihre berghohe Überlegenheit an einer Krone. Das wirkungsmächtigste Symbol weltlicher Herrschaft in der christlich-abendländischen Welt erinnert nicht von ungefähr an den Strahlenkranz der Sonne. Von ihr, der Sonnengöttin Amaterasu, erhielt auch der japanische Tenno seine göttlichen Befugnisse. Dazu musste er ihr im Shintotempel symbolisch beiwohnen, ein ganz besonderes Kunststück, das angesichts von 16 000 000 Grad Celsius solarer Kerntemperatur sicher mehr als nur einen kühlen Kopf erfordert.

Der Streit, ob Könige und Kaiser auf himmlischen Wunsch zu Amt und Würden kamen, ist neuzeitlich. Die längste Zeit über war das keine Frage. Pompöse, historisch gewachsene Zeremonien bezeugten den göttlichen

Könige haben's auch nicht leicht: Nase ab, Krone auf. Karl der Große nach der Behandlung mit Gesichtsentferner.

Ursprung ihrer Macht. Auch bei den Germanen waren die Zeiten, in denen sie ihren Chef schlicht auf einen Schild hoben, irgendwann vorbei. Im Heiligen Römischen Reich war Aachen lange Zeit die beliebteste Kaiserkrönungsstadt, und ab 1356 wurde die Zeremonie minutiös durch die Goldene Bulle Karls IV. geregelt. 1562 löste Frankfurt Aachen ab: Von Maximilian II. bis Franz II. im Jahre 1792 wurde dort ein Dutzend römisch-deutscher Kaiser gekrönt. Die Regenten empfingen im Dom die sakralen, später im Römer die weltlichen Weihen.

Das gesamte Gefolge marschierte in St. Bartholomäus auf. Dort traten die angehenden Herrscher in einem Salbungsgewand vor den Altar und wurden vom Coronator an Scheitel, Brust, Nacken, zwischen den Schultern, auf dem rechten Arm, am Gelenk des rechten Armes und an der Innenfläche der rechten Hand gesalbt. Das Salbungsgewand hatte an den entsprechenden Stellen – und auch nur da – Aussparungen. Ein Hauch von Myrrhe durchzog die Bankreihen, wenn die Worte «Ich salbe dich im Namen des Vaters, des Sohnes und des Heiligen Geistes» erklangen. Dann legte man dem Kandidaten noch in der Wahlkapelle den Krönungsornat an. Er bekam den Säbel Karls des Großen umgeschnallt, in die rechte Hand das Szepter, Symbol der weltlichen Macht, und in die linke den Reichsapfel gedrückt, Zeichen für den weltumspannenden Herrschaftsanspruch.

Auch die übrigen zeremoniellen Gewänder anzulegen war keine leichte Sache: Schon bei den Staufern wog der mit über 100 000 Perlen besetzte Krönungsmantel flotte elf Kilo. Dazu trug zum Beispiel Friedrich II. (1194–1250) noch mit Perlen und Edelsteinen besetzte Handschuhe, Gamaschen aus goldbestickter Seide und nicht minder tuffige Pantöffelchen. Franz II. (1768–1832), der letzte römisch-deutsche Kaiser, glänzte in goldenem und rotem Brokat und sah aus wie eine Mischung aus dem Papst und seiner eigenen Mutti nach längerer Gastritis. Die Reichskrone drückte offenbar so sehr, dass er auf dem Krönungsporträt ein langes Gesicht zieht.

Wenn der sakrale Teil erledigt war und der neue Kaiser vom Dom zum Frankfurter Römer schritt, sollten seine hochwohlgeborenen Füße nicht durch gewöhnlichen Straßenkot beschmutzt werden. Also baute man ihm eigens einen Holzsteg, den man mit Stoff ausschlug. Sobald er unter dem Krönungsbaldachin samt Gefolge die Kaisertreppe zum Römer erklommen hatte und im Rathaus verschwunden war, riss der Pöbel sich um Zipfel dieses Stoffes. Die hohen Herrschaften genossen währenddessen das Krönungsbankett, bei dem der Kaiser vom Reichsgrafen höchstselbst bedient wurde.

Das Volk auf dem Platz vor dem Rathaus wurde derweil von den weltlichen Kurfürsten auf sonderbare Art und Weise vergnügt, wie die «FAZ» beschreibt: «Der Erbmarschall schwang sich aufs Pferd, sprengte auf einen Haferhaufen zu und füllte dort ein Gefäß mit Getreide. Es folgte der Erbkämmerer, der mit einem Handbecken und einem Gießfaß vom Platz zurückkehrte. Danach holte der Erbtruchseß* für den Kaiser ein Stück des gebratenen Ochsen, der dort schmorte, während der Erbschenk den an diesem Tag aus dem Springbrunnen fließenden Wein schöpfte, um ihn dem neuen Herrscher zu kredenzen. Am sehnsüchtigsten erwartete die Menge aber den Erbschatzmeister, der vom Pferd aus Gold- und Silbermünzen unter das Volk warf.» Tage später trat der Kaiser dann noch einmal auf den Balkon und ließ sich vom Volker huldigen, während er in gestelzten Worten versprach, sich nicht allzu sehr danebenzubenehmen und die Rechte seiner Untertanen zu achten.

Karl der Große (um 747–814) war der Erste, der die Kaiserkrone trug. Glaubt man seinem Hofschreiber Einhard, soll er allerdings dazu gekommen sein wie die Jungfrau zum Kinde. Im November 800 war er auf Bitten des Papstes nach Rom geeilt, um die umkämpfte Stadt mit seinen Truppen zu befrieden. Das gelang schnell. Weihnachten konnte Karl bereits in aller Ruhe den Gottesdienst im Petersdom besuchen.

* Ursprünglich die Bezeichnung für den obersten Aufseher über die fürstliche Tafel und den Vorsteher der Hofhaltung, ein erbliches Hofamt, dem Seneschall vergleichbar.

Andächtig kniete er vor dem Altar, als sich der Papst von hinten angeschlichen haben soll, um ihm – Überraschung! – die Krone aufzusetzen. Das Volk jubelte, die Geistlichen sangen, der König der Franken war römischer Kaiser geworden, Herrscher über ein Reich, das Frankreich, die Benelux-Staaten, Deutschland und Italien einschloss. Ein gewaltiger Traum, der auch in Napoleon Bonapartes ungefähr 168 Zentimeter langem Körper herumschwirrte und den er durch Selbstkrönung zu verwirklichen gedachte. Trotz seiner geringen Größe reichte er an sein eigenes Haupt heran. Erst dann durfte der Papst den Akt besiegeln.

Wie beeindruckend Krönungszeremonien auch noch hundertfünfzig Jahre später sein konnten, beschrieb die amerikanische Fotoreporterin Jacqueline Bouvier, die 1953 der Thronbesteigung Elisabeths II. beiwohnte. Als Bürgerin der ältesten Demokratie der Welt staunte sie, wie die «schäbig gekleideten Untertanen Ihrer Majestät zwei Tage im Nieselregen ausharrten, um der Königin in ihrer goldenen Kutsche zuzujubeln». Das Volk nehme am Schauspiel eines «anderen, gehobenen und reicheren, ästhetisierten und ritualisierten Lebens» teil und erlebe für Augenblicke die eigene Existenz als größer und glanzvoller.

Zwei Jahrzehnte darauf äußerte ein gewisser Frank Sinatra sich zu der überaus modischen und stattlichen Erscheinung, die Jacqueline Bouvier mittlerweile weltweit abgab. Er nannte sie die «Königin Amerikas». Jacqueline hatte inzwischen geheiratet, war Präsidentengattin und 1963 Witwe John F. Kennedys geworden. Wenn Angela Merkel ihren Amtseid leistet, ist von erhabenem Schauder oder Pill-Box-Hütchen vergleichsweise wenig zu spüren beziehungsweise zu sehen. Schwarzes Jäckchen zugeknöpft, Hand hoch, und los geht's: «Ich schwöre, dass ich meine Kraft dem Wohle des deutschen Volkes widmen, seinen Nutzen mehren, Schaden von ihm wenden, das Grundgesetz und die Gesetze des Bundes wahren und verteidigen, meine Pflichten gewissenhaft erfüllen und Gerechtigkeit gegen jedermann üben werde. So wahr mir Gott helfe.» Tief unter die Haut geht es bei modernen Inthronisierungsritualen nur, wenn sich zum Beispiel der Präsident Frankreichs mit seinem Vorgänger nach der offiziellen Amtseinführung in ein Hinterzimmer zurückzieht, um die eigentlichen Insignien moderner Macht zu erhalten: einen schwarzen Koffer mit dem Code für die Aktivierung der französischen Atomwaffen, den bei sich zu tragen er in den kommenden fünf Jahren verpflichtet ist. So viel Macht ist schauderhaft.

Gelobt sei da König Kofi Enyin I. Kofi bedeutet so viel wie «an einem Freitag geboren». Ein Freitag im Jahre 1954 war das. Das Oberhaupt von 30 000 Ghanaern in der Provinz Nkusukum folgte 2004 seinem Onkel auf dem Thron. Man überreichte ihm Krone und Kuhschwanz, während der Krönungszeremonie trug er ein Blatt vor dem Mund, das Zeichen stiller Trauer um seinen Amtsvorfahren. Zehn Tage lang musste König Kofi Enyin I. die alten Rituale studieren: Voodoo, Kräuterheilkunde und Tänze. Seine Aufgabe besteht vorwiegend darin, Streit zu schlichten und seinem Volk Ratschläge zu geben. Er selber tut das vor dem Hintergrund des christlichen Weltbildes. Fotos zeigen ihn mit beeindruckendem Goldschmuck unter einem Sonnenschirm. Zu Hause aber trägt er lieber Cordhosen. Seine Untertanen müssen sich nämlich per Telefon an ihn wenden, denn der

König lebt seit 1986 rund 5500 Kilometer entfernt in Dithmarschen, genauer gesagt in Weddingstedt in Schleswig-Holstein. Er floh nach einem Militärputsch aus Ghana. Heute wohnt er mit seiner deutschen Frau Ruth und seinem fünfzehn Jahre alten Sohn Brian in einem hellgrauen Einfamilienhaus. Seit 2003 organisiert er über einen Verein Entwicklungshilfe für sein Volk. Die Zeitungen berichten, er fege viel Schnee und bemühe sich ansonsten, ein guter Vater zu sein. Von Beruf ist er Altenpfleger. Seit neuestem fährt er doppelte Schicht: «Damit ich hier in Deutschland tagsüber für mein Volk erreichbar bin, habe ich mich entschieden, im Altenheim nur noch Nachtschicht zu machen.» Für staunende Reporter, die ihn darum bitten, setzt er seine Krone nicht auf – nur aus seiner Heimat gibt es Fotos von ihm in vollem Ornat. Das ist mal ein König, wie die Welt ihn gern sieht: Er salbt die Bedürftigen und bescheidet sich mit einer bürgerlichen Existenz. Ganz ohne Revolution. Gekrönt als König der Ghanaer, ist er zugleich der ungekrönte Kaiser der Exoten.

Leben wie Immanuel Kant Ein gutes altes Sprichwort besagt: «Es kann noch nicht sieben sein, Professor Kant ist noch nicht vorbeigegangen.» Das Sprichwort kennt heute natürlich kein Mensch mehr. Genauso wenig, wie kaum einer «Die Kritik der reinen Vernunft» gelesen hat. Eine Institution ist Kant dennoch. Sein Leben, so reich es an Exkursionen in die Welt des Geistes war, kreiste um einen einzigen Fleck auf der Landkarte, verlief in immer wiederkehrenden

Prozeduren, gleicht damit als Ganzes einem Ritual. Es diente der körperlichen Ertüchtigung zum Zwecke der geistigen Vertiefung. So sah es Kant. Offenbar möchte man, wenn man die Leiter zu höchsten geistigen Sphären erklimmt, dass unten nicht gewackelt wird.

Staubtrocken und vernünftig, bis sogar die Mäuse unter den Dielen vor Langeweile weinten, so wähnte ihn bisweilen die Nachwelt. Nach einem einpräglichen Diktum Heinrich Heines hatte Kant neben dem Werk gar kein Leben. Alle Kraft floss als Tinte ins Papier. Und in der Tat müsste unsereiner einen ganzen Tag lang rackern, um allein den Bedarf an Kommata für einen einzigen kantischen Satz zu decken.

Er lebte fast achtzig Jahre in Königsberg, bis er 1804 vollkommen entkräftet und «vertrocknet» das Zeitliche segnete. Kants Mutti nannte ihn «Manelchen». (Sie starb, als er dreizehn war.) Seine späteren Bewunderer bevorzugten Namen wie «Weltenkenner», «Alleszermalmer», «geschichtsmächtiger Wohltäter» oder, etwas schlichter, größter Philosoph seiner Epoche. Dabei war er nur knapp 1,57 Meter lang, spindeldürr «wie ein umhäutetes Skelett», und seine Waden waren so fippsig, dass er sich genierte, schwarze Strümpfe zu tragen. Schon die Größe seines Schädels aber ließ erkennen, was er bevorzugt mit seinem Körper anzustellen verlangte: denken.

Frauen, seinem Vorurteil nach bestens und im Wesentlichen geeignet, den Mann zu umsorgen, fanden, wenn überhaupt, nur in Gestalt von Dienstmägden in sein Leben Einlass. Selbst seine jüngeren Schwestern mied Kant. Die Biographen kommen überein: Sein Verlangen nach Vereinigung war nicht sonderlich groß, ein paar Frauenzimmer, denen er schleppend Avancen machte, sind namentlich bekannt, die anderen wurden als «tugendsame Königsbergerinnen» registriert, die hochanständigst durchblicken ließen, dass ihr Ringfinger vollkommen nackt sei. Bekennend schwul war der Meister nicht. Aber ein Pedant vor dem Herrn. Jedenfalls zum Ende seines Lebens hin.

In jungen Jahren hatte er das sture Pauken in der Schule aus vollem Herzen gehasst (er nannte die Zeit «Jugendsklaverei»). Das Studium der Philosophie, klassischen Naturwissenschaften, Physik und Mathematik finanzierte er durch einträgliches Billardspiel, verließ die Universität nach dem Tod seines Vaters 1746 zunächst ohne Abschluss und verdingte sich als Hauslehrer vor den Toren der Stadt. Nach Kants eigener Aussage waren die Kinder der Adligen froh, ihn loszuwerden. Die Biographen berichten hingegen von lebenslangen Anhängern, die er sich unter seinen Zöglingen schuf.

Bis zu diesem Zeitpunkt erscheint Kant noch als viriler junger Herr, ein gern gesehener Gast in noblen Häusern, der an Gesellschaften in feinem Zwirn und stets mit einem bunten Strauß geistreicher Anekdoten teilnahm. Einer, der Herder riet, «nicht so viel über den Büchern zu brüten», und der in den Schenken viel Sitzfleisch und Geschick im Kartenspiel bewies.

Mit einunddreißig wird er Privatdozent und beginnt mit der Lehrtätigkeit. Seinem Aufstieg in die höchsten Höhen der Philosophie folgt ab 1770 der freie Flug als Professor, im stolzen Alter von sechsundvierzig. Sein Leben wird zunehmend engmaschiger.

Während der junge Kant als trinkfest, artig und galant den Frauen gegenüber galt, wird der späte so geschildert: «Er ist ein Mann, der sich durch seinen Willen zu dem gemacht hat, was er ist. Er regelt sein ganzes Leben nach Grundsätzen, wie das diätetische und ökonomische, so auch das sittliche Gebiet. Im Leben ist er das vollendete Gegenstück zu dem Mann, zu dem als Schriftsteller er sich so unwiderstehlich hingezogen fühlte, zu Rousseau. Ist dieser willenlos dem Temperament hingegeben, mit einer starken Neigung zur Ungebundenheit, zum Vagantentum, eine Zigeunernatur, so ist Kant ein Freund der Ordnung bis zur Pedanterie», schrieb der Biograph Friedrich Paulsen um 1900. Kants Tagewerk war eine stetige Wiederkehr des immer Gleichen, nur ohne den täglichen Gruß des Murmeltiers.

Allmorgendlich um 4.55 Uhr betrat sein Diener Lampe die Schlafstube und blies zum Gefecht: «Es ist Zeit!» Kant, ein Freund von militärischer Marschmusik, verließ seine Koje Punkt 5.00 Uhr. (In Gesellschaft geruhte er ostentativ die Frage an seinen Diener zu stellen, ob der ihn in dreißig Jahren je habe zweimal wecken müssen. «Nein, hochedler Herr Professor», sagte der ehemalige Krieger.) Kant stakste daraufhin zum Teetisch, trank Tee und rauchte seine Pfeife. Die erste und einzige am Tag. Als er gebrechlich wurde, besuchte ihn jeden Donnerstag sein Freund, der Kriminalrat Jensch, und stopfte ihm sieben Pfeifen auf Vorrat.

Von 7.00 bis 11.00 Uhr lehrte Kant. Seine Vorlesungen hielt er, wie damals üblich, meist im eigenen Haus. Obwohl er Hypochonder war, erschien er stets auch mit Malaisen; dass eine Stunde ausgefallen wäre, ist nicht bekannt. Er sprach fast flüsternd, um die Zuhörer zu äußerster Konzentration zu zwingen. Ihm selber waren – bis auf das Ufftiduffti der Militärkapellen – Musik und alle Geräusche verhasst. Den Hahn auf dem Nachbargrundstück versuchte er vergeblich zu erwerben, um ihn zum Schweigen zu bringen. Herr Professor brauchte äußerste Konzentration.

Um 12.45 Uhr rief er seiner Köchin zu: «Es ist dreiviertel!» Punkt eins saß er am Tisch. In späteren Jahren war es die einzige Mahlzeit am Tag, die er oft allein genoss. Hatte er Gäste, wurde über alles geredet, nur nicht über Philosophie. Mit dem Essen gab Kant nach eigenem Bekunden dem Körper die Ehre, der Geist hatte eine andere Zeit. Anschließend spazierte er durch immer dieselben Straßen, bei jedem Wetter. Abends las und arbeitete er. Um 22.00 Uhr legte er sich schlafen. So ging es jeden Tag.

Was für ein erbärmliches Leben, möchte man als Mensch schreien, der zum Beispiel die Wonnen einer durchliebten Nacht kennt oder die Freuden, die ein kleines Wesen verströmt, wenn es zum ersten Mal in seinem Leben Schnee sieht.

Bei Heinrich Heine liest sich das so: «Er lebte ein mechanisch geordnetes, fast abstraktes Hagestolzleben in einem stillen Gässchen zu Königsberg. Aufstehen, Kaffee trinken, schreiben, Kollegienlesen, Essen, Spazierengehen, alles hatte seine bestimmte Zeit.» Kant verabscheute unangemeldeten Besuch, noch mehr aber Widerspruch. Skurril und wunderlich war er, in seinen letzten Lebensjahren zunehmend ein vertüttelter Professor und altersstarrsinnig. Zwischen den Zeilen seiner stets dienstfertigen und bewundernden Zeitgenossen ist viel von Aggressionen im Hause Kant die Rede. Trank Kant zum Beispiel Kaffee – nach dem er süchtig war wie nach nichts sonst –, so durften sich die Umstehenden damit beschäftigen, das heiße Getränk so lange von einer in die nächste Tasse umzugießen, bis der Meister es *sofort* trinken konnte. Mehrfach wurde die Wohnung gewechselt, weil zu viel Lärm vor der Tür herrschte. Jeder Befehl musste «auf der Stelle» ausgeführt werden. Schere oder Stühle: Alles hatte auf seinem Platz zu sein. Eine Zahnlücke konnte den Vortragenden ebenso aus dem Takt bringen wie ein am Rock fehlender Knopf.

Jeder Tag im späten Leben Immanuel Kants gleicht dem Sprung des Saphirs auf der Platte, immer tiefer gräbt sich die Nadel ins Vinyl ein. Die Wiedergabe wird teilweise unverständlich. Ein ums andere Mal erzählt Kant dieselben Geschichtchen und sondert ungefragt naturwissenschaftliche Fragmente ab. Die psychoanalytische Lesart führt dies schlicht auf die radikale Verdrängung seiner Triebe zurück. Unter anderem in der «notorischen Senf- und Käsegier» am Ende seiner Tage – er verschlang beides bergeweise und jammerte, wenn es ihm nicht sofort gereicht wurde – zeige sich das Ausmaß seiner verdrängten Lebensgier.* Sexualität war ihm ekelhaft. Er schwitzte nie und erzählte jedem – auch denen, die es nicht wissen wollten –, ob und welchen Stuhlgang er hatte. Kleinste körperliche Veränderungen wurden schamlos mitgeteilt. Mit seinen Ritualen erlangte er die «uneingeschränkte Herrschaft über seine Neigungen und Triebe» – so sahen es seine Bewunderer. Für ihn selbst war das Philosophieren ein «Mittel der Abwehrung mancher un-

* Vgl. Hartmut und Gernot Böhme: «Das Andere der Vernunft». Frankfurt/Main 1983, S. 427–495.

angenehmer Gefühle». Die Psychoanalyse sieht das etwas anders: Kant verurteilte Onanie, Suizid und Begierde, weil er selbst ein potenziell süchtiger, lüsterner Depressiver war. Seinen Zeitgenossen entging das; sie priesen öffentlich nur seine geistige Größe.

Bewundernd wurde – und wird – immer wieder erzählt, dass Kant, allein aufgrund von intensiver Lektüre, von Brücken in London oder Plätzen in Italien berichten konnte, als sei er dort gewesen. Dabei fürchtete er – das ist belegt – schlicht, zu sterben, wenn er Königsberg verließe.

Jüngere Kantforscher haben den spärlichen, meist schwarzweißen Schilderungen seines täglichen Einerleis einen bunten Anstrich gegeben und so die Illusion genährt, Kant habe tatsächlich ein erfülltes Leben geführt. Voll waren aber vor allem seine Teller. Des Meisters spezielle Diätetik, den Nachgeborenen ein Bild frugaler Entsagung, wirkt bei genauerem Hinsehen wie ein üppiges Gelage. Der «Stern aus Königsberg» liebte Pastinakmöhren mit geräuchertem Speck, dicke Erbsen mit Schweinsklauen, Teltower Rüben und Göttinger Würste. Seine größte Leidenschaft aber galt Kabeljau und englischem Käse. Wein vom Rhein liebte, Bier verachtete er. Kants Schüler Reinhold Jachmann schreibt: «Sein Tisch bestand aus drei Schüsseln, nebst einem Beisatz von Butter und Käse, und im Sommer noch von Gartenfrüchten. Die erste Schüssel enthielt jederzeit eine Fleisch-, größtenteils Kalbssuppe mit Reis, Graupen oder Haarnudeln. Er hatte die Gewohnheit, auf seinem Teller noch Semmel zur Suppe zu schneiden, um sie dadurch desto bündiger zu machen. In der zweiten Schüssel wechselten trockenes Obst mit verschiedenen Beisätzen, durchgeschlagene Hülsenfrüchte und Fische miteinander ab. In der dritten folgte ein Braten; ich erinnere mich aber nicht, jemals Wildbret bei ihm gegessen zu haben. Des Senfs bediente er sich fast zu jeder Speise.» Das war offenbar Kants intensivste Liebe: das Essen.

In seinem Erstlingswerk «Die Gedanken von der wahren Schätzung der lebendigen Kräfte» von 1746/49 schrieb Kant mit Anfang zwanzig: «Ich habe mir die Bahn schon vorgezeichnet, die ich halten will. Ich werde meinen Lauf antreten, und nichts soll mich hindern ihn fortzusetzen.» Nicht mal die eigenen Bedürfnisse.

Das gleichförmige Gerüst seiner Tage erlaubte ihm, sich steil einem Ziel zu nähern. Der Antwort auf die Fragen: Was kann ich wissen? Was soll ich tun? Was darf ich hoffen? Was ist der Mensch? Mit dem rigorosen Ritual seines Tagesablaufs bezwang er alle anbrandenden Gefühle. Für alles hatte er seine Ansichten und Regeln. So müsse man zum Beispiel stets durch die Nase einatmen, riet er allen Zeitgenossen auch ungefragt. Nur so beuge man Husten, Schnupfen und Rheuma vor. Die Nachwelt nahm dankbar solche Schrullen wahr. Hurra, ein Mensch! Kant gleicht in dieser Hinsicht Herrn Tur Tur, dem Scheinriesen aus Michael Endes Kindergeschichte «Jim Knopf und die wilde 13». Je näher man ihm kommt, desto kleiner wird er. Aus der Ferne aber überstrahlt das Werk alles.

Was übrigens den eingangs erwähnten Zeitpunkt «sieben Uhr» angeht, zu dem das «Königsberger Uhrwerk» über den Marktplatz nach Hause marschierte, so bezieht sich dies auf seine täglichen Besuche bei seinem Freund, dem englischen Großkaufmann Joseph Green (1727–1786). Beide saßen die zwanzig Jahre ihrer Freundschaft bis Greens Tod stets nachmittags zusammen und stoben Punkt sieben auseinander. Einmal waren Green und Kant morgens um acht zu einer Kutschfahrt verabredet. Kant kam zwei Minuten zu spät. Green rollte an ihm vorbei, blickte ihn strafend an und ließ nicht anhalten. Kant kam angeblich nie wieder zu spät. Nur einmal noch. Aber mit den allertraurigsten Konsequenzen.

Am Ende seines Lebens gab es kein Halten mehr. Er wollte urplötzlich reisen, reisen, jedes Ziel sei gut, «wenn es nur weit ist!». Er konnte sich kaum mehr auf den Beinen halten und beauftragte doch seinen Gehilfen Wasianski, Geld flüssigzumachen. Als Kant seine Rituale nicht mehr in ganzer Strenge einhalten konnte, brach pure Lebenslust sich Bahn. Ein unstillbares Verlangen. Es war zu spät. Zeit seines Lebens hatte er Bücher wie Speisekarten gelesen und sie mit dem eigentlichen Essen verwechselt. Königsberg hat er nie verlassen. «Dem Menschen Kant wäre dies zu gönnen gewesen. Philosophiegeschichtlich müssten wir es bedauern.»*

Lotto Bei der Ziehung der Lottozahlen sechs Richtige zu tippen ist relativ einfach. Man muss nur ins thailändische Phuket. Wer dort auf der Insel Koh Sireh den Stamm eines bestimmten Bananenbaumes mit einem geheimnisvollen Pulver einreibt, kann am nächsten Tag sein glückbringendes Wunder erleben. Denn dann ist in der Regel der Baum

* Ebd, S. 469.

mit dicken Pusteln übersäht, die mit etwas Phantasie eine entfernte Ähnlichkeit mit Zahlen haben. Nun müssen diese nur noch entziffert und auf dem Lottoschein angekreuzt werden. Der spielbegeisterte Thailänder schwört jedenfalls auf das botanische Orakel. Sollte man bei der nächsten Ziehung der Lottozahlen trotzdem leer ausgehen, hat man wohl den Ausschlag am Baum falsch verstanden. Aber ein richtiger Lottospieler lässt sich natürlich durch solche Rückschläge nicht entmutigen.

Für viele Menschen ist Lottospielen ein festes wöchentliches Ritual. Und nach einem ritualisierten Ablauf findet auch die Ziehung der Lottozahlen selbst statt. Zweimal in der Woche grüßt die Lottofee, bevor sie zu beschwingter Unterhaltungsmusik die Lottomaschine in Gang setzt. Da auch Rituale süchtig machen können, hat der Gesetzgeber das Lottospiel verstaatlicht und einen Lottostaatsvertrag geschlossen. Die Aufgabe der Lottoverwaltungen ist es, den «natürlichen Spieltrieb der Bevölkerung in geordnete und überwachte Bahnen zu lenken und übermäßige Spielanreize zu verhindern». Dabei hatte alles einmal so ärmlich angefangen, dass es selbst dem hartgesottensten Lottospieler Tränen der Rührung in die Augen treibt.

Statt einer dauerlächelnden Lottofee waren es am 9. Oktober 1955 Waisenkinder, die mit ihren Händchen die sechs Kugeln aus der Lottotrommel bugsierten. Das Schauspiel muss so traurig gewesen sein, dass nicht einmal das Fernsehen das Ereignis übertragen wollte, das in einem Hamburger Hotel stattfand. Ein Jahr später kam dann doch das Fernsehen und mit ihm auch die Lottomaschine – für die Waisenkinder blieb nur das Heim.

Eine Aushilfsornithologin präsentiert das Gelege eines Lottovogels.

Seit September 1965 wird die Ziehung am Samstagabend live übertragen; in den folgenden Jahren explodierten die Umsätze der Lottogesellschaften: 1959 waren es eine Milliarde DM Umsatz, 1967 zwei, 1975 drei, 1979 vier, 1982 fünf. Nach der Wiedervereinigung verdoppelten sie sich bis 1999 auf zehn Milliarden DM und haben sich auf diesem Niveau eingependelt. Vielleicht nahm man es mit dem «Verhindern der Spielanreize» nicht ganz so ernst in den Zeiten knapper Haushaltskassen. Jedenfalls unternahm man nicht viel gegen den Erfolg des Lottospiels, und die Lottosendung entwickelte sich zu einem absoluten Muss für alle Zocker. Jahrzehntelang begrüßte die Lottofee jeden Samstag die Freunde der Geldverbrennung mit der immer gleichen Beschwörungsformel: «Der Aufsichtsbeamte hat sich vor der Ziehung vom ordnungsgemäßen Zustand des Ziehungsgerätes und der neunundvierzig Kugeln überzeugt.» Irgendwann ist der Aufsichtsbeamte wohl in Pension gegangen, denn der Standardsatz verschwand aus dem Ansagetext. Weiterschuften musste dagegen die Lottomaschine, deren Arbeit bis heute Millionen Zuschauer in den Bann zieht.

Neunundvierzig Tischtennisbälle, auf denen Zahlen aufgemalt sind, werden in einer Plexiglaskugel ordentlich durcheinandergewirbelt. Das System der Ziehung ist seit den fünfziger Jahren nicht geändert worden, das Design der Maschine schon. Seit dem Jahr 2000 ist das Model «Pneumatic» der Firma Hans Brösch im Einsatz. Die Kugeln werden von der Lottogesellschaft jeden Samstag aus einem Tresor in Wiesbaden abgeholt und in einem speziellen Koffer zum Hessischen Rundfunk in Frankfurt gebracht. Für Notfälle liegt an einem geheimen Ort noch ein zweiter Satz bereit. Nur wenige der vielen tausend Tischtennisbälle, die von der Firma Brösch als «Rohling» eingekauft werden, eignen sich für den Einsatz als Glückskugel. Ein letzter Belastungstest der in Frage kommenden Kandidaten findet dann in der physikalisch-technischen Bundesanstalt in Braunschweig statt, und jedes halbe Jahr werden sie durch Nachkömmlinge ersetzt. Für den Fall eines technischen Versagens gibt es darüber hinaus auch eine zweite Ziehungsmaschine. Beide stehen wohlbehütet unter der Woche in einem Schrank des Hessischen Rundfunks in Frankfurt. Für ihren Einsatz bedarf es eines speziell ausgebildeten Fachpersonals. Die sogenannte «Ziehungsassistentin» ist der heimliche Star der Sendung. Unter ihrer Kontrolle fischt die Maschine, nach vorher eingestellter Umdrehungszahl, die «sechs Richtigen mit Zusatzzahl» aus der Trommel.

Der Lottofee fällt anschließend die staatstragende Aufgabe zu, die Zahlen auf den gezogenen Kugeln abzulesen – für einen durchschnittlich begabten Menschen eigentlich eine einfache Aufgabe. Aber im Jahr 2005 belehrte die Lottofee Franziska Reichenbacher Millionen Deutsche eines Besseren. Obwohl deutlich sichtbar die Zahl 18 in die Plexiglasröhre der Zusatzzahl gefallen war, verkündete sie die 8. Denjenigen, die sich schon Lottomillionäre wähnten, dürfte in diesem Moment das Herz stehengeblieben sein. Professionell entschuldigte sich Franziska Reichenbacher für ihren Fauxpas und verbesserte sich schnell. Dabei hatte das Pechmariechen schon bei anderen Ziehungen einiges durchmachen müssen. Bei einer Sendung war die Kugel mit dem Aufdruck «6.» zerbrochen, als sie in das Röhrchen fiel, bei einer anderen setzte plötzlich der Greifarm der Lottomaschine aus. Noch schlimmer erging es nur dem ZDF. Bei einer Mittwochslottoziehung 1983 versagte nach zwei gezogenen Kugeln die Technik. Die Sendung musste abgebrochen werden. Beschämt reichte man im laufenden Programm die ausstehenden Zahlen nach, nicht ohne ausdrücklich darauf hinzuweisen, dass die Maschine nicht dem ZDF gehöre. Doch bis heute gelten alle Ziehungen in den Lottosendungen als rechtlich korrekt.

Natürlich steigen mit der Höhe des Jackpots die Einschaltquoten und die Zahl der mitmachenden Lottospieler. Über den größten jemals in Deutschland ausgeschütteten Gewinn konnte sich 2006 ein Krankenpfleger aus Nordrhein-Westfalen freuen. Dass die mehr als 37 Millionen Euro nicht alles im Leben sein können, bewies er dadurch, dass er erst mal weiter den Kranken den Hintern abwischen wollte. Aber auch wenn es immer wieder einigen gelingt, den Jackpot zu knacken, sind die Chancen, einer von ihnen zu werden, relativ gering – die Wahrscheinlichkeit, sechs Richtige mit der Superzahl zu tippen, liegt bei 1 zu 139 838 160. Und vielen Lottogewinnern blieb das Glück nicht hold. Der durch die «Bild»-Zeitung zu einer zweifelhaften Berühmtheit gewordene «Lotto-Lothar» setzte sein Motto «Lotto, Lothar, Lamborghini» konsequent um. Der arbeitslose Lothar Kuzydlowski kaufte sich von seinem Lottogewinn den italienischen Sportwagen, verjubelte seine Millionen mit teuren Frauen und Wodka und starb verarmt an Leberzirrhose.

In der Wirklichkeit kann der Traum vom Lottogewinn schnell zum Trauma werden. Der unvorstellbare Druck, unter dem die Gewinner stehen, überrascht auch immer wieder den Glücksboten der Lottogesellschaft Rheinland-Pfalz, Hans Joachim Schmitz: «Wenn ich jetzt 20 Millionen habe, muss ich im nächsten Jahr 23 Millionen haben, sonst habe ich etwas falsch gemacht.» Bei solchen Sorgen ist es doch angenehmer, sich weniger mit dem Traum vom Gewinn und viel mehr mit dem eigentlichen Glücksspiel zu beschäftigen. Dem ewigen Rätsel des Glücks möchte man mit Computermodellen, Nachbauten der Ziehungsmaschinen, Hellsehern und Zahlenmystikern auf den Grund gehen. Einer hat es tatsächlich geschafft: David Copperfield. Am 17. Februar 2001 verkündete er in der Sendung «Wetten, dass ...?», die Lottozahlen vom 13. Oktober desselben Jahres vorherzusehen. Auf einem Zettel und einer Audiokassette wurden die Zahlen festgehalten, in einer Plexiglastruhe versiegelt und in der ZDF-Eingangshalle unter strenger Bewachung ausgestellt. Am 17. Oktober öffnete man die Truhe und verglich die Zahlen mit denen der Lottoziehung vom 13. Oktober. Copperfield lag bei allen sechs Zahlen richtig. Der Magier hatte anschließend eine einfache Erklärung für sein Kunststück, um das viele ihn beneiden: «Es gibt keinen Trick ... Es ist mehr ein Experiment und eine mentale Geschichte, ein Spiel mit Zahlen. Ich verrate jetzt ein Geheimnis: sich abends ins Bett legen, sich konzentrieren, fest an sich glauben und einschlafen. Wenn einem mitten in der Nacht die Zahlen erscheinen, sofort aufschreiben!» Falls man verschläft, muss man eben in Thailand den Bananenbaum besuchen.

Magie Die bekannteste Luftnummer besteht darin, aus heiterem Himmel üble Gerüche zu erzeugen. Das beherrscht jeder Mann im Schlaf, und so vermögen wir vermittelst dieser Zauberkraft im Laufe von Jahren Ehepartner und den Bund fürs Leben gleich mit zu zermürben. Wer hingegen heilen will, probiere es besser mit gutgemeinten Worten: «Sose benrenki, / sose bluotrenki, / sose lidirenki: / ben zi bena, / bluot zi bluoda, / lid zi geliden, / sose gelimida sin.» Das ist der zentrale Teil des zweiten Merseburger Zauberspruchs, der Verletzungen heilen soll. Angewandt haben ihn unsere germanischen Vorfahren, aufgeschrieben wurde er im 9. Jahrhundert. Er bedeutet so viel wie: «Sei es Knochenverrenkung, / sei es Blutverrenkung, / sei es Gliedverrenkung: / Knochen zu Knochen, / Blut zu Blut, / Glied zu Gliedern, / so seien sie fest gefügt.»

Die Magie des Spruches besteht allein schon darin, dass er den Dingen einen Platz zuweisen soll, der dem Menschen passt. Vorstellbar wäre ja auch eine Welt, in der jede Veränderung als unausweichliche Schicksalsfügung hingenommen werden muss, zum Beispiel als gerechte, unabänderliche Strafe. Alle wollen aber immer mehr Glück. Nur hat jeder ein anderes Verständnis davon. Der Zauber der Worte verleiht den Menschen Macht über ihr Universum. Wenn der Glaube Berge versetzen kann, wird es ja wohl noch für den einen oder anderen offenen Bruch reichen. Verbiegen sich unsere Kinder Elle oder Speiche, benutzen wir die etwas fade Litanei «Alles wird gut!» in zig Variationen. Selbst das hat erstaunlich lindernde Wirkungen. Wer nicht an Heilung glaubt, wird nicht gesund.

Wir Modernen dürfen uns ferner zugute halten, dass unsere heidnischen Urväter anscheinend um einiges freundlicher waren, als es die Anhänger des Voodoo je sein werden. (Aus blutigstem Anlass ersparen wir Ihnen jedwede Widerwärtigkeit und Neuigkeit aus Brasilien und Afrika.) Nach Meinung vieler kommt das Böse außerdem erst dadurch in die Welt, dass es einen Namen trägt. In diesem Punkt gehen die Meinungen der Gelehrten allerdings auseinander. Harry Potters Internatsleiter Albus Dumbledore ist einer der wenigen, die sich trauen, die Worte Lord Voldemorts auch auszusprechen. Die Angst vor einem Namen, so Dumbledore, steigere nur die Angst vor der Sache selbst. Einer der größten Sprachphilosophen aller Zeiten, der Österreicher Ludwig Wittgenstein, war anderer Auffassung: «Wovon man nicht sprechen kann, darüber muss man schweigen.» Sein homosexuelles Alter Ego verschwieg er sogar sehr beredt in seinen

Tagebüchern, die er in Geheimschrift führte. Den schwulen Wittgenstein zauberte er einfach weg.

Die Yanomami am Oberlauf des Orinoko tilgen auf ähnlich magische Weise einen Teil ihrer selbst, nämlich die Erinnerung an verstorbene Stammesmitglieder. Sie wollen die Seelen der Verstorbenen so vor hungrigen, bösen Geistern schützen, die nach allem Körperlosen gieren. (In unserer Gesellschaft heißen solche Wesenheiten Boulevardjournalisten: Jedem bekannten Toten helfen sie eine höchst eigene Geschichte über.) Die Yanomami verbrennen ihre Toten, mörsern die Knochen klein und rühren die Asche in eine Suppe, die der Stamm auslöffeln muss. Danach wird der Name des Toten nie wieder erwähnt. Zum Nachtisch gibt es Maniokfladen und geräucherten Tapir. Das Schnupfrohr, mit dem sich der Verstorbene zeit seines Lebens die Kräuterdroge Epena durch die Nase einpfiff, wird zusammen mit der Suppenkalebasse verbrannt. Epena verschafft den Lebenden Zutritt zum Geisterreich. Man muss sich übergeben, sobald es seine Wirkung tut. Umso lockender müssen die Eindrücke sein, die in dieser anderen Realität warten.

Was dort erfahren werden kann, beschrieb der Entdecker des LSD, der Schweizer Chemiker Albert Hofmann, 2006 in einem Interview mit der «taz»: «Man hat ein völlig anderes Bild (von der Realität), und das kann einen furchtbar erschrecken. Deshalb sagen die Indianer ja: Bevor ich den heiligen Pilz nehme, muss ich fasten, muss beten, muss rein sein – dann bringt mich der Pilz dem Göttlichen näher. Und wenn ich das nicht mache, tötet er mich oder macht mich wahnsinnig. (...) Die amerikanische Jugendbewegung, die es ja gut meinte, hat sich daran nicht gehalten, sie haben es zu oberflächlich genommen, sie haben sich nicht vorbereitet.»

Wer eine ferne Welt betritt, muss Gangway, Reling oder Muttis Pfötchen loslassen. Andernfalls zerreißt es einen. So profan sind die Reinigungsrituale gemeint, wie Hobbymagier sie anraten: «Bevor Sie an ein magisches Ritual herangehen, müssen Sie Ihren Wunsch genauestens überlegt haben. Definieren Sie ihn kurz und prägnant, denn dies wird beim Ritual Ihr Zauberspruch sein! Achten Sie darauf, dass niemandem Schaden bei Ihrem Wunsch zugefügt werden kann. Der Ablauf eines magischen Rituals sollte immer nach demselben Schema erfolgen: die Reinigung (das Ablegen alltäglicher Sorgen und Ablenkungen), die Erdung (Ruhigwerden, Meditation), der Schutzkreis (Abwenden von Störungen der Außenwelt), die Anrufung (bewusstes Spüren der geistigen Helfer), die Visualisierung (Zusammenführung der magischen Kraft mit Ihrem Ziel/Wunsch), die Verabschiedung und Beendigung (Bedanken bei Ihrem Geisthelfer), zum Abschluss sollten Sie sich noch einmal erden.»

Gerade im Zusammenhang mit der Einnahme von Zaubertränken sind äußerst unangenehme Konsequenzen möglich. Wer zum Beispiel einmal seinen inneren Zensor durch die Einnahme von Alkoholika mit einem Bannfluch belegte und zu trinken begann, bis die Kanten der Welt Kurven waren und der Erzfeind zur Busenfreundin wurde, der kann am nächsten Morgen ein böses Erwachen erleben. Kennt jeder. Gleicher Planet, zwei Welten. Mit Schutzkreis und eingehender Befragung der inneren Instanzen wäre das nicht passiert. Man hätte vor lauter Um- und Vorsicht gar nicht erst zur Flasche gegriffen. Insofern sind magische Rituale nichts als der Ausdruck einer Geisteshaltung, sie spiegeln als Tun das Denken wider. So wie der Stein der Weisen auch «nur» als ein Symbol für das angestrebte höchste Bewusstsein, Alchemie «nur» als eine Metapher für geistige Reifung betrachtet werden kann. Denn einzig und allein der Geist kann glücklich werden, nicht das, was durch ihn geschaffen wurde.

Einige derer, die die Suche dennoch wörtlich nahmen und statt ihres eigenen Bewusstseins Materie umzuwandeln versuchten, entdeckten immerhin das europäische Pendant zum Porzellan, das Schwarzpulver und im eigenen Pipi Phosphor. Damit wurde es allen Menschen möglich, sich beim Teetrinken in die Luft zu jagen und nie weder zur Toilette zu müssen.

Unabhängig von der Frage, ob Magie funktioniert, muss man einräumen, dass magisches Denken allgegenwärtig ist. Es setzt scheinbar oder tatsächlich zusammenhanglose Dinge miteinander in Beziehung: das eigene Wohlergehen zum Beispiel mit der schwarzen Katze oder dem Schornsteinfeger. Jeder will im guten Sinne verzaubert werden, nachdem wir zuerst aus Angst fast alle Hexen verbrannt, aus Begierde sämtliche Frösche durchgegeknutscht und zu allgemeinen Unterhaltungszwecken ein weißes Kaninchen nach dem anderen aus dem Zylinder gezogen haben. Wir drücken uns die Daumen, küssen uns unter Mistelzweigen, versuchen morgens mit dem richtigen Bein aufzustehen, und die Schauspieler unter uns spucken einander über die Schulter. Madonna folgt der Kaballah, Nancy Reagan konsultierte mit ihrem Mann Ronald zu dessen Amtszeiten nahezu täglich die Astrologie, wie Millionen anderer auch. Wir leisten heimlich Schwüre oder Eide vor etwas höchst Unsichtbarem, und unser Geist verkennt, dass wir nicht die Welt sehen, wie sie wirklich ist, sondern durch verschieden gefärbte Brillen schauen.

Genauer betrachtet, ist schon der Glaube, dass Tische, Menschen, Gurken, Tortenheber und alles andere eine materielle Existenz an sich besitzen, nur weil wir sie als feststofflich erleben, Hokuspokus.* Zwischen Elektronen, Positronen und Neutronen ist nämlich gewaltig viel Raum. Jede Wand besteht größtenteils aus nichts. Und auch diese winzigen Teilchen lassen sich wiederum in Quarks, Gluonen und andere unansehnliche Winzigkeiten auflösen. Der Teilchenbeschleuniger CERN etwa soll den Nachweis erbringen, dass theoretisch postulierte Elementarteilchen wie Higgs-Bosonen tatsächlich existieren. Das wäre das erste Mal seit Menschengedenken, dass tatsächlich etwas dauerhaft Un-teilbares, a-tomos, nachgewiesen werden könnte und nicht nur behauptet wird.

Für denn Fall aber, dass auch diese Elementarteilchen sich weiter ins Unendliche verflüchtigen, muss man wohl doch den Lehren recht geben, die seit den alten Indern existieren. Alles ist Maya, Täuschung. Man sieht letztlich substanzlose, vorübergehende Erscheinungen, die keine Existenz an und für sich haben und aus ständig sich ändernden Bedingungen entstehen und vergehen. Den realen, weil unbedingten Raum aber, in dem sie erscheinen, erkennt man nicht. Gro-

* Ein Zauberspruch, der wahrscheinlich auf mangelnde Lateinkentnisse von vorlutheranischen Kirchgängern zurückgeht. Der Spruch zur Oblate, «Dies ist mein Leib!», heißt auf Latein «Hoc est enim corpus meum!» – Hocuspocus …

ße Meditierende beschreiben ihn als unendlich freudvolles, zeitloses Bewusstsein, voller unbegrenzter Liebe für alles und jeden. Die herkömmliche, leidvolle Seite unserer Existenz ist also nur eine Seite der Medaille. Sie ist das Resultat unserer ameisenhaften Sicht auf die Welt.

Dieser Perspektive nähern sich auch moderne Hirnforscher wie zum Beispiel der Psychologe Daniel Wegner, wenn sie vermuten, dass sogar unser Bewusstsein nichts als eine «angenehme Begleiterscheinung» unserer Handlungen ist, «die dem Hirn lediglich dabei hilft, sich daran zu erinnern, dass ein Ereignis von uns selbst ausgelöst wurde». Alles kommt und verweilt, geht und verschwindet, wie von Zauberhand.

Der Autor dieser Zeilen frisst also einen Besen, wenn es in dieser Welt stets mit rechten und sofort erklärlichen Dingen zugeht. Das Versprechen fällt ihm leicht. Er vertraut dem großen Albert Einstein: «Das Schönste und Tiefste, was ein Mensch erfahren kann, ist das Gefühl des Geheimnisvollen.»

Maibaum Sie kamen im Schutz der Dunkelheit, gingen nach einem ausgeklügelten Plan vor und setzten modernste Technik ein. Es war in der Nacht vom 27. auf den 28. April des Jahres 2004. Auf der 2962 Meter hohen Zugspitze lag Schnee, es herrschten Minustemperaturen. In wenigen Tagen sollte hier Deutschlands höchstgelegener Maibaum aufgestellt werden. Er war zwanzig Meter lang und lag einige hundert Meter talabwärts, in der Nähe der Garage der Pistenraupen, im Schnee vergraben. So wollten die Betreiber der Zugspitzbahn verhindern, dass er zu früh entdeckt und gestohlen wird. Doch um Mitternacht landete die Diebesbande direkt neben dem Versteck, befestigte den Baum an ihrem Hubschrauber und floh Richtung Österreich. Am nächsten Tag ging eine Lösegeldforderung bei der «Süddeutschen Zeitung» ein. Die vier Entführer verlangten Saisonkarten für das Skigebiet und freie Kost im Selbstbedienungsrestaurant. Nach harten Verhandlungen gaben sie sich mit hundertfünfzig Brotzeiten und hundert halben Litern Bier zufrieden. Das Achthundert-Kilo-Ungetüm wurde umgehend zurückgegeben.

Eigentlich ist in Deutschland Diebstahl nach § 242 StGB strafbar. Nur für den Maibaum gilt das nicht. Man möchte fast sagen, er muss sogar gestohlen werden. Allerdings ist dabei die Maibaumdiebstahlordnung zu beachten. Darin heißt es unter anderem: «Ein Maibaum darf nicht von Bürgern der eigenen Gemeinde, sondern nur von Burschen anderer Gemeinden gestohlen werden. Wer die Absicht hat, einen Maibaum zu stehlen, soll dies so planen, dass er dabei nicht entdeckt wird.» Auch rohe Gewalt ist untersagt: «Werden die Räuber beim Abtransport des Baumes innerhalb der Gemeindegrenzen überrascht, müssen sie die Beute sofort kampflos zurückgeben.» Vor dem Amtsgericht Günzburg mussten sich 1997 sieben junge Männer dafür verantworten, dass sie ihre Fäuste benutzt hatten, um den Baum in ihren Besitz zu bringen.

Das Maibaumritual ist eben ein Männersport. Männer fällen die Bäume. Männer stellen sie auf. Männer nehmen sie anderen Männern weg. Und jeder will den Längsten haben! Dass ein zwanzig Meter hohes Ding, das steif in den Him-

Italiener am 1. Mai beim Aufrichten einer Hartweizennudel aus dem Hause Berlusconi.

mel ragt, etwas Phallisches hat, ist klar. Auch der Kranz, der die Spitze des Maibaums schmückt, hat eine leicht zu ergründende Symbolik. Besonders deutlich werden die sexuellen Aspekte in den Regionen Deutschlands, in denen man den Baum direkt vor das Fenster seiner Liebsten stellt. Nachdrücklicher kann man sein Verlangen kaum demonstrieren.

Im Tierreich würde man es wahrscheinlich wie folgt formulieren: Das Männchen balzt, indem es mit einem beeindruckenden, überdimensionierten Penisersatz das Nest des Weibchens markiert. Neben dieser naheliegenden Sexualsymbolik gibt es beim Maibaum aber auch weit zurückreichende kulturell-religiöse Aspekte: Eurasische Völker und ihre Schamanen glaubten, dass bestimmte Bäume den Übergang in eine andere Welt ermöglichen. Diese Bäume wurden kultisch verehrt und waren zentraler Bestandteil verschiedener ritueller Handlungen.

Bereits in der Antike finden sich erste Hinweise auf Maibäume. Ab dem 13. Jahrhundert breitete sich dann der Brauch aus. Er sollte Missernten verhindern, sicherstellen, dass die Kühe genügend Milch gaben, und Dürren fernhalten. Fast jeder, der einen Garten besaß, errichtete dort einen Maibaum. Allerdings wurde der Brauch in Altbayern 1690 verboten, weil die jungen Bäume ausgingen. Andernorts wurde weiter gesägt, gehackt und gefällt, bis auch Kaiserin Maria Theresia von Österreich 1741 dem Treiben Einhalt gebieten musste. Der Wald war in Gefahr! Erst 1827 unter König Ludwig I. war es in Bayern wieder erlaubt, Maibäume aufzustellen.

Heute leistet sich ein Dorf meistens nur einen Maibaum.

Im Süden Deutschlands bevorzugt man Nadelhölzer, im Westen und im Norden Birke. Wer auf das private Bäumchen nicht verzichten will, braucht sich dafür im Köln-Bonner Raum nicht mal die Finger schmutzig zu machen: Das Maibaumtaxi (www.maibaumtaxi.de) bietet, vom Schlagen des Baumes bis hin zum Transport und Schmücken (Kreppbänder und Herzen aus Holz mit dem Namen der Liebsten), einen Rundum-Service an. Nur bewachen muss man das Bäumchen selber.

Sollte der Maibaum nicht geklaut worden sein, dann feiert das Dorf zum 1. Mai ein rauschendes Fest, mit Tanz, Alkohol und Musik. Die «privat» gestellten Maibäume bleiben gute vier Wochen stehen und werden dann gegen ein Entgelt der besonderen Art abgeholt. Das kann der erwünschte Kuss der Angebeteten sein, möglich ist aber auch eine Einladung zum ➶ Candle-Light-Dinner. Sollten die Gefühle des Aufstellers nicht erwidert werden, kann der sich wenigstens mit einem Kasten Bier trösten, denn das ist das mindeste, was ihm für seine Mühe zusteht.

Militärparade Frauen haben den Laufsteg, Männer die Militärparade: Jeder will dem anderen zeigen, was er so draufhat. Bei Frauen soll es verführerisch wirken, die Herren tun es eher aus Abschreckungsgründen. Gen In- und Ausland ergeht die Botschaft: «Freunde, dieser Staat ist traditionsbewusst und zur Not auch wehrhaft!» So weit die demokratische Variante, wie zum Beispiel die Franzosen sie alljährlich am 14. Juli, dem Jahrestag des Sturms auf die Bastille, in

Paris demonstrieren. Mittlerweile nehmen auch Truppenteile anderer europäischer Armeen an dieser Parade teil. Viel Tamtam, wenig Säbelrasseln: Das ist die erträgliche Form der Leistungsschau. Nur Länder wie Nordkorea, der Iran oder Libyen nutzen auch heute noch den Popanz der Parade vor allem als Drohgebärde, mit der nicht zuletzt das eigene Volk eingeschüchtert werden soll.

In Perfektion gelang dies in Zeiten des Kalten Krieges stets der Sowjetunion. Eine nicht enden wollende Kolonne von Panzern, Raketen und sonstigem Gerät defilierte am Politbüro vorbei, einer Versammlung von Greisen, denen man offenkundig die Hand an der Mütze festgenagelt hatte und die man nach Belieben einfrieren, wieder in den Kreml rollen und auftauen konnte. Sie funktionierten immer.

Noch leistungsstärker ist das Modell «Staatschefin iCrown», die heute vierundachtzigjährige Queen Elisabeth II., die stets in wundersamen Fahrzeugen sitzt und von unfassbar phantasievoll bekleideten Jungs eskortiert wird. Wenn sie einmal im Jahr die weltweit beliebteste Parade abnimmt, schielt jede Trachtengruppe ehrfürchtig bewundernd gen London. Trooping the Colour – die Krönung britischer Militärkunst – findet stets im Juni zu Ehren der ↗ Geburtstage englischer Könige statt. Auf diese Weise lernt man sich nachhaltig kennen. Kann ja sein, dass man mal auf Befehl Ihrer Majestät attackieren muss. Dann tut Madam gut daran, auch zu wissen, wem sie den Marsch blasen kann. Tatsächlich werden die bunten Banner («colours») jedem Soldaten gezeigt, damit er weiß, unter welcher Fahne sein Regiment ins Feld zieht. Vor zweihundert Jahren noch überlebensnotwendig und kriegswichtig, heute eine dufte Show, die von der ARD übertragen wird. Dabei erklingt auch «Preußens Gloria» von Gottfried Piefke, eine Mischung aus «Schlaf, Kindchen, schlaf!» und «Das ist die Berliner Luft, Luft, Luft!».

Eine Militärparade dient staatlicher Selbstpräsentationen. Das Monopol der Macht wird sichtbar. Für die beteiligten Soldaten ist es oft eine Qual. Nicht nur bei dreißig Grad in voller Montur. Endloser Drill geht den Paraden voraus, Übungen für den Kriegsfall. Paraden bezeugen die Einsatzbereitschaft und -fähigkeit.

Vereidigungen, Gelöbnisse oder der Empfang eines Staatsgastes mit militärischen Ehren sind zwar keine Paraden, aber militärisch ebenfalls willkommene Gelegenheiten, um aus «dem Soldatenkörper einen homogenen Truppenkörper» zu bilden. Eine schmerzhafte Veränderung. Ein Hauptmann namens Schuster, Ausbilder einer Luftwaffenkompanie im Wachbataillon der Berliner Julius-Leber-Kaserne, schildert in einer Doktorarbeit zum Thema Militärwesen, dass er vor und nach der achtwöchigen Formalausbildung seiner Rekruten deren Armlängen habe messen lassen. Ergebnis: Nach bis zu vierzehn Stunden Arbeit mit dem Gewehr habe sie im Durchschnitt um zwei Zentimeter zugenommen. Warum nimmt man nicht gleich Gibbons?

Schon der Triumphzug, der für siegreiche Feldherren im Römischen Reich organisiert wurde, war eine seltene und nur zögerlich gewährte Ehre. Groß war in Zeiten der Republik die Angst, den Legionären könnte es innerhalb der Stadtmauern zu gut gefallen. Man fürchtete eine Machtübernahme der Militärs. Geschliffen wurden die Truppen vom Centurio, einem aus ihren Reihen, der sich nach oben

Das britische Militär zeigt erstmals öffentlich seinen gefürchteten Experten für Luft- und Raumfahrt.

gedient hatte und an der Irokesenbürste auf dem Helm zu erkennen war. Es dauerte noch ein Jahrtausend, bis andere Gesellschaftsformen einen ähnlich hohen Grad an Komplexität erlangten.

Als das Rittertum seit dem späten Mittelalter mehr und mehr von Söldnerheeren abgelöst wurde, herrschte wieder reger Übungsbedarf. «Immer größere Massen von Kämpfern zu Fuß und zu Pferd mussten kontrolliert werden, mussten lernen, ihre Bewegungen, ihre Manöver auf dem Marsch und im Gefecht und die Handhabung ihrer Waffen zu synchronisieren», schreibt der Militärhistoriker Gerhard Bauer. Und bei Militärparaden konnten die Kommandeure zeigen, wie gut ihre Soldaten das beherrschten.

Im Laufe der Jahrhunderte wurde der Drill härter: Die Militärs wollten geschlossen marschierende Reihen, die ohne Rücksicht auf das eigene Leben die Formation hielten. Musik sollte anfeuern, motivieren und leiten, Fahnen dienten der Orientierung.

Allein in der Schlacht von Kunersdorf 1759, in der Preußen zunächst vernichtend geschlagen wurde, standen die 37 000 Fußsoldaten und 13 000 Reiter Friedrichs II. einer Übermacht von 87 000 Mann aus Österreich und Russland gegenüber. Am Abend dieses 12. August waren Friedrich II. noch 3000 Mann geblieben, der Rest war tot, verwundet, größtenteils auf der Flucht oder in Gefangenschaft. Auf preußischer Seite starben an diesem Tag 6000 Menschen.

Im Ersten Weltkrieg mussten erst Hunderttausende Soldaten im Feuer der Kanonen, Granaten, Maschinengewehre und in Gaswolken ihr Leben lassen, bis man von veralteten

Militärstrategien und -formationen abließ. Die anschließende Militarisierung Deutschlands, die Fackelzüge und Paraden im Stechschritt, die grölende Demonstration von Kadavergehorsam, Truppen, die ganz Europa in ein Trümmerfeld verwandelten, kurz, die tödliche Realität des Faschismus nahm den Deutschen nach dem Krieg die Schaulust. Waffenkram galt prinzipiell als Affenkram, als Schwanzersatz. Bei der Bundeswehr gibt es keine Paraden, nur Zapfenstreiche und «Aufzüge zu Übungszwecken» unter Ausschluss der Öffentlichkeit.

Ganz ähnlich ist das, zumindest was die Öffentlichkeit betrifft, im Reich der Mitte: Die Chinesen der Volksrepublik – immerhin über 1,3 Milliarden an der Zahl – durften nämlich nur am Fernsehen zusehen, wie Raketenwerfer, Panzer, Amphibienfahrzeuge, nukleare Interkontinentalraketen und rund 200 000 Volksarmisten im Oktober 2009 anlässlich des sechzigsten Geburtstags der Volksrepublik durchs Zentrum Pekings zogen. Am Straßenrand standen ausnahmslos geladene Gäste, Parteimitglieder und ausländische Fernsehteams. Aus Sicherheitsgründen. 151 Kampfjets, Bomber und Hubschrauber schossen über das Propagandaspektakel hinweg. Erstmals durften auch fünfzehn Pilotinnen mitfliegen. Allerdings nur ganz am Ende der Staffeln – ebenfalls aus Sicherheitsgründen.

In Sachen Gleichberechtigung können die Chinesen von den Spaniern lernen: Carme Chacón i Piqueras ist die erste spanische Verteidigungsministerin. Die 1972 geborene Professorin für Verfassungsrecht trat im April 2008 ihr Amt im siebten Schwangerschaftsmonat an, entband und entließ nach sechswöchiger Babypause erst mal vier Generäle. Ein

Jahr später wurde sie von den Lesern eines spanischen Herrenmagazins unter die Top 100 der sexiest Frauen der Welt gewählt.

Die Fusion aus Sexbombe und Stabschef schafft ansonsten nur ihr deutscher Amtskollege, der Bundesverteidigungsminister Karl-Theodor zu Guttenberg. Als Wirtschaftsminister war er der Glamourboy der Bundesregierung, jung, fesch, immer elegant gekleidet. Er poste auch schon mal frisch gegelt als Strahlemann auf dem New Yorker Times Square. Allein der Titel Mister Universum lässt noch auf sich warten. Nach dem Amtswechsel war die Ein-Mann-Parade viriler Omnipotenz dem grünen Abgeordneten Tom Koenigs zuwider. Catwalken *und* Paradieren – das geht hierzulande auf keine Kuhhaut. Der Grüne kommentierte das Schaulaufen bissig mit der Bemerkung, dass in kriegsähnlichen Zeiten andere Bedingungen gälten als im Frieden: «Eine Transall ist kein Laufsteg!»

Man darf dem 1971 geborenen zu Guttenberg seine Unerfahrenheit nicht nur seines Alters wegen nachsehen: Fast sechs Jahrzehnte waren militärische Gepflogenheit und Rituale in der Bundesrepublik im Leerlauf. Beim Anfahren ruckelt es. Außerdem verließ zu Guttenberg die Bundeswehr als Unteroffizier in Reserve bei den Gebirgsjägern, und Paraden hält man ebenerdig ab. Bergauf paradierte im Laufe der Menschheitsgeschichte unseres Wissen überhaupt nur eine Truppe: In den siebziger Jahren befehligte General Don Blech von der Augsburger Puppenkiste seine Marionetten-Armee. Die Soldaten waren mit glänzenden Konservenbüchsen gepanzert. Mit unnachahmlichem Gang – Hintern fast in Kniehöhe, Arme wie Spaghetti, die von der

Gabel fallen – beherrschten sie eine höchst ansehnliche Formation. «Schepper, schepper, schepper, roll, roll!», lautete der Befehl, und die Büchsenarmee kullerte den Hügel hinab. Eine seit Kindertagen erprobte Taktik, die gegen den Ernst des Lebens leider nicht ankommt.

Mitbringsel Es war wohl das größte Mitbringsel in der Geschichte der Menschheit – und dazu noch selbstgemacht! Nach zehn Jahren erfolgloser Belagerung Trojas hämmerten die Griechen in drei Tagen ein gigantisches Pferd aus Holz zusammen. Ein Teil der Hobby-Handwerker machte es sich anschließend im Bauch des Ungetüms bequem, während der Rest des griechischen Heeres in die Schiffe stieg und – für die trojanischen Späher gut sichtbar – in See stach. Obwohl sich die Gäste lange Zeit garstig verhalten hatten, kam dieses Mitbringsel zwar sehr spät, aber beim unfreiwilligen Gastgeber trotzdem gut an. Selbstverständlich gab es neben dem lauten Hurra über das Geschenk der Danaer auch den ein oder anderen Kassandraruf. Aber schließlich zogen die Trojaner das gewaltige Pferd doch in ihre Stadt. So nahm das Schicksal seinen Lauf. Während Troja sich in kollektiver Freude über das hölzerne Geschenk und den Abzug der Griechen im Ausnahmerausch befand, stiegen über vierzig griechische Helden aus dem Bauch des Pferdes und öffneten die Stadttore. Das griechische Heer, das im Schutze der Dunkelheit zurückgekehrt war, marschierte nun ein und hatte außer bösen Absichten gar nichts dabei.

Mitbringsel können hinterhältig und gemein sein. Wer es

nicht glaubt, kann ja mal einem übergewichtigen Bekannten eine Personenwaage schenken. Aber meist möchte man natürlich dem Gastgeber eine echte Freude bereiten. Und in den Fällen, in denen man mit seinem Geschenk nicht geschmacklich danebenliegt, drückt es aufrichtige Dankbarkeit und Wertschätzung aus.

Die wohl berühmtesten Mitbringsel haben die Heiligen Drei Könige dem gerade geborenen Jesus überbracht. Im Umgang mit Neugeborenen müssen sie allerdings völlig ungeübt gewesen sein, denn statt Sabberlätzchen, Bauklötzen und Schnuller brachten sie dem Kleinkind Gold, Weihrauch und Myrrhe mit. Angesichts solcher Geschenke ist es nicht verwunderlich, dass Zweifel an der Existenz der Schenker selbst bestehen. Zumindest ist nicht nur umstritten, ob sie Caspar, Balthasar und Melchior hießen, sondern auch, ob sie wirklich zu dritt unterwegs waren. Ebenso ungeklärt ist, welchen Berufen sie nachgingen. Möglicherweise waren es Philosophen oder Magier.

Die syrischen Christen nennen die Heiligen Drei Könige Larvandad, Hormisdas und Gushnasaph. Die Armenier machten aus dem Trio ein Duo: Kagba und Badadilma. Und in Las Vegas hießen zwei Magier, die Gold, Weihrauch und Myrrhe mit sich herumtrugen, Siegfried und Roy.

Auch heutzutage kann sich ein Gastgeber nicht immer an alle Gäste erinnern. Was dagegen bleibt, sind ihre Mitbringsel: Gold, Weihrauch und Myrrhe ist als Geschenkkombination nach wie vor beliebt. Das Gold steht für Reichtum, Myrrhe dient als Heilpflanze der Gesundheit, und der Weihrauch verbreitet einen angenehmen Duft. Übersetzt in unsere Zeit, würden die Heiligen Drei Könige Geld, ein

Multivitaminpräparat und ein Eau de Toilette mitbringen. Das mag einen Säugling vielleicht nicht begeistern, aber angesichts der Tatsache, dass der Gastgeber in einem Stall bei Hirten, Ochs und Esel das Licht der Welt erblickte, sind das durchaus praktische Gaben.

Bei einem Besuch etwas mitzubringen gehört bis heute zur Etikette. Deutsche Politiker können ein Lied davon singen. Bei Auslandsreisen müssen sie die Gastgeber beschenken, bei Staatsbesuchen werden sie mit Krimskrams überhäuft. Die Mitbringsel aus aller Herren Länder verbleiben aber nicht im Privatbesitz der Politiker. Rechtmäßiger Eigentümer wird der deutsche Staat, und das Finanzministerium versucht daraus auch Kapital zu schlagen. Bei Auktionen werden die Geschenke versteigert. Die Vielfalt könnte kaum größer sein: afrikanische Masken und Skulpturen, asiatische Teeservice orientalische Teppiche, albanische Sitzmöbel, silberne Zinkpantoffeln, signierte Bilder von der Familie des japanischen Kaisers und mit Diamanten verzierte, goldene Rolex-Uhren aus Kuwait. Jedes Jahr kommen neue Gastgeschenke unter den Hammer, allerdings ohne Garantie.

Dass Mitbringsel nicht immer halten, was sie versprechen, musste auch das renommierte Rijksmuseum in Amsterdam erfahren. Dort hängen überwiegend Gemälde niederländischer Meister, aber auch andere bedeutende Exponate beherbergt das Museum. Nach der Mondlandung 1969 erhielt der ehemalige niederländische Ministerpräsident Willem Drees ein kleines Stück Mondgestein, das ihm persönlich vom US-Botschafter überreicht wurde. 1988 wurde es dem Rijksmuseum übergeben, wo es einen Ehrenplatz bekam. Experten schätzten den Wert des an sich schmucklosen Brockens auf etwa 350 000 Euro. Im Jahr 2006 wurden die Kuratoren des Rijksmuseums allerdings unruhig. Irgendetwas konnte mit ihrem Stein nicht stimmen. Denn das Mondgestein, das in anderen Museen ausgestellt wurde, stammte ausnahmslos von späteren Apollo-Flügen. Verunsichert ließ man das Kleinod untersuchen und wurde schließlich mit einem peinlichen Ergebnis konfrontiert: Der Stein hatte den Mond noch nicht einmal von weitem gesehen. Tatsächlich handelte es sich um ein Stück versteinertes Holz von der Erde – damit konnte man sich in Amsterdam nicht mal einen Joint anzünden.

Im Prinzip hatte der US-Botschafter mit seinem Mitbringsel alles richtig gemacht, hatte er doch ein Geschenk mit sehr persönlicher Note und hohem ideellem Wert gewählt. Gibt es ein schöneres Geschenk als einen selbstaufgelesenen Stein, ganz egal, woher er kommt? Aber nach Meinung von Mitbringselexperten können auch die eigenhändig gepflückte Blume oder der selbstgebackene Kuchen das Herz eines Beschenkten erfreuen.

Zur Berechnung der Geschenkausgaben sollte man über einiges nachdenken, wie der VNR-Verlag empfiehlt: «die finanzielle Situation der oder des Beschenkten, die eigenen finanziellen Möglichkeiten, die Häufigkeit eines Anlasses (regelmäßig wiederkehrend, selten, einmalig), die in länger bestehenden Verbindungen etablierten Gepflogenheiten, die persönliche Beziehung zwischen Ihnen und der oder dem Annehmenden, im geschäftlichen Bereich die steuerlichen Vorgaben».

Keine Alternative ist es demnach, nichts zu schenken. Gastgeber treffen zwar manchmal dahingehende Aussagen, sollten aber nach Meinung von Georg Christoph Lichtenberg nicht allzu ernst genommen werden: «Wenn die Menschen sagen, sie wollen nichts geschenkt haben, so ist es gemeiniglich ein Zeichen, dass sie etwas geschenkt haben wollen.» Die Zeiten, in denen Katzenzungen, Weinbrandbohnen und Doppelherz-Fläschchen als Mitbringsel fungierten, sind Gott sei Dank vorbei. Wer heute keine Ideen hat, muss mit Wein, Buch oder Blumen vorstellig werden.

Was die Kreativität beim Design touristischer Mitbringsel angeht, hat mittlerweile die italienische Stadt Neapel die Nase vorn. Früher gab es dort in den Souvenirshops eigentlich nur Pater Pio, Johannes Paul II. und Muttergottesfiguren. Durch eine blutige Attacke mit einem Modell des Mailänder Doms auf den italienischen Ministerpräsidenten Silvio Berlusconi im Jahr 2009 wurden die neapolitanischen Souvenirverkäufer zu einer neuen Idee inspiriert. Als kleine Krippenfigur findet sich nun auch der mit einem blutigen Kopfverband dargestellte italienische Ministerpräsident in jedem gutsortierten Souvenirshop wieder.

Mittagsschläfchen Sechs bis sieben Stunden pro Nacht braucht der Mensch im Durchschnitt seine Ruhe. Acht Stunden sind auch okay. Babys und Kinder verbringen mehr, alte Menschen weniger Zeit in den Federn. Ferner gibt es frühe Vögel und Nachteulen. Das ist eine Typenfrage. So weit, so klar.

Typenunabhängig ist aber ist das Bedürfnis nach einem bisschen Dösen, Schnarchi-schnarchi, kurz: der Drang zum

Mittagsschlaf. Zwanzig Minuten weniger Aktionismus am Tage täten uns allen mal ganz gut. Das Nickerchen nach dem Essen erfrischt, möbelt das Gedächtnis auf, stimmt optimistisch, stärkt das Immunsystem und steigert die Leistungs- und Konzentrationsfähigkeit. Wer mittags regelmäßig schläft, so das Ergebnis einer griechischen Studie, senkt sein Herzinfarktrisiko um 37 Prozent. Selten lagen die gesundheitlichen Vorteile von Tatenlosigkeit so klar auf der Hand. Wir könnten alle ein besseres Leben führen – wenn da nur der Kapitalismus und seine Gottheit, der schnöde Mammon, nicht wären.

Computer und Maschinen brauchen keine Pause. Und sie geben den Takt vor. Elektrizität und Schichtarbeit regen uns permanent auf. Von Nachtclubs ganz zu schweigen. Der amerikanische Psychologe William Dement, ein Wegbereiter der modernen Schlafforschung, rechnet vor, dass der technisch-organisatorische Fortschritt uns bislang mehr als anderthalb Stunden Schlaf pro Nacht gemopst hat. Mit der Sonne ins Bett und den Hühnern wieder raus, Mittagsschläfchen während der Ernte im Schatten eines Baumes, dieser Traum ist für den Großteil der Menschheit ausgeträumt. Selbst Spanier und Mexikaner haben ihrer Siesta adiós gesagt, um den Anschluss an die rödelnde Menschheit nicht zu verpennen. Das Opossum und die Fledermaus leisten sich noch den Luxus, täglich bis zu zwanzig Stunden im Tiefschlaf oder Dämmerzustand rumzuhängen. Kaiserpinguine und Fruchtfliegen – Letztere übrigens mit geöffneten Augen, da sie keine Lider haben – schlafen immerhin zehn Stunden täglich. Bei den Giraffen allerdings herrscht ständig Hochbetrieb. Sie ratzen im Durchschnitt schlappe zwei

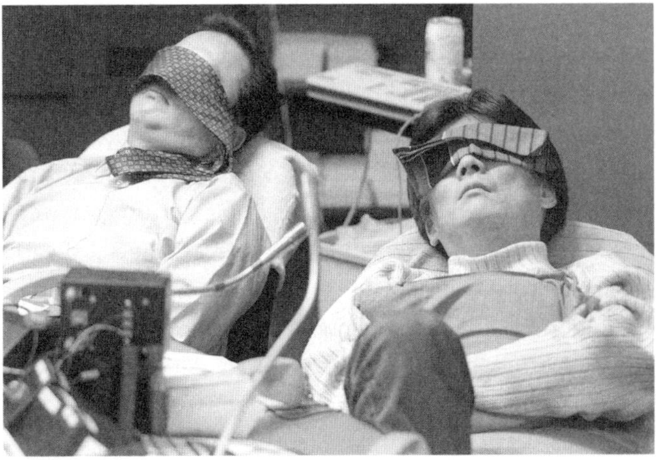

Mittagssitzung des Bundeskabinetts während der Bankenkrise.

Stunden. Nur Leonardo da Vinci soll angeblich mit so wenig Schlaf ausgekommen sein.

Winston Churchill, Margaret Thatcher, Quentin Tarantino, Volker Wieprecht, Albert Einstein, der amerikanische Präsident Lyndon B. Johnson und Thomas Mann waren oder sind überzeugte Mittagsschläfer. Raus aus den Klamotten, rein in den Pyjama – mitten am Tag pflegen oder pflegten sie ihre Schlafzimmer zu verdunkeln und sich für kurze Zeit der Welt zu entziehen, um danach erfrischt ihr Tagewerk fortzusetzen. Im Falle des Herrn Mann hatte das zur Folge, dass alle sechs Kinder nach dem Mittagessen auf Zehenspitzen durchs Haus schleichen mussten. So viel Dünkel im Dunkel sickert durch, findet der Schriftsteller Maxim Biller: «Literatur von Thomas Mann riecht wie ein Kissen, auf dem eine adlige Dame ihren Mittagsschlaf macht, so überparfümiert, nicht auszuhalten.»

Der Mittagsschlaf hat keinen guten Leumund. Als seine treuesten Anhänger gelten nun mal die Beamten. Denen wird nachgesagt, dass sie das Dösen mühelos auf die Dauer der Gesamtarbeitszeit auszudehnen in der Lage seien. Daher gab es auch tüchtig Ärger, als der Stadtdirektor in Vechta/ Niedersachsen seinen Mitarbeitern im Jahr 2000 gestattete, ihre Futternarkose für zwanzig Minuten auf einer Isomatte neben dem Schreibtisch zu genießen. Der sächsische Beamtenbund zieh den guten Mann der «politischen Instinktlosigkeit» und zeterte, es gehe nicht an, dass die Ossis mit immer weniger Personal auskommen müssten, während die Wessis ihr Geld im Schlaf verdienten. Doch selbst die AOK gab den Schläfern recht. Heute gibt es Ruheräume in Vechta und zufriedene, ausgeschlafene Sachbearbeiter, die zehn, maximal zwanzig Minuten ihren Power Nap abhalten. Länger bitte nicht. Sonst wird das Betriebssystem zu weit runtergefahren.

«Power Nap», das klingt wie «Turbobooster». Auch die Wirkung ist vergleichbar. Bilder aus hippen amerikanischen Firmenzentralen wie Google oder coolen Werbeagenturen zeigen Multimediaschlafkugeln, in denen die Kreativen sich in den Kurzschlaf lullen lassen. Am Ende des Tages zählt schließlich das Ergebnis, nicht die Zahl der Minuten, die man geistlos versucht, die Augen aufzuhalten. Und wer tagsüber den Schlaf nicht ehrt, bei dem läuft's oft auch nachts verkehrt: In den westlichen Industrieländern schlafen zwanzig bis dreißig Prozent der Bevölkerung schlechter, als ihnen lieb wäre. Die Hälfte davon leidet unter akuten, behandlungsbedürftigen Schlafstörungen. Leistungsdruck, der sich nicht abschütteln lässt, ist einer der Hauptgründe dafür, dass einem die Einreise ins Schlummerland verwehrt wird. Dennoch haben nur wenige Firmen die grundentspannte Traute, sich öffentlich zur Siestakultur zu bekennen. Die, die es wagen, als Penner dazustehen, berichten von so wenigen Schwänzern und schwarzen Schafen, dass keiner beim Durchzählen der Drückeberger einschlafen könnte.

Wenn in Deutschland der Blutzuckerspiegel sinkt und die Zahl der müdigkeitsbedingten Verkehrsunfälle drastisch zunimmt, schlägt es irgendwas zwischen eins und drei. Dr. Jürgen Zulley wird nicht müde, den Kopf zu schütteln. Warum sind seine Forschungsergebnisse noch immer nicht Bestandteil gewerkschaftlicher Forderungen? Seiner regen Tätigkeit am Regensburger Institut für Schlafforschung verdanken wir nämlich ein wachrüttelndes Experiment, das bewies: Jeder Mensch wird mindestens zwei Mal täglich müde. Probanden lebten in Räumen ohne Tageslicht und ohne Uhren und konnten schlafen, wann immer sie wollten. Ausnahmslos alle machten zweimal täglich das Licht aus und dann Dodo. Einmal kurz. Einmal lang.

Die eifrigsten Schläfer bei Tageslicht sind Japaner und Chinesen. Im Parlament, in der U-Bahn oder am Schreibtisch – der Japaner muss nicht wie wir heimlich zum Wagen in die Tiefgarage oder eine halbe Stunde auf den Pott. Sein Schläfchen ist gesellschaftlich anerkannt. Auch der gemeine Chinese schläft dank seiner volksrepublikanischen Verfassung tagsüber ungestört, denn die garantiert das Recht auf «Xeu-Xi», den Mittagsschlaf. Die Partei in Peking mag schlafende Bürger. Das ist neu. Eine alte chinesische Weisheit besagte noch: «Ein Dummkopf, der arbeitet, ist immer noch besser als ein Weiser, der schläft.» Eine Ansicht, der jeder aufgeweckte Mensch nur skeptisch gegenüberstehen kann.

Neujahrsansprache Es war am 31. Dezember 1986 um 20.06 Uhr, als Eduard Ackermann, Leiter der Abteilung Kommunikation im Kanzleramt, von Bonn aus verzweifelt versuchte, den NDR in Hamburg telefonisch zu erreichen. Er blieb, wie viele andere Anrufe an diesem Abend, in der Warteschleife hängen. Der Kanzlerberater hörte immer wieder dieselbe Stimme: «Bitte haben Sie etwas Geduld, wir verbinden mit dem Teilnehmer!»

Ackermann war außer sich. Er konnte nicht glauben, was er gerade im Ersten Deutschen Fernsehen anschauen musste. Dort saß sein Chef – Helmut Kohl – an einem Schreibtisch im dunklen Sakko, mit gestreifter Krawatte, vor ihm ein Blumenstrauß, im hellen Holzregal hinter ihm einige Bücher. «Meine sehr verehrten Damen und Herren, liebe Mitbürgerinnen und Mitbürger. Am Silvesterabend denken wir zurück an das, was im ausklingenden Jahr unser Leben in der Familie und im Beruf geprägt hat», hatten die Worte des Bundeskanzlers gelautet.

Das war falsch, blöde, peinlich und schließlich ein Riesenskandal. Denn Helmut Kohl leierte den Text vom letzten Jahr herunter. Der Bundeskanzler selbst saß derweil zu Hause in Oggersheim vor dem Fernsehgerät und musste die Katastrophe ebenfalls ohnmächtig mit ansehen. Kaum eine Stunde früher hatte er im ZDF ganz andere Worte gebraucht: «Liebe Mitbürgerinnen und Mitbürger, an diesem

Silvesterabend 1986 blicken wir auf ein Jahr zurück, das bei allen Schwierigkeiten für die meisten von uns gut war ...» Kohl hatte auch ein helleres Sakko an. Außerdem standen weniger Bücher hinter ihm im Regal. Von einem Blumenstrauß keine Spur. Und waren die Streifen auf seiner Krawatte nicht wesentlich breiter?

Die ARD hatte tatsächlich die falsche Neujahrsansprache gesendet. Mehr als eine Stunde brauchte das Erste Deutsche Fernsehen, um sich mit einem Text, der ins laufende Programm eingeblendet wurde, dafür zu entschuldigen.

Schnell wurde klar, dass es mit einer lapidaren Entschuldigung nicht getan sein würde. Die ARD habe das Amt des Bundeskanzlers beschädigt, war zu hören. Regierungssprecher Friedhelm Ost nannte den Vorfall eine «Beleidigung für den Zuschauer». Der Generalsekretär der CSU, Gerold Tandler, ging von «bewusster Sabotage» aus und forderte, die Verantwortlichen zu feuern. Die SPD dagegen sprach von «viel Lärm um nichts», amüsierte sich aber köstlich.

Schuld war die Redaktion der ↗Tagesschau. Dort lag ein Jahr lang das Band mit der Neujahrsansprache von 1985. Als die von 1986 aufgezeichnet war, legte man die neue Kassette dazu, und am Silvesterabend wurden beide verwechselt. Die ARD sendete zur Wiedergutmachung die richtige Ansprache am Neujahrstag. Dabei hatte die große Mehrzahl der Fernsehzuschauer den Fehler nicht einmal bemerkt. Die, denen überhaupt auffiel, dass Kohl am Ende seiner Rede die falsche Jahreszahl nannte, zweifelten vielleicht ohnehin an den intellektuellen Fähigkeiten des Regierungschefs.

Ist die Tatsache, dass die Verwechslung von den meisten unbemerkt geblieben ist, nicht auch ein Hinweis darauf, dass sowieso in Neujahrsansprachen immer wieder das Gleiche verzapft wird? Wahrscheinlich wäre es eine fast unlösbare Aufgabe, Ansprachen, aus denen man die Jahreszahlen entfernt hat, den Jahren zuzuordnen, in denen sie gehalten wurden. Um künftig Verwechslungen auszuschließen, sollte man vielleicht eine Silvesterrakete mit der Jahreszahl auf den Kanzlerschreibtisch stellen.

Dabei geht es nicht um ein Kohl-Bashing. Merkel, Schröder und Schmidt haben sich bei dieser Gelegenheit auch nichts Originelleres einfallen lassen. Staatstragend vor der Fahne saßen sie alle, und langweilig war es eigentlich immer. *Same procedure as every year.* Kein Wunder also, dass man an ➶Silvester das dringende Bedürfnis verspürt, sich bis Mitternacht alle Lampen auszuschießen.

Das Satiremagazin «Titanic» hat zu diesem Zweck ein Angela-Merkel-Neujahrstrinkspiel entwickelt: «Trinken Sie die angegebene Menge, wenn Sie folgende Worte hören:

- ‹Wir müssen gemeinsam› – *ein Schluck Glühwein*
- ‹die Menschen› – *ein großer Schluck Eierpunsch*
- ‹Herausforderungen im kommenden Jahr› – *zwei Schluck Feuerzangenbowle*
- ‹Aber wir dürfen die Augen nicht verschließen› – *ein Schluck Grog*
- ‹nachhaltig/langfristig/friedvoll› – *eine Tasse Glühbier*
- ‹Und zum Schluss noch eine gute Nachricht: Ich bin schwanger› – *eine Flasche Wodka*»

Vielleicht muss der an dunklen Kapiteln reichen deutschen Geschichte ein weiteres hinzugefügt werden: die Neujahrsansprachen. Kaum war der Rundfunk erfunden, nutzten auch schon die Politiker das neue Medium, um ihre Botschaften zu verkünden, und am 25. Dezember 1923 um 20.00 Uhr ging in Deutschland zum ersten Mal eine Jahresendansprache über den Äther. Reichskanzler Wilhelm Marx wandte sich an das deutsche Volk. Das hörte aber kaum etwas, weil die Technik noch nicht ganz ausgereift war und es stark rauschte. Am 31. Dezember 1944 hielt Hitler seine letzte Neujahrsansprache. Es war gleichzeitig sein vorletzter öffentlicher Auftritt. Der «Führer» wirkte irgendwie deprimiert, und man verstand auch ihn schlecht, denn er nuschelte etwas von einem Sieg Deutschlands, der einmal als das Wunder des 20. Jahrhunderts in die Geschichte eingehen werde.

Die Bundesrepublik bekam am 31. Dezember 1949 ihre erste Neujahrsansprache. Damals war dafür der Bundespräsident zuständig, und Theodor Heuss konnte den Deutschen nicht viel Gutes verkünden: «Der Katalog der deutschen Not und Nöte ist unabsehbar. Wollte ich ihn reihen, so würde es ein Kette grauen Elends sein.» Drei Jahre später war die Stimmung im Land, dank beginnendem Wirtschaftswunder, deutlich besser, und passend zu diesem Optimismus wurde die Neujahrsansprache 1953 im Fernsehen übertragen.

Willy Brandt war dann 1970 der erste Bundeskanzler, der eine Neujahrsansprache halten durfte. Er hatte einfach mit Gustav Heinemann getauscht. Fortan sprach der Bundespräsident zu Weihnachten und der Kanzler zu Silvester. In seiner Regierungserklärung im Jahr zuvor hatte Brandt angekündigt, dass seine Regierung «mehr Demokratie wagen» wolle. Nun wagte er einen Bruch mit der Tradition: Er fügte bei seiner Neujahrsansprache den «lieben Mitbürgern» die «lieben Mitbürgerinnen» hinzu. Grundsätzlich zog er eine positive Bilanz: «1970 war ein recht gutes Jahr ... Wir brauchen nicht unzufrieden sein.»

Helmut Schmidt konnte in seiner Amtszeit weniger zufrieden auf abgelaufene Jahre zurückblicken und weniger optimistisch neue Jahre begrüßen. Die Wirtschaftskrisen kamen und gingen. Und Helmut Kohl setzte sich nach der Panne vom Silvesterabend 1985 noch zwölfmal gegen Jahresende vor die Kamera – mit insgesamt sechzehn Auftritten ist er nach wie vor der unangefochtene deutsche Rekordneujahrsansprachenhalter. Auch seine Nachfolger hinterließen bleibende Spuren in der Geschichte des Jahresausklangs: Gerhard Schröder war der erste Bundeskanzler, der die Neujahrsansprache in Berlin hielt. Und Angela Merkel war die erste Frau, die je eine Neujahrsansprache gehalten hat. Im Jahr 2009 verriet sie dabei sogar Details aus ihrem Privatleben, als sie erzählte, wie sie mit ihrem Mann vor zwanzig Jahren Silvester in Hamburg feierte. Der Blumenstrauß im Vordergrund sah aber so aus, als sei er seit 1985 im Kanzleramt liegengeblieben. War das nicht überhaupt derselbe, den schon Kohl vor sich stehen hatte?

Wo Mikrophone stehen, finden sich immer Politiker, die in diese sprechen wollen. Ihr Mitteilungsbedürfnis und der Glaube an die eigene Bedeutsamkeit werden die Neujahrsansprache auch in Zukunft am Leben erhalten. Dabei wäre es mal wieder Zeit für etwas Neues. Wie wäre es mit einem Tausch? Harald Schmidt könnte die Neujahrsansprache übernehmen, und Frau Merkel macht sich einfach einen schönen Abend in Hamburg.

Olympischer Fackellauf Die Geschichte des olympischen Feuers gleicht der vom Phönix aus der Asche. Immer wieder erlischt es, immer wieder entsteht es von neuem aus der Kraft der Sonne. Dazwischen flackert es sehr unruhig.

Wenige globale Rituale sind in jüngerer Zeit so hitzig diskutiert worden. Erstmals schickten die Nazis eine Flamme 1936 auf Reisen, was vor allem im Nachhinein unangenehm auffiel. 2008 entsandten die Chinesen eine Kampftruppe zum Schutz «ihrer» Fackel. Das kam auch nicht allzu gut an. Vorerst will keine Nation mehr lange rumfackeln und groß zündeln. Genauer betrachtet, geht der Ärger mit dem Feuer sogar bis auf den Anbeginn des Abendlandes zurück.

Apollon, Sohn des Zeus, galt den Alten als der Gott des Lichts, der Heilung, des Frühlings. Ferner war er sozialhygienisch proaktiv, indem er sittliche Reinheit und Mäßigung unter den Menschen zu verbreiten hatte und zu allem Überfluss auch mit Zukunftsschau und allen Künsten beschäftigt war. Er hatte richtig viel zu tun. Seiner Existenz verdanken wir Menschen unsere Hoffnungen und Träume, Sonne und Glück, Freundschaft, Frieden und Gleichheit. Irgendwie also alles. Ohne Licht geht's nicht. Allerdings musste erst Prometheus das Feuer aus dem Olymp, der Götterwelt, stehlen und in einer hohlen Staude versteckt den Menschen bringen. Er wurde zur Strafe an einen kaukasischen Felsen geschmiedet und hatte unter unsäglichen Schmerzen zuzusehen, wie der Adler Ethon ihm jeden Tag aufs Neue seine nachwachsende Leber herausriss. Die Menschen wurden ebenfalls bestraft, und zwar mit allen erdenklichen Plagen aus der Büchse der Pandora – der Preis für das Feuer, das ihnen ihre Kultur bescherte, war hoch. Entsprechend ehrfürchtig zeigten sie sich zu allen Zeiten. In vielen griechischen Tempeln brannte eine heilige Flamme.

Auch bei den Spielen im Hain von Olympia, die vor rund dreitausend Jahren in die Welt gekommen sein sollen (bezeugt ist auf jeden Fall das Jahr 776 v. Chr.), wurde ein Feuerchen zu Ehren der Göttin Hestia entzündet. Aber das reiste nicht vorher um die halbe Welt. Es gab zwar Läufer, die allen Hellenen die Nachricht überbrachten, dass für die Dauer der Spiele Ruhe im Kriegskarton zu herrschen habe und man bitte recht zahlreich zu Ehren der Götter erscheinen möge, Fackeln aber trugen diese Boten nicht. Und bei den Spielen fanden auch keine Fackelläufe oder Wettkämpfe statt, bei denen es darum ging, wer am schnellsten von A nach B kommt, ohne dass die Fackel ausgeht.

Die ersten Olympischen Spiele der Neuzeit 1894 kamen noch ganz ohne Feuer aus, 1928 brannte dann in Amsterdam ein Flämmchen, doch erst die inszenierungswütigen Nationalsozialisten erfanden für die Spiele 1936 in Berlin die Fackelstaffel im Laufschritt. Eine über alles erhabene Schau der Macht wollte man inszenieren. «Der Uhrzeiger am Marathontor rückt auf die vierte Nachmittagsstunde. Nach und nach versinken die Geräusche wie das Wasser im Wüstensand, der Flügelschlag einer großen historischen Stunde schwingt in der Luft», heißt es in einem Dokument der Zeit. Fanfaren, Volk und seine Exzellenz Dr. Lewald, der Präsident des Olympischen Organisationskomitees, begrüßten den Führer. Kanonen donnerten, Tauben flatterten durchs Stadium, die Hakenkreuzfahne wurde gehisst. Lewald gedachte der 3000 Sportler, «die durch sieben Länder seine (des olympischen Feuers) Glut von Olympia nach Berlin getragen haben». Dann trug der letzte Läufer «des größten Staffellaufes aller Zeiten sein heiliges Feuer zur Schale über dem Marathontor empor, und die olympische Hymne von Richard Strauss jubelt in neuen Festesklängen zum Himmel.» Gröfaz ergötzte sich an Läfaz. Der größte Führer am längsten Fackellauf aller Zeiten.

Ein Spiegel von Zeiss hatte acht Tage zuvor die Sonnenstrahlen im Hain von Olympia gebündelt, dann hatte der mehr als dreitausend Kilometer lange Staffellauf begonnen. Die Fackelschäfte aus Kruppstahl durften die Läufer als Erinnerung behalten. Schon damals versuchten griechische Antifaschisten, den Lauf zu stoppen und die Flamme zu löschen, um damit dem Dritten Reich wenigstens auf diese Weise das Licht auszublasen. Ein Akt, der im Laufe der nächsten Jahrzehnte potenziell immer aufwendiger und komplizierter wurde.

Seit 1948 ist das Feuer auch mit anderen Transportmitteln unterwegs. 1956 flog die Flamme mit dem Flugzeug nach Australien, 1976 wurde sie per Satellit nach Ottawa gebeamt und von dort zu Fuß nach Montreal gebracht, und 1992 durchbrach das olympische Licht die Schallmauer – in der Concorde. In Barcelona schoss ein Bogenschütze die Flamme zur Feuerschale, und in Lillehammer brachte es ein Skiflieger fertig, mit der Fackel in der Hand vom Schanzentisch zu springen. Die Schwimmer hatten bis zum Jahr 2000 wenig beizutragen. Dann brannte es vor Australien mit speziellen Fackeln auch unter Wasser. Mehr als 560 000 Kilometer hat das Feuer dabei insgesamt zurückgelegt; also einmal zum Mond und fast wieder zurück. Kein Wunder, dass ihm hin und wieder mal die Puste ausging. 1996 und 2004 etwa blies der Wind die Fackel aus, doch sie fing gleich wieder Feuer dank der drei streng bewachten, mit original griechischem Solarfeuer bestückten Ersatzlaternen, die stets mitreisen. Prometheus' Geschenk ist zu kostbar, als dass man schnöde Streichhölzer nehmen könnte.

Anstößig war auch die eingangs erwähnte chinesische Inszenierung des Fackellaufs: Aus Angst vor Protesten wurde die Flamme von chinesischen Schläger- und Elitetruppen so gut abgeschirmt, dass das olympische Feuer bisweilen nicht mehr zu sehen war. In Paris konnten zusätzliche dreitausend Polizisten nicht verhindern, dass die Fackel im Gerangel mit Demonstranten erlosch. Ärger gab es während der 137000 km langen «Reise der Harmonie» auch in San Francisco, Buenos Aires, Indonesien und Indien. Chinas brutale Politik in Tibet und die Geschmacklosigkeit, den Fackellauf auf dem «Platz des Himmlischen Friedens» beginnen zu lassen, wo die chinesische Armee 1989 dreitausend Mitglieder ihres Volkes erschossen hatte, und dann auch noch Läufer durch das unterjochte Tibet zu schicken, das war für Menschenrechtsaktivisten und Exiltibeter zu viel. Von der zwischenzeitlichen Bewunderung, dass es den Chinesen gelang, die Fackel auch auf den Mount Everest zu hieven, ist wenig übrig geblieben. London wird 2012 ganz auf den Fackellauf verzichten. In Kanada beschied man sich mit einer vergleichsweise gemütlichen Tour im eigenen Land.

Im Internet kann sich derweil jeder an einer Spielart versuchen, deren Aufgabenstellung denkbar einfach ist: «Versuche das olympische Feuer zu löschen, aber pass auf Polizei und andere Gegner auf.» Damit ist der Fackellauf erstmals seit 1956 wieder Wettkampfdisziplin geworden. Damals errangen neun australische Studenten die Goldmedaille im Freestyle-Fake-Fackellaufen. Wie vielen anderen schmeckte ihnen der nationalsozialistisch inspirierte Bohai nicht, den auch die knappstbekleideten Fackelträgerinnen nicht vergessen zu machen in der Lage waren. Einer der neun, der spätere Veterinärchirurg Barry Larkin, wurde in einen Dress gesteckt, ähnlich dem, mit dem auch die offiziellen Fackelläufer unterwegs waren, und mit einem Stuhlbein ausgestattet, an dessen Ende eine Puddingform befestigt war. Die kerosingetränkte Unterhose darin brannte ausgezeichnet. Larkin stolzierte zwischen den Menschen umher, die am Straßenrand auf den Schlussläufer der Staffel warteten und über den wild die Fackel schwenkenden Politclown lachten. Dann fiel ihm die brennende Unterhose runter, einer seiner Mitstreiter hob sie auf und riet ihm, Fersengeld zu geben. Larkin rannte – geradewegs auf die Sydney Town Hall zu, wo er von einer Polizeieskorte zu Bürgermeister Patt Hills geleitet wurde. Hills hob, ohne zu zögern, an zu sprechen, als er das heilige Unterhosenfeuer sah. Erst am Ende seiner feierlichen Ansprache wies ihn ein Mitarbeiter darauf hin, dass er da ein Stuhlbein in der Hand hielt. Da war Larkin schon abgetaucht und auf dem Weg zu einer Prüfung an der Uni. Die Verleihung der Medaille für diese Spitzenleistung lässt bis heute leider auf sich warten.

Ostereiersuchen Es gibt eine Zeit im Jahr, in der kann Harry Potter sich ein Omelett braten, Prinzessin Lillifee ein Huhn rupfen und Superman sich seine Eier schaukeln. Sie alle haben dann Sendepause. Zu Ostern sagt ein anderer den Kindern, wo es langgeht. Der Hase wird dann zum Superstar. Im Winter sitzt der faule Rammler im Feld und mümmelt vor sich hin, doch wenn der Frühling kommt, schmeißt er sich in ein paar schicke Klamotten, färbt ein paar Eier und versteckt sie für die Kinder.

Das christliche Osterfest hat seinen Ursprung unter anderem in heidnischen Fruchtbarkeitsriten. Nur die Ostereier zeugen noch davon. Doch auch für gläubige Christen gab es nachvollziehbare Gründe, sich nach der langen Fastenzeit aufs wohlverdiente Osterei zu freuen. Warum das dann nicht (mit Christi Blut) rot färben und damit das Ende der Fastentage würdigen?

Der Begriff «Osterei» soll 1615 zum ersten Mal in der Nähe von Straßburg aufgetaucht sein. Hier begann man auch damit, die Eier zu verstecken. Schon 1682 beschrieb dann der Arzt Georg Franck aus Frankenau in einer medizinischen Abhandlung die schädlichen Folgen überreichlichen Ostereierkonsums und nannte bereits den wahren Schuldigen: «Diese Eier brüte der Hase aus und verstecke sie im Garten.» Dabei war der kleine Nager nicht der einzige Ostereierlieferant. In der Schweiz war der Kuckuck im Einsatz, in Hessen brachte der Fuchs die Eier, und in Thüringen erledigten das Storch und Hahn. Bei einer Umfrage in Deutschland 1932 glaubte zwar die Mehrzahl der Kinder an den Osterhasen, aber immer noch gab es regional Konkurrenten wie den Fuchs in Brandenburg und den Kuckuck in Berlin.

Bei der Annahme von Eierbestellungen verkötteln Hasen nicht selten weite Teile ihres Büros.

Irgendwann hat sich der Hase durchgesetzt. Warum ausgerechnet er das Rennen machte, ist bis heute ungeklärt. Vielleicht brachte ihn ein GAU beim Backen von Osterlämmern in die «Pole-Position» – gut möglich, dass der Teig verunglückte und ein Lamm mit langen Hasenohren die Backröhre verließ. Auch könnte der Hase als Fruchtbarkeitssymbol schon im vorchristlichen Osterfest eine bedeutende Rolle gespielt haben. Außerdem lebt er in kleinen Mulden auf den Feldern, die den Ostereiernestern ähneln, und im Frühjahr sucht er ausgehungert die Nähe des Menschen – bei der Gelegenheit könnte er auch gleich die Eier liefern. Darüber hinaus war es bei Kleinbauern üblich, zu Ostern den Großgrundbesitzern eine Zinsabgabe zu entrichten. Naturalien wurden gern genommen, und meistens waren auch Hasen und Eier darunter.

Als 1789 die Franzosen die Bastille stürmten, da stürmte der Osterhase in die Herzen der Schweizer Kinder. Zum ersten Mal wurde dort in einem Kinderliederbuch ein Hase neben einem Eierkorb abgebildet. Das war sein Durchbruch. Von nun an war er immer öfter auf den mittlerweile kunstvoll bemalten Ostereiern zu finden. Ein besonders beliebtes Motiv war das Dreihasenbild, ein Symbol für die göttliche Trinität. Es ist bis heute am Kreuzgang des Paderborner Doms zu besichtigen.

Heute ist der Hase ein gigantischer Wirtschaftsfaktor. In Schokolade wird er zu Ostern in allen Größen und Formen produziert. Beim Edelschokoladenhersteller Lindt trägt er sogar ein Glöckchen wie die Hauskatze. Und er versteckt längst nicht nur die Ostereier, sondern ganze Nester mit Süßigkeiten.

Mit dem Verstecken der Eier ist es in vielen Regionen Deutschlands nicht getan. Da werden Eier gerollt, geworfen, ausgeblasen, kunstvoll verziert, zerschlagen, über Häuser geworfen und wieder aufgefangen. Es gibt so viele Eierrituale wie Regionen. Die einzige Gemeinsamkeit bildet der Osterhase. Er hat sich überall durchgesetzt. Und da die Kinder es toll finden, nach gigantischen Nestern mit Süßigkeiten zu suchen, werden sie ihn wohl auch in Zukunft herbeisehnen. Es sei denn, es gelingt, den eigentlich feigen Hasen zu verjagen. Fuchs und Kuckuck haben es zwar nicht geschafft. Aber Darth Vader wäre ein perfekter, zeitgemäßer Nachfolger für ihn. Vader lebt ja quasi auf dem Todesei! Er brauchte auch kein Glöckchen um den Hals, er atmet ja schon laut und rasselnd. Zu sehr die dunkle Seite des Eies? Wie wäre es dann mit Luke Eiwalker?

Polterabend Immer seltener sieht man am Ende eines Arbeitstages Menschen durch Straßen, Felder und Auen stapfen, die Waschbecken, Keramiktöpfe und Europaletten mit Dachziegeln vor sich hertragen. Noch aber wissen wir, wenn uns so eine Prozession begegnet: Irgendwo wird es bald ernst. Nicht weit von hier wird geheiratet – es gibt ihn noch, den Polterabend, ein schönes Fest. Darum heißt es mancherorts auch Rammelnacht.

Bei den Erklärungen, woher das Poltern stammt, herrscht ziemliches Tohuwabohu. Früher habe man geglaubt, den «Eheteufel» Asmodi und missgünstige Hexen fernhalten zu können, indem man lärmend Scherben produziert, behauptet das *Damen-Conversations-Lexicon* von 1837. Andere Sittenbücher verweisen darauf, dass im Alten Rom Knaben vor dem Hochzeitsgemach laut Nüsse knackten, um vom Entjungferungsschrei der Braut abzulenken. Und wieder andere meinen, das Poltern gehe auf den Brauch zurück, Nüsse als Fruchtbarkeitssymbol im Schlafzimmer der Braut auszustreuen. Im Bilderlexikon der Erotik findet sich ferner die Deutung, dass das Zerschlagen der Gefäße die Entjungferung symbolisieren sollte. In manchen Gegenden Deutschlands knallen junge Kerle aber auch einfach nur mit der Peitsche und «Pöllern». Alles in allem jedenfalls ein Riesenremmidemmi, das tüchtig ausarten kann, wie wir noch sehen werden.

Wie dieses Fest traditionell zu begehen ist, beschrieb 1883 das schöne Werk von J. V. Samsreither & Sohn, «Der Wohlanstand. Ein Lehrbuch für das richtige Benehmen in den verschiedenen Lebenslagen, für Anstand, Höflichkeit, Artigkeit, über Menschenkenntnis, Erziehung usw., sowie für die Theorie und Praxis des Tanzes», wider Erwarten keine 20 000 Seiten lang. Darin ist das Wesentliche in Kürze geregelt: «Die Kosten für den Polterabend bestreiten die Eltern der Braut.»

Zur gleichen Auffassung kommen auch andere Bücher mit kürzeren Titeln, aber aus demselben Jahrhundert. Man feiere ein bis zwei Tage vor der Trauung, reiche ein einfaches Büfett, gebe ein paar Getränke aus. Es würden «Vorträge verschiedener Art» gehalten, heißt es. Auch Kostümtänze, selbstverfasste Gedichte, Einakter und «lebende Bilder» könnten die Gäste zu Ehren des Paares präsentieren. Die Braut möge Rosa, Blassgrün oder Blau tragen. Bei den Herren war man anscheinend froh, wenn sie am Ende überhaupt noch was anhatten.

Erfreut nimmt man auch die Süffisanz wahr, mit der Julius Stettenheim in seinem 1902 erschienenen «Modernen Knigge» den Polterabend gutheißt. «Der Kenner des Lebens freut sich auf seinen Polterabend, weil solcher vielleicht das Heiterste des Braut- und Ehestandes ist. Ebenso die Braut, welche weiß, wie viel schlimmer oft in als vor der Ehe gepoltert wird.» Damen wie Herren, heißt es weiter, seien an diesem Abend besonders «unternehmungslustig, und es ereignen sich deshalb unheilbare Verlobungen aller Art». Für alle anderen gilt: «Man darf keinen Augenblick vergessen, dass der Polterabend ein sehr lustiges Fest ist, und muss auch dann, wenn man dies nicht bestätigt findet, vergnügt aussehen. Wird man in diesem Fall gefragt, wie man sich amüsiert, so antworte man: ‹Wie ein Schneekönig.› Dieses macht einen vortrefflichen Eindruck, obschon kein Mensch weiß, wie sich ein Schneekönig amüsiert.»

Mitte des letzten Jahrhunderts hielt sich die Begeisterung über das Gepoltere erstmals in Grenzen: «Es ist dies eine alte Sitte, die jedoch immer seltener gepflogen wird. Die Behauptung, dass Scherben Glück brächten, ist in letzter Zeit stark erschüttert worden, und unser Bedarf an zerschlagenem Porzellan ist bis auf weiteres gedeckt», heißt es im «Buch der Etikette» von Karlheinz Graudenz 1956 mit Blick auf die Kriegstrümmer. Keine vierzig Jahre später, 1991, wohnte dem Polterabend nur noch ein fauler Zauber inne. Der österreichische Tanzlehrer Thomas Schäfer-Elmayer stellte in seinem Werk «Der Elmayer. Gutes Benehmen gefragt» knochentrocken fest: «Der Polterabend beginnt meist um 18.00 Uhr. Spätestens um 23.00 Uhr verabschieden sich die Gäste.» Und tschüss. Damit war das Fest endgültig zu einer Veranstaltung für all jene degradiert, die mit den Hühnern schlafen gehen oder sie kurz vorm Einnicken noch mal liebevoll zudecken. Also was für Landeier.

In ländlichen Milieus mit relativ stabilen sozialen Gefügen war der Polterabend eine Notwendigkeit zur Befriedung des sozialen Umfelds: Die gesamte Dorfgemeinschaft bei der Hochzeit mit einem Festschmaus zu bewirten war unbezahlbar. Wurst und Bier konnte man sich leisten. Nachbarn zum Feind nicht. Wer die Welt wegen ihrer sozialen Wechselhaftigkeit und vielschichtigen Gruppen schätzt, hat in Siedlungsformen mit weniger als 1000000 Menschen ohnehin wenig Spaß. Der Volkskundler Gunther Hirschfelder stellte im August 2008 in der «Süddeutschen Zeitung» fest, dass der Polterabend nicht mehr in die heutige Szenegesellschaft passe. Man kann heutzutage zugleich Banker, Swinger und Kleingärtner sein oder Tierärztin, Death-Metal-Anhängerin und Drachenbootfahrerin. Kein Mensch käme auf die Idee, all seine Bekannten aus allen Kreisen, in denen er verkehrt, zu einer Party einzuladen. Die Tradition stirbt langsam. Und kaum einer vermisst den Schabernack, der dort mit dem Hochzeitspaar getrieben wird.

Da wird der angehenden Braut gerne ein Schuh gemopst und an ein Brett genagelt. Die Gute sollte schnell weghumpeln, denn die Herren sind ferner scharf auf ihren BH, den man in manchen Regionen zusammen mit der Hose des Bräutigams um Mitternacht verbrennt. Die Asche wird dann nebst einer Flasche Schnaps vergraben und ein Jahr später ausgebuddelt und geleert. Zu zweit. Weibliche Gäste machen ferner Jagd auf die Etiketten von Männerunterhosen, Herren tasten unter den weiblichen Gästen mit verbundenen Augen nach der Braut, gerne auch mal da, wo sie gleich zweimal gut zu erkennen ist. So ein Abend kann höchst ernüchternde Folgen haben. Im oberfränkischen Hof wurde 2004 eine Hochzeit vom Standesbeamten abgesagt: Die Braut hatte noch 2,5 Promille.

Auch Schlägereien sind keine Seltenheit. Oft geht es um das nächste Lied. Rammstein oder Robbie, Howie oder Wu-Tang Clan. Die Brautleute bekommen davon wenig mit. Bis zum frühen Morgen ist das Paar damit beschäftigt, die Ladung zerborstener Kloschüsseln zusammenzukehren, die besonders enge Freunde im Siebentonner mit Ladebordwand herangekarrt haben, während einige wackere Gäste die gerade aufgelesenen Scherben wieder aus den Tonnen auf die Straße kippen. Das ist ausdrücklich erlaubt, weil extra nicht lustig. Aber bitte kein Glas. Das bringt nun wirklich Unglück.

Und auch das gibt es: Großbrände durch Feuerwerke, die die Schlacht von Verdun wiederaufleben lassen, oder romantische Lampions, die erst hoch in den Himmel aufsteigen und dann über petrochemischem Industriegebiet niedergehen, versehen mit den besten Wünschen für das namentlich genannte Brautpaar. Dann hat es auch die Polizei leichter, die Brandstifter ausfindig zu machen.

Besonders kuschelig hatten es auch Sandra und Joachim. Im Netz berichtet *PinkPaula* von diesem unvergesslichen Polterabend im Jahre 1982. Sandra und Joachim hatten sich gerade ein Haus gekauft und galten als geizig. Alkohol, so hatte Joachim seine Gäste vorab wissen lassen, werde es an diesem Abend nicht geben. Das stachelte die Gratulanten offenbar zu Höchstleistungen an. Mitgebrachte Flaschen mit Hochprozentigem machten die Runde. Die Scheiben im Parterre wurden mit Tapetenkleister und Tageszeitungen getönt. Nicht Porzellan, nein, eine ganze Armada ausrangierter Landwirtschaftsmaschinen aus den umliegenden Bauernhöfen wurde angefahren und vor dem Häuschen endgelagert. Als Sandra die Tür zu ihrem Wagen öffnete, quoll ihr ein Schwall Styroporkügelchen entgegen – sozusagen das Sahnehäubchen auf dem Wackelpudding, mit dem im Haus alle Waschbecken und die Badewanne gefüllt waren.

Das ist schwer zu übertreffen. Hier und da trug man zukünftigen Paaren noch mal alle Möbel aus der Wohnung und verteilte sie im ganzen Städtchen. In der Folge entschieden sich aber immer mehr Paare, auf die nachfolgenden 13,7 Jahre (durchschnittliche Ehedauer in Deutschland 2008) nach angloamerikanischem Vorbild anzustoßen: Junggesellenpartys für sie und ihn sind der neue Standard. Was Männer wie Frauen dabei treiben, sollte dem anderen Geschlecht – auch an dieser Stelle – für immer vorenthalten bleiben.

Qualitätssicherung Weltweit geben Unternehmen viel Geld aus, um die Qualitätsstandards ihrer Produkte halten zu können. Die deutsche Firma Steiff zum Beispiel steht in einem harten Konkurrenzkampf der Kuscheltiere. Inzwischen sind die heimischen Stofftier-Populationen in ihrem Bestand bedroht. Asiatische Billig-Knuddeltiere in psychedelischen Farben überschwemmen den deutschen Markt.

Dafür, so wirbt Steiff, bekommt der Kunde, der sich für die Exemplare mit dem Knopf im Ohr entscheidet, auch Qualität. In einer eigenen Abteilung zur Qualitätssicherung foltert das schwäbische Unternehmen die kuscheligen Bettgenossen aufs grausamste. Nach einem immer gleich ablaufenden Ritual gehen die Techniker den «Versuchskaninchen» ans Fell. Man grillt sie über offenem Feuer, reißt ihnen an Kopf, Ohren und Beinen oder badet sie in ätzenden Chemikalien. Das Ziel ist die Entwicklung eines gesunden, unverwüstlichen Stofftiers, das ein Leben lang hält.

Qualität spielte schon immer eine große Rolle beim schwäbischen Traditionsunternehmen und ließ eine stetig wachsende Fangemeinde entstehen. Sogar Bundeskanzlerin Angela Merkel soll drei Steiff-Tiere besitzen (Ente, Hase und Schaf). Auf Versteigerungen erzielen alte Steiff-Bären bei Sammlern schon mal über hunderttausend Euro. Und auch ein frisches neues Bärchen kann bei Steiff gut hundert Euro kosten. Den 110 Zentimeter hohen Stoff-Löwen verkauft Steiff, wie es sich für den König der Tiere gehört, zum königlichen Preis von dreitausend Euro. Dafür ist das Fell besonders flauschig gewebt, und es wird schadstofffreie Biobaumwolle verwendet. Die ISO-Norm-Zertifizierung ist bei Steiff sowieso obligatorisch.

Aber im Jahr 2004 kam alles ganz anders. Nachdem immer mehr Kuscheltiere aus Fernost in deutschen Kinderzimmern heimisch wurden, musste Steiff auf die Marktentwicklung reagieren. Schließlich entschied man sich für die Produktionsverlagerung ins Billiglohnland China. Dort sollte auch der Stoff-Eisbär «Knut» produziert werden, von dem man sich durch die weltweit herrschende Euphorie um das lebende Vorbild im Berliner Zoo ein großes Geschäft versprach. «Knut» wurde allerdings nicht rechtzeitig fertig. Während er im Container auf dem Meer unterwegs war, ebbte in Deutschland die Knutmania ab. Die Gründe für Knuts verspäte Abreise aus China lagen in den immer wieder aufkommenden Qualitätsproblemen während der Produktion. Vielleicht hatten es die chinesischen Näher nicht geschafft, die Augen der Bären an die richtige Stelle zu nähen. Kinder wollen aber keine Bärchen mit Silberblick oder einem Auge auf der Wange. Ein Teddy soll freundlich blicken, wenn er neben einem liegt, und nicht verschlagen und fies. 2008 beendete Steiff das chinesische Abenteuer mit einer gelungenen PR-Inszenierung: In den Medien wollte man den Eindruck erwecken, die Rückkehr nach Deutschland habe mit dem eigenen Anspruch zu tun, keine Abstriche bei der Qualität zu machen. Kaum jemand berichtete, dass sich der größte Produktionsstandort der Firma Steiff mittlerweile in Tunesien befindet. Dort stellen ungefähr fünfhundert Arbeiter Stofftiere her. Die Augen der Teddys sitzen richtig, und der Container ist in einer Woche in der Bundesrepublik.

Das Steiff-Tierchen ist zwar nicht mehr wirklich «Made in Germany», aber das Marketing der Firma kommt in hoher Qualität aus Deutschland.

Reifeprüfung Es gibt Tage im Leben, die bleiben unvergesslich. Der Hochzeitstag ist so einer. Immerhin entscheidet man sich ganz offiziell, sein restliches Leben in Zweisamkeit zu verbringen. Der Tag der Scheidung wird dagegen gerne verdrängt. Eine Scheidungsfeier gibt es in der Regel nicht, eher schon einen letzten handfesten Ehestreit vor Gericht.

Ein Tag, der sicherlich bei den meisten ebenfalls unvergesslich bleibt, ist der Tag der Abifeier. Infantile Seelen in adoleszenten Körpern, denen gerade in der Abiturprüfung das letzte bisschen Verstand abgepumpt wurde, dürfen nun ihre komplette Hormonproduktion in einem orgiastischen Feuerwerk abbrennen lassen. Kurz gesagt: Tanzen, Komasaufen und Sex!

Der Abschluss der Schullaufbahn, die Reifeprüfung, wird meist durch eine Abfolge mehrerer Ereignisse markiert: einen Abi-Scherz, ein Abi-Fußballspiel gegen die Lehrer, eine Abi-Zeugnisübergabe, die offizielle Abifeier und die danach. Vorrangiges Ziel des Abistreichs ist es, einen unterrichtsfreien Tag zu verursachen. Dazu gibt es mittlerweile im Internet zahlreiche Abistreichanleitungen. Fast immer besorgen sich die Abiturienten den Schlüssel zum Schulgebäude, entweder über die Lehrer oder den Hausmeister. Einige räumen dann während der Nacht das gesamte Schulgebäude aus und füllen das Eingangsfoyer mit Luftballons. Andere setzen junge Schweine aus und beobachten anschließend interessiert, wie die Lehrer versuchen, die Ferkel wieder einzufangen. Einige Scherze schießen jedoch übers Ziel hinaus, wie das Verkleben der Schulschlösser mit Klebstoff (Sachbeschädigung) oder das Versprühen der Feuerlöscher (ebenfalls Sachbeschädigung). Das führte an einer Schule tatsächlich zu einem Unterrichtsausfall – gleich über mehrere Tage hinweg, wegen erhöhter Feinstaubbelastung im Gebäude.

Der klare Höhepunkt ist allerdings die Abifeier. Mittlerweile haben sich sogar Eventfirmen darauf spezialisiert und bieten unter anderem Abifeiern im Stil der Oscarverleihung. Die Firma Crypton-Event hat von der Beach-Party über Madonna-Double, Schneekanonen, Go-go-Girls bis zum Mallorca-Sand für den Schulhof komplette Abifeierpakete im Programm. Der Konkurrent abihaus.de in Berlin organisiert Abifahrten, bietet die richtige Abendgarderobe und soll bereits siebzig der hundertvierzig Abifeiern in Berlin betreuen. Nicht selten bezahlen die Abiturienten gut zweihundert Euro allein für Abendgarderobe, Make-up und ↗Friseurbesuch.

Ganz anders gehen die Norweger mit der Reifeprüfung um. Dort herrscht siebzehn Tage lang, vom 1. bis zum 17. Mai, Ausnahmezustand. «Russ» werden die Schüler genannt, die nun ihre Abiturprüfungen machen und danach nicht mehr zu bändigen sind. «Russ» leitet sich vom lateinischen «Cornua depositurus» ab (was ungefähr so viel bedeutet wie: «sich die Hörner abstoßen») und hat seinen Ursprung im guten alten Ritual, den Schülern ein Horn an der Stirn zu befestigen, das erst nach den Prüfungen wieder entfernt wurde.

Die «Russ» tragen eine Kappe, an der sie die Auszeichnungen der Tage sammeln. Ziel ist es, an siebzehn Tagen Sex mit siebzehn Personen zu haben (einmal auf einem Baum), von denen eine dem eigenen Geschlecht angehört, und nie nüchtern zu sein. Ein treuer Begleiter ist deshalb ein Kasten Bier. In der Schule muss man sich alle fünf Minuten mit

«Skaal» zuprosten oder, wer dazu nicht mehr in der Lage ist, die ganze Zeit unterm Tisch kauern. Tatsächlich finden währenddessen auch noch Abiturprüfungen statt. Die Durchfallquote ist aber, was kaum überraschen wird, sehr hoch. Seit Jahren versuchen Norwegens Politiker dieses extreme Ritual der Reifeprüfung daher abzumildern.

Bildung ist wichtig, daher kann man nur zum Abitur raten. Und wer so lange in der Schule war, der darf natürlich auch feiern. Eine Eventfirma braucht man dazu allerdings nicht. Schließlich reichen für eine richtige Reifeprüfung: ein Baum, ein Kasten Bier und siebzehn Mitschüler, davon einer vom anderen Ufer!

Richtfest Es steht nicht gut um das deutsche Dachdeckerhandwerk. Das zeigte sich spätestens bei der Dachdeckerweltmeisterschaft in St. Petersburg im September 2009. Dort mussten in der Kategorie Dachdeckung von den verschiedenen Nationalmannschaften mehrere Pflichtaufgaben gelöst werden. Die Herausforderungen reichten von der Errichtung eines kompletten Dachstuhls über das Decken mit Biberschwanzziegeln bis hin zum Einbau von Dachflächenfenstern. Weltmeister wurde Russland, vor Ungarn und der Schweiz. Die deutschen Dachdecker verpassten den Aufstieg in die Weltspitze. Vielleicht liegt es daran, dass sich deutsche Zimmermänner schon beim Richtfest verausgaben. Schließlich lassen sich Richtfestsprüche nur mit viel Alkohol ertragen:

Nun nehme ich froh das Glas zur Hand,
gefüllt mit Sekt bis an den Rand,
und mit dem feurigen Saft der Reben
will jedermann die Ehr ich geben,
wie sich nach altem Brauch gebührt,
wenn so ein Bau ist ausgeführt.
Das erste Glas der Bauherrschaft:
Glück soll sein in diesem Haus!
Die Eintracht fliehe nie daraus!
Der Tod kehrt nur ganz selten ein.
Der Storch, der soll hier Stammgast sein.
Dem Bauherrn und seiner Frau daneben ein dreifach Hoch!
Sie sollen leben, hoch, hoch, hoch!
Und noch ein Hoch den Maurern und Zimmerleuten, durch deren Kraft der Bau erstand.
Hoch sollen sie leben, hoch, hoch, hoch!
Dann will ich mein' Spruch beenden, es lebe hoch die Bauherrschaft!
Mein Trunk sei diesem Haus geweiht,
es stehe fest in Ewigkeit!

Da können einem wirklich die Tränen kommen. Oben baumelt traurig der Richtkranz, und unten muss nun ordentlich einer gehoben werden.

Dabei sollte man nicht den Zimmermannsleuten die Schuld geben. Die deutschen Dichterfürsten haben das Richtfest links liegen lassen. Wo sind die großen Oden an das Richtfest? Kein Wunder, dass die armen Handwerker, eigentlich ausgebildet, den Nagel tief im Holz zu versenken, zum Richtfest eher dünne Bretter bohren. Nur Goethe hat sich an einem Richtfestspruch versucht. Allerdings hätte er seinen Dichterkollegen in diesem Punkt eher folgen sollen:

Herr, lass dir gefallen
dieses kleine Haus,
gröߴre kann man bauen,
mehr kommt nicht heraus.

Auch Goethe konnte nicht immer alles gelingen, aber wahrscheinlich ist es relativ egal, was beim Richtfest gesagt oder gedichtet wird. Denn mit irdischen Maßstäben lässt sich diese Tradition sowieso nicht bewerten. Das Richtfest, etwa im 14. Jahrhundert entstanden, hat eine stark abergläubische Komponente. Selbst nüchterne Architekten, die bei der Konstruktion von Gebäuden eher auf Physik, Statik, Material und Handwerk bauen, halten es für unerlässlich. So wird in einem Schweizer Nachrichtenmagazin der Architekt Rupert Kündig zitiert, der sich intensiv mit den Ritualen des Richtfestes auseinandergesetzt hat: «Glaubt man fest daran, dann bewirkt man auch etwas.» Es gehe darum, Willen, Energie und die vereinten Kräfte auf einen Punkt zu fokussieren. Andere behaupten, sie könnten spüren, dass im Gebäude nach dem Richtfest gute Schwingungen entstanden sind.

Ursprünglich sollte das Richtfest dem Bauherrn die Möglichkeit geben, alle offenen Rechnungen zu begleichen. Im abergläubischen Mittelalter wollte man nur ungern in einem Haus wohnen, das mit einer Schuld belastet war. So wurden abschließend die Helfer für die geleistete Arbeit mit ei-

Richtfest der weltgrößten Kondomfabrik.

nem Fest belohnt. Aber auch mit den überirdischen Kräften musste Frieden geschlossen werden. Dafür sollen der Richtkranz auf dem First oder eine Richttanne sorgen.

Nach dem Richtspruch muss der Bauherr einen Nagel einschlagen. Damit ihm das nicht zu leichtfällt, wird meist ein Zimmermannsnagel verwendet. Der kann bis zu siebenundzwanzig Zentimeter lang sein. Die Anzahl der Schläge bestimmt die Anzahl der Getränkerunden, die der Bauherr schmeißen muss. Schlägt er den Nagel krumm, sind mehrere Extrarunden fällig. Anschließend wird ausgiebig im Rohbauhaus gegessen und gefeiert. Sollte der Bauherr sich dabei als geizig erwiesen haben, wird ihm bei Nacht und Nebel der Richtbaum vom Haus geholt und gegen einen Stahlbesen ersetzt.

Noch wirkungsvoller werden Bauherren bestraft, die sich das gesamte Fest sparen wollen. Denen wird eine leere Bierflasche an der Windseite unter dem Giebel eingemauert. Dabei wird darauf geachtet, dass ein unauffälliges Loch für die Flaschenöffnung bleibt. Bei Wind gibt das dann ein nervtötendes Geheule, das im ganzen Haus zu hören ist und so gut wie nie gefunden wird – wahrscheinlich das überzeugendste Argument für das Richtfest. Hoffentlich findet sich noch jemand, der den Zimmermannsleuten bei den Richtsprüchen hilft. Denn die pfeifen leider wirklich aus dem letzten Loch.

Schiffstaufe Sie war das größte Passagierschiff aller Zeiten, galt als unsinkbar. Und da sie nach den neuesten wissenschaftlichen und technologischen Erkenntnissen des Schiffbaus konstruiert war, entschloss sich die Reederei «White Star», auf die Taufe der «Titanic» zu verzichten. Das modernste Schiff der Welt sollte nicht mit einem Ritual in See stechen, das Ausdruck blinden Aberglaubens war. Der Rest ist Geschichte. Noch auf der Jungfernfahrt sank das «unsinkbare» Schiff – ungetauft!

Verschwörungstheoretiker sahen später in der Baunummer der Titanic eine verschlüsselte Botschaft. Gespiegelt lesen sich die Zahlen 390904 wie die englischen Wörter «NO POPE», also «kein Papst». Ein vom Papst und den Traditionen der christlichen Seefahrt verlassenes Schiff konnte nur dem Untergang geweiht sein. Allerdings besaß man die falsche Baunummer, die richtige lautet 401. Gespiegelt ergibt sich das Wörtchen «ION». Welche Botschaft sich dahinter verbirgt, ist unbekannt.

Schiffstaufen sind wahrscheinlich so alt wie die Schifffahrt selbst. Bei den Wikingern gehörte eine ganze Menge Mut dazu, in Nussschalen über den Atlantik zu segeln. Kein Wunder also, dass man sich die Unterstützung der Götter sichern wollte. Und Götter ließen sich am besten durch Menschenopfer besänftigen. In einer feierlichen Zeremonie lief ein Wikingerschiff über einem Teppich aus menschlichen Leibern vom Stapel. Das Blut der zu Tode Gequetschten tränkte den Bootsrumpf, was Odin und Konsorten milde stimmen und Unheil abhalten sollte. Dabei wurde gefeiert und viel getrunken.

Später verzichtete man auf den blutigen Teil und tränkte

das Schiff nur noch mit rotem Wein. Heute reicht eine Flasche Champagner. Wenn sie am Bootsrumpf zerschellt, ist das so wirksam wie ein echtes Menschenopfer. Aber wehe, sie bleibt heil! Deswegen werden die Flaschen heutzutage meist manipuliert – der Hals wird vorher angesägt.

Manchmal weigert sich die Flasche trotzdem zu zerbersten. So etwas ereignete sich bei der Schiffstaufe des sowjetischen Atom-U-Bootes K 19. Auch nach mehrfachen Versuchen wollte die Flasche nicht kaputtgehen, ganz im Unterschied zum Atomreaktor des Bootes, der ging kaputt und ließ das Boot am 4. Juli 1961 für immer sinken.

Wie aus Gummi schien auch die Flasche zu sein, die die Ehefrau des britischen Thronfolgers Prince Charles 2007 auf einen Schiffsrumpf schleuderte. Als Camilla die «Queen Victoria» in der englischen Hafenstadt Southampton taufen wollte, versagte die Champagnerflasche ihren Dienst. Erst eine schleunigst herbeigeschaffte Ersatzflasche konnte die Taufe retten.

Schon zuvor hatte es an Camilla als Schiffspatin Kritik gegeben. Eigentlich hätte die Queen ein Schiff mit königlichem Namen taufen müssen. Zudem hatten Mitglieder der Königsfamilie den Schiffen nicht immer Glück gebracht, nach denen sie mit Flaschen warfen. Das hatte zuletzt Prinzessin Anne bestätigt: Die «Aurora» blieb gleich bei der Jungfernfahrt im Jahr 2000 liegen. Drei Jahre später erkrankten alle Passagiere an einem gefährlichen Virus, und 2005 versagten die Motoren.

Der Aberglaube geht aber noch viel weiter: Schwangere Frauen, Frauen in grünem Kleid und Rothaarige sollten ebenfalls nicht taufen. An Freitagen sind Schiffstaufen riskant, an Sonntagen eher günstig. In Frankreich darf man während des Rituals auf keinen Fall «Lapin» (Kaninchen) sagen. Auch auf französischen Schiffs ist das Wort tabu. Die Angst davor geht auf die Zeit zurück, als Schiffe noch aus Holz waren. Kaninchen, so die Befürchtung der Seeleute, hätten das Hanf anknabbern können, mit dem die Planken abgedichtet wurden. Um den Namen des schrecklichen Tieres nicht in den Mund nehmen zu müssen, nannten französische Matrosen es «Vetter des Hasen».

Ferner ist es keine gute Idee, Männer ein Schiff taufen zu lassen. Nur ganz wenige Mächtige durften dies überhaupt, und meist gab es Probleme. Dem englischen Prinz Albert passierte am 19. Juli 1843 sogar der Super-GAU: Er verfehlte mit der Champagnerflasche den Bug der «Great Britain». Das Schiff war denn auch vom Unglück verfolgt. Es strandete diverse Male und wurde 1886 ausrangiert.

Nicht immer wird mit Champagner getauft. Die Schotten nehmen natürlich Whiskey. In Indien wirft man eine Kokosnuss gegen die Bordwand. Mit Kokosmilch taufte auch der 2002 verstorbene Forscher und Abenteurer Thor Heyerdahl sein Floß «Kon-Tiki», bevor er damit den Pazifik überquerte. In Afrika spuckt die Taufpatin fünfmal mit Palmwein gegen das Boot. Polarschiffe werden mit Eisblöcken getauft beziehungsweise beworfen. Und es soll auch Taufen mit Orangensaft geben. In China und Japan kappt man bei der Taufe eine das Schiff mit dem Land verbindende «Nabelschnur». In arabischen Ländern bevorzugt man Wasser aus der heiligen Quelle bei Mekka. Als auf der früheren Warnemünder Warnow-Werft ein Schiff für Libyen gebaut wurde, reiste extra ein Mann mit Wasser aus Mekka an die Ostseeküste.

Susi Geller, Uris kleine Schwester, beim Beweis, dass telekinetische Fähigkeiten erblich bedingt sind. Erst ließ sie die Flasche explodieren, kurz danach den Mann hinter ihr. Nur das Schiff blieb verschont.

Zentraler Bestandteil einer jeden Schiffstaufe ist eine Ansprache. Fertige Taufreden kann man mittlerweile im Internet für 6,90 Euro runterladen (www.vorlagen.de). Drei Schlüsselformulierungen sind zu beachten:

- «Ich taufe dich auf den Namen ...»
- «Ich wünsche der Besatzung allzeit gute Fahrt und dir immer eine Handbreit Wasser unter dem Kiel.»
- «Ich grüße dich mit einem dreimaligen Hipp – Hipp – Hipp – Hurra!»

Sehr aufwendig ist die Umbennenung eines Schiffes. Denn bevor man es neu taufen kann, muss der möglicherweise bestehende Zorn Neptuns besänftigt und das Schiff enttauft werden. Hierzu bedarf es einer ganzen Menge Alkohols und mancher Manöver. Zunächst fährt die Mannschaft hinaus und nimmt einen Schluck vom Lieblingsgetränk. Davon kippt man auch ordentlich was ins Kielwasser, denn der «Macoui» (der Geist beziehungsweise die Schlange, die sich ans Schiff geheftet hat) muss betrunken gemacht werden. Um ihn abzuschütteln, fährt man anschließend wilde Manöver. Währenddessen lässt man wieder die Flasche kreisen. Teilweise bedarf es der Hilfe eines zweiten Schiffs, um den «Macoui» endgültig abzutrennen. Danach trinkt die Mannschaft nochmal. Auch Neptun bekommt jetzt steuerbord Alkohol zugegossen. Dann wird erneut getrunken. Sollte die Mannschaft je wieder in den Hafen zurückfinden, kann mit der Taufe begonnen werden. Allerdings wird vorher natürlich noch einer gehoben. Es erscheint einfacher, ein neues Schiff zu kaufen, als ein Boot umzubenennen.

Die Schiffstaufe wird es sicherlich noch Jahrhunderte geben. Rituale, bei denen Alkohol eine Rolle spielt, haben gute Überlebenschancen. Ein Blick in die Zukunft beweist es: Das berühmteste Raumschiff des Universums, die USS Enterprise (NCC-1701B), wird/wurde auch getauft, mit einem Dom Perignon Jahrgang 2265!

Schultüte Die Bewohner Sachsens sind für ihre Zauberkräfte bekannt: Es gelingt ihnen – allein kraft des gesprochenen Wortes –, aus beliebigem Zeug «Glumbe», aus einer Scheibe Brot eine «Bemme» und aus plötzlich vom Himmel herabfallendem Wasser eine «Husche» zu machen, ohne sich dabei zu forhäddon. Einfach so. Ferdsch. Eine, wie die Sachsen sagen, schnuggelische Eigenart. Was auf Deutsch so viel bedeutet wie: nett, süß. So sind sie, die Sachsen.

Aus diesem Sprachraum drang um 1810 die Kunde, dass kleinen Menschen der erste Abschied vom Elternhaus mit einer «Zuggodühde» versüßt wurde.

Eine generelle Schulpflicht in ganz Deutschland gab es damals nicht. Friedrich der Große hatte zwar 1763 in Preußen das «Generalschulreglement» angestoßen, aber es dauerte, bis die Idee Schule machte. In Sachsen war man erst 1835 willens, die Zwerge acht Jahre lang zu Bildungszwecken antanzen zu lassen. Ein harter Schlag für Bauern, die sich bei der Kartoffelernte wesentlich weiter bücken mussten als ihre Kinder. So war denn die Zucker- oder Schultüte zunächst, wie man heute sagen würde, ein Goodie für Kinder aus gutem Hause, das ihnen die Schule schmackhaft machen sollte.

Wie wichtig dieses ➶ Initiationsritual ist, weiß man nicht erst, seit die Site www.erster-schultag.de existiert. Die gibt vor, erfahren zu haben, dass 1817 ein Schüler in Jena «eine mächtige Tüte Konfekt» zur Einschulung erhalten habe. Drei Jahre später sei nachweislich ein Dresdner Bube mit Zuckergebäck beglückt worden. So was wollten die anderen Kinder natürlich auch, daher entschloss man sich, die Zuckertüten systematisch anzubauen: Sie wuchsen zunächst – wie wir aus einem Kinderbuch von 1852 erfahren – an einem Baum im Haus des Lehrers, also damals in der Schule. Wenn die Tütenfrucht groß genug war, wurde es für Steppke Zeit, die Ernte einzufahren. Irgendwann konnten die Erträge wohl nicht mehr ausreichend gesteigert werden, jedenfalls ging man 1919 zur industriellen Fertigung der Tüten über.

Von Sachsen aus verbreitete sich der Brauch über ganz Deutschland, bis man in den fünfziger Jahren des vorigen Jahrhunderts auch in der letzten hinterschwäbischen Gemeinde begriffen hatte, dass eine Schultüte ebenso zur Einschulung gehört wie ein Ranzen und ein lückenhaftes Grinsen. (Im Westen ist die Tüte übrigens rund, im Osten eher sechseckig, aus welchen volkseigenen Gründen auch immer.)

Früher waren es meist die Paten, die die Schultüte überreichten. Heute herrscht Gerangel, wer sie schenken darf. Und wehe, Oma kauft sie bei McPaper! Das ist nicht gut genug! Nur die allertraurigsten kleinen Gestalten haben ferner eine selbstgebastelte, an der die Krepppapierfransen hängen wie wackelnde Milchzähne. Und außer mit Süßkram werden die Tüten gern mit Spielzeug, Ratzefummeln, kleinen Flummis, Stiften oder Anhängern gefüllt.

Zur Einschulungsfeier reist der Familienclan meist mit dem Auto an. Dabei weiß niemand so recht, wohin mit dieser Riesentüte. Hinlegen kann man sie nicht. Für Junior in seinem Kindersitz ist sie auf Dauer untragbar. Also bleibt sie erst mal an einem Erwachsenen kleben. Die klassisch verwöhnte Göre trägt sie nur vom Auto bis zur Aula. Und zurück. Und in dem Moment, in dem es «Klick» macht und die Kameras rot blinken.

Mein erster Schultag war zum Kotzen!

In seiner Sendung «TV total» zeigte Stefan Raab 2004 eine Frankfurter Mutter, die die Zuckertüte ihrer neu eingeschulten Tochter auf dem Arm trug. Kommentar Raab: «Unfassbar, oder? Die Dealer tarnen sich immer besser!» Die Mutter verklagte ihn auf 90 000 Euro Schadensersatz. Aber nicht weil der Witz so schlecht war. Nach mehreren Gerichtsverhandlungen zahlte Raab ihr schließlich freiwillig ein Schmerzensgeld von 20 000 Euro, und sie zog die Anzeige zurück – für 20 000 Euro kann man sich schon mal als Dopedealer bezeichnen lassen.

Haschisch kommt bei den meisten Kindern sowieso nicht in die Tüte, aber auch Lutscher, Bonbons, Kekse, Schokolade sind in Verruf geraten. Schokolade ist bekanntlich gut gegen Zähne. Ab Mitte der achtziger Jahre griff man daher verstärkt auf Vollkornkekse zurück. Zahnärzte, Verbraucherschützer und Krankenkassenfunktionäre forderten ferner zuckerfreie Lutscher und Gummibärchen ohne Knochengelatine.

Noch können die I-Männchen (oder -Dötzchen), die sich vor der Aula um ihren neuen Lehrer oder ihre neue Lehrerin versammelt haben, ja die Namen der kleingedruckten Inhaltstoffe auf den Packungen nicht entziffern. Hier und da mal ein großes «E» vielleicht, aber das war's auch schon. Daher singen sie jetzt im Chor: «Alle Kinder lernen lesen, Indianer und Chinesen. Selbst am Nordpol lesen alle Eskimos. Hallo Kinder, jetzt geht's los!»

Wenn der Tross daraufhin abzieht, um die ersten Minuten im Klassenzimmer zu verbringen, nagt an den Elternteilen tiefer Abschiedsschmerz. Viele möchten wieder mit dem Rauchen anfangen. Mancher hält die Tüte wie einen Staffelstab, den er eines Tages ganz abgeben muss. Man wundert sich, wie doch die Zeit vergeht. Oder auf Sächsisch: «Nischzuglohm. Äines Toges wirto'n Gombjudoreggsbärde!» Auf Sächsisch, der Sprache der Zauberer und Schultütenerfinder, klingt das Leben leichter.

Schützenfest Der Anfang vom Ende sieht so aus: Man erwacht und merkt, dass man gerade den Zungenkuss seines Lebens bekommt. Man öffnet die feuchten Lippen, züngelt und erwidert voller Leidenschaft die erotischen Avancen. «Dann machst du deine verklebten Augen auf und blickst in das fröhliche Gesicht des zottigen Köters von dem Karussellfritzen.»

Der Morgen danach beginnt für die Teilnehmer an Schützenfesten selten ganz nüchtern, wie der Verfasser der im Netz meistkopierten Festbeschreibung weiß. Seine Einlassungen kreisen vornehmlich ums Saufen. Erst wird der Vogel ab-, dann die eigene Lampe systematisch ausgeschossen. Das ist die Basis. Bier ohne Ende ist ein Muss. Es wird von allen immer neu nachgeordert. Wer nicht trinkt und nicht spendiert, ist asozial. Volkskundler begründen das entschuldigend damit, dass Wein früher für Normalsterbliche unerschwinglich und Wasser wegen fehlender Hygiene ungenießbar war. Wer will da die anderen verdursten lassen?

Heute kann zusätzlichen «Beschleunigern» (Zitat Ende) wie Schnäpsen oder Likören nur entkommen, wer sich an den Wurststand oder in die Arme einer Frau auf die Tanzfläche flüchtet. Wenn man denn noch laufen oder kriechen kann. Robben dauert zu lange.

«Wenn ich sage, wir schießen auf den Hasen, wo schießen wir dann hin?»

Vorzugsweise im Frühsommer feiert man in Deutschland Schützenfeste. Jedes Dorf sein eigenes. So kann die Lunte stetig glühen. Aus Sicht von «Ehrenkreisoberst des Kreisschützenbundes Olpe e.V. Herbert Hesener aus Finnentrop-Heggen» hat das natürliche Gründe: «Das Schießen als eine der typischen menschlichen Verhaltensweisen, sich am Leben zu erhalten, sich zu verteidigen und zu schützen, hat die Entwicklungsgeschichte der Menschheit seit Jahrtausenden mitbestimmt.» Folglich gebe es auch Schützenfeste. Gott sei Dank ist die «typisch menschliche Verhaltensweise» des Schießens nicht durchgängig verbreitet, sonst gäbe es nämlich niemanden mehr, der feiern könnte.

Historisch gesehen, machen Forscher zwei große Schübe aus, die zur Verbreitung dieser Art von Festen führten. Schon im 8. Jahrhundert gab es in Deutschland Schützengilden, aber erst im 14. und 15. Jahrhundert breitete sich aus Flandern und Brabant die Institution der Bürgerwehr aus, die Städte und Kreise vor gegnerischen Angriffen zu schützen hatte. Gefeiert wurde immer schon so heftig, dass es dem Klerus ein Dorn im Auge war. Zudem soll der Vogelschuss auf den heidnischen Glauben zurückgehen, dass der Frühling erst anrückt, wenn ein großer Vogel vom Himmel geholt wurde.

Geschossen wurde auf den örtlichen Jahrestreffen zunächst mit Pfeil und Bogen, dann mit der Armbrust, die bereits ab dem Jahr 1100 so durchschlagende Wirkung hatte, dass man auf hundertfünfzig Meter Entfernung einen Bolzen durch jeden Harnisch treiben konnte, und das mit einer Frequenz von acht Schüssen pro Minute. Ein Horror für die Ritter. Auf einem päpstlichen Konzil wurde daher 1139 das Schießen mit der Armbrust auf Christen mit Acht und Bann belegt. Ohne Erfolg.

Als das Schwarzpulver im frühen 14. Jahrhundert aufkam, minderte es die Lust am Ballern keineswegs. Zudem lockten traumhafte Preise. Bei einem Schießen in Bayern 1427 – bei dem neben Büchsen auch noch Armbrüste zum Einsatz kamen – wurden dem Sieger fünfzehn Hosen zuteil. 1498 trafen sich erstmals in Deutschland Schützen aus vielen Regionen, um auf die üblichen Scheiben oder Holzvögel anzulegen. Ein Fest als ritueller Jagd- und Kampfersatz.

Den zweiten Schub brachte das Erstarken des Bürgertums im 19. Jahrhundert. Mit Blick auf aristokratische Gepflogenheiten wurden Zeremonien, Wappen, Kostüme und regionale Besonderheiten immer wichtiger, während die militärische Bedeutung stark nachließ. Allerdings war auch Kaiser

Wilhelm II., glaubt man einigen Zeugnissen, den Vereinen ein leuchtendes Vorbild: Er trug stets so schöne selbstentworfene Uniformen. Also hübschten die Schützenvereine ihre Anzüge ihm zu Ehren auf. Wie das Kind einen Kaufmannsladen betreibt, so eiferte der Bürger seinem Staatsoberhaupt nach.

Das Schützenfest ist auch ein Fest der Schadenfreude. So wird im westfälischen Bad Laasphe neben dem Schützenkönig auch der sogenannte Schnappritter ausgeschossen. Der darf während der Festtage über den Zeltplatz rennen und jedem Besucher gleich am Stand Wurst oder Bier klauen. Der örtliche Schützenverein in Meschede feiert ein Freibierfest – schenkt aber nur in klitzekleinen Gläsern aus. Jungschützen, die gerade volljährig geworden sind, werden manchmal mit Unmengen Wasser übergossen. Gelegentlich findet auch der Brauch des «Wippens» Eingang in die rituelle Festfolge. Im Mittelalter als milde Form von Strafe erdacht, musste dabei zum Beispiel ein Bäcker, der zu kleine Brötchen verkaufte, eine wacklige Stange erklimmen und unter lautem Gejohle in eine Jauchegrube springen. Das Soester Schützenfest zeichnet damit heute noch verdiente Bürger aus. 2007 hatte der nordrhein-westfälische Umweltminister Eckhard Uhlenberg, CDU, das Vergnügen, aus drei Meter Höhe in einen schlammigen Teich hüpfen zu dürfen. Sein Geleitspruch: «Nun kriegt er erst mal an die Backe zur Schweinepest die Entenkacke!»

In einem Stadtteil Hagens wird der Vogel mit einer überdimensionalen Schleuder beballert, andernorts versucht man den Kollegen mit Knüppeln von der Stange zu holen. Armbrust und Bogen, Luftpistole und Karabiner – die Auswahl an Waffen ist enorm. Nur Panzer dürfen nicht mitmachen.

Frauen kommt dabei hauptsächlich die Rolle zu, den Herren in den selbstgebastelten Uniformen zur Seite zu stehen. In dem kleinen Sauerlanddorf Brabecke wird seit 1975 eine Schützenkönigin gekürt. Wenn der Vogel fällt, bricht Unruhe bei den Herren aus. Die Regel besagt nämlich: Die Königin darf nicht ihren eigenen Mann zum König machen, und die anderen Jungs dürfen nicht ablehnen. Die Ängste der Männer sind nicht unberechtigt. Manche Gewinnerin hat Oberarme, als könnte sie den Jungs die Knarre verbiegen. Ansonsten sind Frauen Nebenrollen als Schützenkönigsgattin oder Teil des Hofstaats, als Kostümbildnerin, Bewunderin der Umzüge am Straßenrand oder als Chauffeurin vorbehalten. Was da abends auf Beifahrersitzen oder im Fond des Autos abtransportiert wird, ist häufig recht unansehnlich und übel riechend. Es nennt sich Mann, und es ist stolz darauf, seinen schlimmsten Feind abgeschossen zu haben: sich selbst.

Nur der Schützenkönig wird mit viel Tschingderassabum und Spielmannszug bis nach Hause begleitet. Dort bietet er allen Mitschwankenden noch einen Scheidebecher an. Gerne auch ’nen Kurzen. Der ➶ Absacker stellt sicher, dass wirklich alle Teilnehmer am nächsten Tag sehr intensive Erfahrungen machen, nicht nur die wenigen Glücklichen, in die sich der Köter unsterblich verliebt hat.

Silvester Vieles geht verloren. Einiges kann durch dieses Buch bewahrt werden. So vielleicht der schöne Silvesterbrauch, bei dem alle Familienmitglieder am letzten Abend des alten Jahres um eine mit Wasser gefüllte Schüssel zusammenkommen. Jeder legt ein Efeublatt hinein und lässt es über Nacht einweichen. Am nächsten Morgen besieht man sein Blatt: Wenn es vollgesogen oder gar schwarz ist, muss man mit Krankheit oder Tod rechnen. So einfach ist das. Wie das Jahr beginnt, so geht es weiter. Nur russisches Roulette hat noch mehr Reiz als dieses Orakel. Ist die Kammer im Magazin geladen, wird das Jahr recht kurz. Macht es bloß «Klick!», hat immer noch ein anderer die Chance, uns zu treffen.

Einen Schuss haben die Deutschen ohnehin. 2008 gaben sie laut «Bild» 109 Millionen Euro aus, um die Nacht zum Tage, die bösen Geister taub und Vati zum Viersternegeneral zu machen. «Feuer frei!», heißt es jedes Jahr laut Gesetz für vierundzwanzig Stunden jeweils ab dem 31.12. 00.00 Uhr. Früh am nächsten Morgen, wenn Zwergenbanden nach Blindgängern forschen, pfeifen die letzten Heuler um die Häuser. Kurze Lunten erhöhen die Spannung. Doch werden die Knallkörperkundler immer seltener fündig: erstens weil es an gefühlten sieben von zehn Neujahrsmorgen regnet, zweitens weil Pyrotechniker mittlerweile ganze Batterieblocks entwickelt haben, die, groß wie Bierkästen, fast eine Minute lang Sicht- und Schallsignale an die Dämonen absondern. Den klassischen «Chinaböller D» oder den «Superböller II» in billigem rotem Seidenpapier kaufen nur noch jene, die finden, sie hätten ein paar Finger zu viel. Alle anderen setzen auf «Ladycracker», «Pfennigschwärmer», «Zisselmännchen» und Konsorten, oder sie nutzen die Forschungsergebnisse des Apollo-Programms, um in bis zu neunzig Meter Höhe ihr Geld brennen zu sehen.

Die Kirchenbasis arbeitet bis heute zäh an der Abschaffung dieses martialischen Teils der Silvesterfeierlichkeiten. Dabei hat das Fest seinen Namen doch von einem Heiligen: Papst Silvester segnete just an diesem Tag des Jahres 335 das Zeitliche, und als am 24. Februar 1582 der gregorianische Kalender eingeführt wurde, legte man unter anderem fest, dass das Jahr von nun an mit dem 31. Dezember ende. Das kann man auch anders handhaben, wie die Neujahrsfeiern in Thailand, Tibet oder Russland zeigen. Das Songkran-Fest, Mitte April in Thailand stets Neujahrsauftakt, hinterlässt viele feuchtfröhliche Menschen. Alles wird mit Wasser begossen und aus Plastikgewehren vollgespritzt, was Ohren und zwei Beine hat. Dazu taugen die hiesigen Temperaturen nicht. Wir brauchen Feuer.

Unsere europäischen Nachbarn, zeitlich gleich getaktet wie wir, bescheiden sich dabei meist, wenn überhaupt, mit einem nationalen Feuerwerk. Wir Teutonen hingegen tönen und tosen, bis es in den Augen der jungen Christen Gott zuwider wird. Seit 1982 sammeln katholische wie evangelische Jugendverbände Geld für Straßenkinder in Afrika unter dem Motto «Brot statt Böller». Auch wenn Versuchsreihen mit Brot leider ergaben, dass der Teig zwar aufgeht, aber nicht effektvoll explodiert, ist die deutsche Menschheit seitdem geteilt in selbstbezogene Feuerwerker und gemeinnützige Geschossverächter.

Beiden Parteien gemein ist, dass sie Glück wollen. Um das zu bekommen, muss traditionell einiges an Glücksbringern herangekarrt werden. Schweine, Hufeisen, Schorn-

Elegante Kleidung, natürliche Ausstrahlung, humorvoller Charme – von jeher Garanten für prickelnde Silvesterabende in trauter Runde.

steinfeger aus Pfeifenreinigern, Töpfchen mit vierblättrigem Klee, Marienkäfer, Fliegenpilze … ach ja: und Münzen. Puh, fast vergessen. Heute weiß natürlich keiner mehr, warum das alles sein muss. Daher hier kurz die Erklärung: Wer früher ein Schwein hatte, war wohlhabend und mit Koteletts gesegnet. Außerdem winkte bei Ritterturnieren eine Sau als Trostpreis – wer ihn gewann, hat Schwein gehabt. Pferde wurden wegen ihrer Kraft bewundert. Schornsteinfeger waren die Ersten, die man am nächsten Morgen auf der Straße sah, und demzufolge auch die Ersten, die ein gesundes frohes neues Jahr wünschten. Vierblättrige Kleeblätter sind ein Überbleibsel aus dem Paradies. Die sieben Punkte auf dem Rücken der Marienkäfer stellen die sieben Tugenden der Mutter Gottes dar. Und aus dem Fliegenpilz kann man einen Sud kochen, mit dem sich lästige Mitbürger entsorgen lassen. Kleiner Scherz. Tatsächlich sollen geringe Mengen, entsprechend verkocht, halluzinogene Wirkung haben und von daher oft als Motivationsverstärker in Schlachten oder bei Gottesschauen genutzt worden sein. Der Sud wurde früher auch gebraut, um Fliegen anzulocken, die sich daran besoffen und dann leichter von der Klatsche kassiert werden konnten. Was daran allerdings glückbringend sein soll, wissen wohl nur die Tierquäler.

Geballtes Glück kommt im Ensemble, also ungefähr so: Schornsteinfeger mit Hufeisen in der Hand umkreist, auf Schwein mit vierblättrigem Kleeblatt im Maul reitend, einen Fliegenpilz, der von sieben Marienkäfern angeknabbert wird. Sobald Sie das arrangiert haben, können Sie sich beruhigt an die Ausdeutung der Zukunft machen: das Bleigießen. Man bringe auf einem Löffel Blei zum Schmelzen und gebe es in eine mit Wasser gefüllte Schüssel. Um zu erfahren, was die unförmigen Figuren, die dabei entstehen, zu bedeuten haben, nehme man den Beipackzettel der Bleipastillen. Es ist ein Wunder, dass die Gesamtheit des Universums auf einem streichholzschachtelgroßen Blatt Papier mit sechs, sieben Symbolen ausgedeutet werden kann. Leider nicht immer einheitlich. So steht auf dem einen Zettel: «Anker: Du wirst bald auf eine Reise gehen.» Zettel zwei sieht das ganz anders: «Anker: Hilfe ist in Sicht!» Warum bedeutet es nicht «Du angelst Dir einen Matrosen»? Oder «Dein Schiff kommt nicht mal aus dem Hafen»? Zettel eins weiß ferner, dass ein Weinstock aus Blei von einem nahenden Baby zeugt. Zettel zwei, obwohl viermal mehr Begriffe enthaltend, weiß davon gar nichts. Weinstöcke gibt es dort einfach nicht. Aber man darf ja selbst frei assoziieren. So deutete einer der Autoren den kleinen bleiernen Flachbildfernseher mit Satellitenschüssel als ein Zeichen für viele nichtssagende Abende vor dem Fernseher und behielt damit Recht. Es funktioniert also wirklich.

Keiner will zu Silvester schlechte Nachrichten hören oder gar Anlass für selbige sein: Paare trennen sich vor Weihnachten oder noch häufiger Ende Januar. Aber nicht Silvester. Da läuft man lieber eine Ehrenrunde, aber belästigt besser andere nicht mit seiner Anwesenheit. Beim Partyhopping – dem heuschreckenartigen Zug von einer lausigen Fete zur nächsten – käme man ohnehin nur noch schlechter drauf, und bei großen Feierlichkeiten ist die Enttäuschung garantiert: Die Preise sind doppelt so hoch, die Erwartungen vervierfacht. Paaren, die es vor lauter Lustlosigkeit an- und miteinander nicht vor die Tür schaffen, bleibt immerhin noch der Fernsehklassiker «Dinner for one!» Ob jung oder alt, ob dick oder doof: Alle zwischen Husum und Garmisch-Partenkirchen eint die Liebe zu dem britischen Butler, der einer Neunzigjährigen und ihren imaginären Gästen erst mehrfach diverse Alkoholika reichen und zum Schluss dann andeutungsweise auch noch sein edles Teil zur Verfügung stellen muss. «Same procedure as last year?» ist der Running Gag, den Deutsche seit vierzig Jahren kennen. Anfang der Siebziger nutzte der NDR die fünfzehnminütige Schwarzweißproduktion als Lückenfüller im Neujahrsabendprogramm. In Großbritannien kennen nur noch Ältere diesen Sketch. Hierzulande gilt Sex im Alter offenbar noch als unvorstellbar lustig.

Danach schaltet man sich oder den Fernseher ganz aus und geht ins Bett. Natürlich ohne Sex. Am nächsten Tag tut das Paar dann kund, man habe «nichts Besonderes» gemacht und «ganz ruhig» zu Hause «gefeiert». Normalsterbliche bewundern die Bescheidenheit der beiden. Lebenshungrige schütteln besorgt den Kopf.

Haben die ehemals inbrünstig Liebenden noch nicht in Gänze aufgegeben, können sie sich an der Erschaffung eines neuen Rituals versuchen. Ein kurzer Blick auf die Gepflogenheiten unserer europäischen Nachbarn mag dabei als Inspiration dienen. Frauen könnten zum Beispiel nach italienischer und spanischer Sitte glückbringende rote Unterwäsche anziehen und ankündigen, sie gegebenenfalls später vorzuführen. Das Essen betreffend, erspare man einander den mit Teichmorast vollgestopften typisch deutschen Karpfen blau und kredenze ein Fondue oder Raclette. Oder man koche Linsen. Die gelten vielerorts wegen ihrer Ähnlichkeit mit Münzen als glückbringend. Anschließend kämpft man, da man die Hülsenfrüchte vorher nicht eingeweicht hat, bis kurz vor Mitternacht mit Abwinden. Dann aber los! Jetzt wird es richtig kernig.

Der Countdown muss zeitgleich mit den Schlägen der nahen Kirchenglocke erfolgen. Wie die Spanier verfüttere man pro Schlag eine kernlose Traube an sein Gegenüber.

Kernlos deshalb, weil Pingel an den bitteren Dingern rumwürgen und sich nicht auf die guten Wünsche konzentrieren können. Punkt Mitternacht sollte der Partner dann wie eine Liebeskanone mit Traubenmunition geladen und bereit sein, vor Glück zu explodieren. Bitte nicht prusten.

Wenn Sie jetzt immer noch nicht wissen, ob es für ein weiteres Zusammensein reicht, schieben Sie die Nummer mit dem Apfel dazwischen. Die ist in Tschechien angeblich altbekannt: Ein Apfel wird halbiert. Besehen Sie dann das Kerngehäuse. Bilden die Kerne ein Kreuz, droht Unheil; haben sie die Form eines Sterns, steht Glück ins Haus. Können Sie sich beide nicht einigen, ob es kreuz- oder sternförmig aussieht, gehen Sie mal davon aus, dass es kreuzförmig ist. (Die Tschechen nutzen dabei offenbar eine uns unbekannte Apfelsorte. Die Autoren trafen in drei aufgeschnittenen Apfelgriebschen immer nur einzelne Kerne an, die so gar kein Muster bilden wollten. Bedeutet das auch was?)

Jetzt ist alles egal. Feiern Sie Silvester nach Art der alten Niedersachsen. Das ist ein bisschen wie ➶Halloween. Basteln Sie einen Rummelpott (auch Brummtopf oder fälschlich Rumpelpott genannt). Das ist ein Topf, auf den eine Schweinsblase gespannt ist. (Wo immer Sie die auch jetzt herkriegen.) In die Mitte stecken Sie ein Schilf- oder Reetröhrchen; indem Sie daran reiben, erzeugen Sie quäkende Klänge. Es sind traditionsgemäß die Männer, die dann das Rummelpottbegleitlied singen, während sie von Tür zu Tür ziehen. Wonach Sie eigentlich suchen, deuten Sie mit diesen Worten an: «Fru, mok de dör op, de Rummelpott will rin!» Machen Sie sich keine Sorgen mehr um ihre Freundin. Die ist sowieso froh, jemanden los zu sein, der Spaß daran hat, auf einer jaulenden Schweinblase Musik zu machen und das auch noch für verführerisch hält.

Smalltalk Er ist eine Kunst, eine Blume der Sprache, ein Garten der Kommunikation, ein Regenwald voller Wörter, freundlich, witzig, galant, um nicht zu sagen charmant, und doch treffend, leicht und zeitvertreibend, aber eben nicht verletzend, schwer und unverständlich: Der Smalltalk in vollendeter Form macht nie satt – und kann auch schnell mal nerven!

Entstanden ist dieses Ritual der Kommunikation im Spätbarock. An den Höfen Europas langweilte man sich. Begehrt waren Menschen, die sich wortreich unterhalten konnten, ohne dabei etwas zu sagen. Belangloses Geschwafel in stilvollendeter Form verriet den Zeitgenossen den Virtuosen der Konversation. An Europas Höfen herrschte das Diktat der Etikette. Ein falsches Wort zur falschen Zeit wäre einem gesellschaftlichen Selbstmord gleichgekommen.

Es gibt sie noch heute, die Meister des Smalltalks. Menschen, die auf Partys elegant mit ihnen völlig unbekannten Leuten die typischen Party-Gespräche beginnen. Obwohl dabei Themen angeschnitten werden, die nicht tiefgründiger als die aktuelle Wetterlage sind, wirken alle Beteiligten gut unterhalten. Es entsteht keine peinliche Stille, und es gibt keine Blicke, die ins Nichts wandern, kein betretenes Schweigen oder Starren auf die Füße. Die Leichtigkeit und Unbeschwertheit, die positive Naivität, gepaart mit charmanter Sensibilität und Neugier, das alles zeichnet die Profis des Smalltalk-Rituals aus. Sie wissen alles, aber nichts genau, sie erzählen keine Witze, und trotzdem bringen sie ihre Zuhörer zum Lachen. Sie strahlen Selbstbewusstsein aus, indem sie souverän zu ihren Schwächen stehen. Sie werden beneidet, bewundert und bleiben auf Partys nie allein.

Aber dieser Typus ist selten. Wesentlich häufiger sind diejenigen Menschen auf Partys anzutreffen, denen es schwerfällt, locker und entspannt auf Wildfremde zuzugehen. Eine komplette Ratgeberindustrie hat die «Problemfälle» mittlerweile als Zielgruppe erkannt. Die PAL-Verlagsgesellschaft zum Beispiel veröffentlicht den Smalltalk-Ratgeber «Nur Mut zum ersten Schritt». Darin finden sich wertvolle Ratschläge: «Beim Smalltalk kommt es weniger darauf an, was Sie sagen, als wie Sie es sagen. Mimik und Körpersprache sind meist wichtiger als Ihre Worte. Reichen Sie dem anderen Ihre Hand, lächeln Sie ihn an und stellen sich vor: ‹Hallo, Peter Mayer aus Mannheim.› Schauen Sie dabei den anderen an und stellen dann die Sesam-öffne-dich-Frage.»

Auf einer coolen Party in Berlin würde über dem Kopf von Peter Mayer aus Mannheim schon jetzt ein virtuelles Neonschild schweben, auf dem abwechselnd aufleuchtet: «Pfeife», «Trottel», «Bauer». Aber noch hat Herr Mayer die Sesam-öffne-dich-Frage ja nicht gestellt, also das Ass des Smalltalks immer noch im Ärmel: «Woher kennen Sie den Gastgeber?» Das Neonschild über Mayers Kopf wäre danach sicherlich größer, und es würde hektisch anfangen zu blinken: «Zivilfahnder, kachelblöd».

Andere Ratgeber im Internet raten zu Spickzetteln, auf denen das Einmaleins menschlicher Konversation steht:

«1. Ich überlege mir einen Gesprächseinstieg
2. Ich beginne mit einem Lächeln
3. Ich stelle offene Fragen
4. Ich zeige Interesse (fragen und aktiv zuhören)
5. Ich suche Gemeinsamkeiten
6. Ich bin ehrlich und authentisch»

Mögen solche Hilfestellungen auch Sicherheit vermitteln, in der menschlichen Kommunikation bleibt ein Restrisiko: der Mensch. Wer schützt eigentlich ihn vor solchen Spickzetteln, die ihn am Ende dazu bringen, dass er sich um Kopf und Kragen quatscht? Ein Beispiel:

1. Gesprächseinstieg: «Ganz schöne Gangsterparty!»
2. Lächelnder Beginn: «Ich kenn den Gastgeber noch aus dem Knast.»
3. Offene Frage: «Was habt ihr denn verbrochen?»
4. Interesse: «Oder seid ihr die Opfer heute Abend?»
5. Gemeinsamkeiten: «Seid ihr auch Knackis?»
6. Ehrlich und authentisch: «Na ja, dann behaltet mal eure Wertsachen im Blick!»

Der Smalltalk ist ein Ritual, das einige besser beherrschen als andere. Aber manchmal heißt es einfach «Klappe halten!». Das wussten schon die alten Griechen. Von Pythagoras ist daher keine Sesam-öffne-dich-Frage überliefert, sondern der Ruhe-im-Karton-Ausruf: «Man soll schweigen oder Dinge sagen, die noch besser sind als das Schweigen!» Dem ist nichts hinzuzufügen.

Sonntagsrituale Gott hat die Welt in sechs Tagen erschaffen und am siebenten Tag geruht. Davon hat sich der Sonntag bis heute nicht erholt: Er ist der Tag der Langeweile. So schrieb Erich Kästner in seiner «kleinen Sonntagspredigt»:

> ... Eifersucht und Niedertracht
> schweigen fast die ganze Woche.
> Aber Sonntag früh bis Nacht
> machen sie direkt Epoche.
>
> Sonst hat niemand Zeit dazu,
> sich mit so was zu befassen.
> Aber Sonntags hat man Ruh
> und man kann sich gehen lassen.
>
> Endlich hat man Zeit dazu.
> Geht spazieren, steht herum,
> sucht mit seiner Gattin Streit
> und bringt sie und alle um ...

Selbst das Grundgesetz räumt diesem Tag bis heute besondere Rechte ein: «Der Sonntag und die staatlich anerkannten Feiertage bleiben als Tage der Arbeitsruhe und seelischen Erbauung gesetzlich geschützt.» Allerdings waren für diejenigen, die ihre Kindheit in den siebziger Jahren verbringen mussten, die damit verbundenen Rituale traumatisch. Sie litten an Dingen, deren Sinn sie nicht verstanden und die ihnen sogar körperlich Schmerzen bereiteten.

Die sonntägliche Hölle begann mit dem Einkleiden: graue Hosen aus kratzigem Flanellstoff, der so hautfreundlich wie ein Feld Brennnesseln war. In den Hosen Bügelfalten, die für alle Ewigkeit eingedampft schienen. Dazu wurde ein steifes, weißes Hemd getragen, bei dem der oberste Knopf unter unvorstellbarer Anstrengung geschlossen werden musste. Zur Vervollkommnung der Sonntagstracht wurde noch eine Tube ranziges Gel in die Haare einmassiert.

Meist folgte nun das nächste Sonntagsritual, der Kirchbesuch. Am Sonntag schlugen die Glocken lauter und länger, und die Menschen strömten zur Sonntagsmesse zusammen. Nun begann ein wahres Feuerwerk von Ritualen: Segnung, Wandlung, Predigt, Kommunion ... Kinder knieten gelangweilt auf harten Kirchenbänken, während die Erwachsenen alle Mühe aufwenden mussten, den Sekundenschlaf nicht in einen tieferen Schlummer übergehen zu lassen. Babys, die den Geruch von Weihrauch nicht mehr ertrugen, fingen an zu brüllen und mussten hinausgetragen werden. Insbesondere in kleinen Kirchengemeinden war schnell bekannt, wer dem Sonntagskirchenbesuch ferngeblieben war. Auch Löcher in den Schuhsohlen fielen bei der Messe auf. Beim Knien war die Kirchenbankreihe dahinter mit einem Blick im Bilde.

Ein kurzer Lichtblick war für Kinder nach dem Kirchenbesuch die Sendung mit der Maus. Während in der Küche bereits das Sonntagsessen vor sich hin brutzelte, deckte Mutter den Tisch, und Vater las die Sonntagszeitung. Manchmal schaute er auch den Internationalen Frühschoppen, der später Presseclub hieß. Einige Väter gingen auch selber zum Frühschoppen. Eine besondere Form der Druckbetankung, stilecht in nach kaltem Tabakrauch stinkenden Eckkneipen vollzogen.

Am Sonntag wurde das beste Geschirr hervorgeholt, es gab Stoffservietten, und in der Regel wurde ein Sonntagsbraten aufgetischt. Vor dem gemeinsamen Essen wurde gebetet, und dann bekam der Vater das größte Stück Fleisch. Falls man die kratzige graue Flanellhose mit der Bratensoße bekleckerte, gab es eine «Sonntagsohrfeige». Weinte man dann, gab es eine weitere, damit man nun wenigstens einen Grund habe zu weinen. Danach musste man die Hose wechseln. Was nicht zwangsläufig eine Verbesserung war. Denn nun konnte es passieren, dass man an die schwarze Polyesterhose mit Sandpapierinnenfutter geriet.

Vater hielt inzwischen nach den vielen Anstrengungen des Tages seinen Sonntags- ➶Mittagsschlaf. Mutter las nun die Zeitung, während die Kinder den Abwasch übernehmen mussten. War es ein guter Sonntag, lief im Fernsehen «Flipper», hatte man Pech, kam «Skippy, das Buschkänguru». Hatte man sehr viel Pech, musste man nach dem Abwasch «Strandpiraten» schauen. Egal was lief, danach folgte ein weiterer schrecklicher Höhepunkt der Sonntagsrituale: der Sonntagsspaziergang. Der begann paradoxerweise mit einer längeren Autofahrt. Wie verabredet füllten sich Deutschlands Landstraßen am Sonntagnachmittag. An die Seitenscheiben quetschten Kinder gelangweilt ihre Nase und Wangen. Da Deutschland ein waldreiches Land ist und die Deutschen gerne wandern, steuerte man den nächstgelegenen Wald an. Meistens weinten die Kinder während des Spazierganges, manchmal auch die Mutter, selten der Vater. Aber auf einen handfesten Sonntagsfamilienstreit war immer Verlass. Danach wurde beim Konditor der Sonntagskuchen für den Sonntagskaffee eingekauft. Anschließend gab es das Sonntagsabendbrot, und die Kinder sollten ihre Schulsachen vorbereiten oder wurden unter irgendwelchen anderen Vorwänden in ihre Zimmer abgeschoben. Für sie endete der schrecklichste Tag der Woche mit der Erkennungsmelodie des Tatorts um 20.15 Uhr. Nun mussten sie ins Bett. Mit Ausschlag auf den Beinen lagen die mit Sonntagsstoffhosen gequälten Geschöpfe im Bett und träumten von einer Weltordnung ohne Sonntagsrituale.

Zu verdanken haben wir den Tag dem römischen Kaiser Konstantin, der im Jahr 321 nach Christus entschied, dass alle Richter, die städtische Bevölkerung und auch das Gewerbe am siebten Tag der Woche ruhen sollten. Konstantin konnte natürlich nicht ahnen, dass es 1700 Jahre später das Internet geben und sich dort niemand um die Sonntagsruhe scheren würde. Am Sonntag ruht das Internet nicht, es glüht förmlich. Bei Online-Auktionen wird ersteigert, bei Internetshops gekauft und in Web-Katalogen bestellt. Da verwundert es nicht, dass viele Händler den virtuellen Sonntagshandel gerne in einen realen Sonntagskauf umwandeln wollen. Die ersten Schritte machte Berlin. Dort ermöglichten neue Gesetzte den Händlern, die Läden an den vier Adventssonntagen zu öffnen. Als wären die Läden an den restlichen Tagen der Woche geschlossen, pilgerten die Menschen an den Adventssonntagen in die heiligen Konsumtempel. Die quälende Langeweile des Sonntags war vorbei. Nicht Sonntagskleidung tragen, sondern sonntags nach dem Preis von Kleidung fragen war nun angesagt. Aber wer durch die Läden bummelt, kann nicht gleichzeitig in der Kirche knien. Eine Entwicklung, die weder die evangelische noch die katholische Kirche hinnehmen wollte. Sie klagten, unterstützt von den Gewerkschaften, gegen dieses Treiben vor dem Bundesverfassungsgericht und bekamen Recht.

Das oberste deutsche Gericht sah in seinem Urteil vom 1. Dezember 2009 im lockeren Berliner Umgang mit den Ladenöffnungszeiten eine Verletzung der Verfassung. Darüber hinaus mahnte das Verfassungsgericht auch einen Schutz der Familie und der Arbeitnehmer an. Viele Kommentatoren sprangen den Richtern zur Seite und erklärten, dass eine Gesellschaft einen festgelegten und planbaren Ruhetag brauche. Einen Tag der Muße, ja! Aber bitte nicht einen Tag der quälenden Langeweile. Zu diesem Zweck schuf der liebe Gott schließlich den ➶Tag der offenen Tür …

Stammtisch Otto Fürst von Bismarck, Herzog zu Lauenburg, kannte seine Pappenheimer: «Es ist ein Grundbedürfnis der Deutschen, beim Biere schlecht über die Regierung zu reden.» Daher wird der Stammtisch auch «Jammergruppe» genannt, ein Begriff, der sich auf die Inhalte der Konversation, nicht auf die Folgen der Dehydration durch Alkohol bezieht.

Der Stammtisch ist ein bürgerliches Möbel; politisch verbissen harrt der deutsche Michel seit nahezu zwei Jahrhunderten an seiner Tischkante aus. Früheste Stücke waren umkränzt von lupenreinen «Verbrechern», Anführern der europaweiten Aufstände von 1848. Die französische Revolution hatte es vorgemacht: Presse- und Meinungsfreiheit, das Ende bäuerlicher Leibeigenschaft, eine eigene Nationalversammlung, Liberalisierung, all das wurde möglich.

Der Stammtisch des Kegelclubs «Humor» feiert die Grundsteinlegung einer neuen Bowlingbahn.

Stolz saßen Mitte des 19. Jahrhunderts Männer wie August Bebel und Karl Liebknecht am Leipziger «Verbrechertisch» und tranken sich die Proletarier aller Länder schön. Karl Marx und Friedrich Engels prosteten sich angeblich ab 1840 beim Berliner Wirt Hippel zu. So soll es in nahezu jeder großen deutschen Stadt gewesen sein. Ursprünglich war der Stammtisch ein Treffpunkt der linken Elite.

Auf dem Land war der Dorfkrug ohnehin der soziale Treff- und Brennpunkt. Aber auch dort durfte nicht jeder an den Stammtisch. Der war für den sehr verehrten Herrn Apotheker Dumke reserviert, der mit Doktor Klöckenroth und Bürgermeister Hasenpöter speiste, um den Landerwerb von Bauer Möppelmann zu diskutieren. Prost.

Anfang des 20. Jahrhunderts fielen langsam die sozialen Schranken. (Nur bei der KPD nicht; die kämpfende Arbeiterklasse ließ in den zwanziger Jahren ihresgleichen nur mit Parteibuch an die Tränken.) Am Stammtisch konnten alle über alles diskutieren. So bildet sich Common Sense aus. So lernt jeder was dazu. Den Nationalsozialisten war das zuwider. Die «Berliner Morgenpost» veröffentlichte 2008 Auszüge aus einem geheimen Lagebericht der Münchener Polizei von 1935: «In den Bierwirtschaften der Vorstädte wird wieder sehr viel über Politik gesprochen, hauptsächlich an den Samstagen, wenn die Arbeiter von den Reichsautobahnen nach Hause gekommen sind. Diese Arbeitsstätten werden schon unverhohlen als Brutstätten des Kommunismus bezeichnet.» Solche Zusammenkünfte wurden unter den Nazis vielerorts verboten. Nur die Rechten durften laut und unbehelligt zechen.

Die Institution Stammtisch erholte sich nach dem Krieg nur schleppend. Am 6. Januar 1954 sah der «Spiegel» schon ihr Ende gekommen: «Die alten Stammtischbrüder (...) sterben aus.» Außerdem war den Deutschen offenbar der Durst vergangen. Beim Bier sei der Verbrauch von 69 Litern pro Mann und Wanst im Jahre 1938 auf schlappe 57 Liter gesunken. Doch da hatten die Wirte die Rechnung wohl ohne die Gäste gemacht. Der deutsche Pichler süppelte schon 1970 wieder rund 140 Liter im Jahr und genehmigte sich auch 2007 noch stattliche 111 Liter. Aber schließlich geht man nicht zum Saufen in die Kneipe, sondern primär um gesellig zu sein, sich auszuquatschen. Ein Münchener Stammtischmitglied berichtet: «Nirgendwo sonst wird außerfamiliäre Gemeinschaft so zweckfrei und spontan erlebbar wie am

Stammtisch. Der Stammtisch spendet Trost und ist zugleich eine wohltuende Alternative zu den Zumutungen des Alltags. Er moduliert die Gefühlswelt und strukturiert die Freizeit, ermöglicht so ein richtiges Leben im falschen – ansonsten ist er Leinwand für alles andere.»

Ob Jäger oder Mitglieder im Elternbeirat, Chöre, Kegler oder Twitterer – sie alle sitzen um das Emaille- oder Holzschild, in das sie einen mehr oder weniger originellen Namen einbrennen ließen. Im Münchener Hofbräuhaus treffen sich zum Beispiel mittwochs, donnerstags, freitags und sonntags die «Lumpen». Justitia ist weniger rege: Das «Deutsche Patentgericht» kommt nur jeden vierten Donnerstag im Monat zusammen. Der «Verein gegen betrügerisches Einschenken» pichelt jeden ersten und dritten Dienstag im Monat. Bemerkenswert ist noch der Zeitpunkt, an dem die «Stadtgärtnerei» zusammenkommt: jeden Dienstag um 10.00 Uhr. Wohin das führt, sieht man spätestens ab Mittwoch am Verlauf der Rasenmäherbahnen im Englischen Garten. Alkohol ist eben auch ein Synonym für Anarchie.

«Wenn der Chef kommt, geht die Gemütlichkeit flöten!», heißt daher ein typisch deutscher Spruch. Deshalb ist der deutsche Stammtisch auch mit flachen Hierarchien ausgestattet. Insofern entspricht er, wie der Soziologe Frithjof Hager feststellt, dem Aufbau der deutschen Gesellschaft, denn die ist vor allen Dingen in Gruppen organisiert: «Man könnte auch pointieren und sagen: Eigentlich ist die gesamte Bundesrepublik, der Osten ja sowieso, ein riesiger Stammtisch.» Jeder darf alles sagen, und man muss sich so lange seinen Weg zur Anerkennung der eigenen Ansichten bahnen, bis man auf dem Boden der gemeinschaftlich anerkannten Tatsachen angekommen ist. Erst wenn alle nicken, ist es gut. Das beginnt und endet mit starken Thesen, von den Intellektuellen als «Stammtischparolen» verpönt.

Das gängige Vorurteil hierzu lautet: *Vox populi, vox Rindvieh* (zu deutsch ungefähr: «Volkes Stimme ist nur ein Blöken»). Tatsächlich erfüllt der Stammtisch gleichsam die Funktion eines geistigen Verdauungsapparats, in dem alles verstoffwechselt wird, auch die härtesten Knochen. Ohne einen kleinsten gemeinsamen Nenner funktioniert keine Gesellschaft. Der Münchener Regisseur Wolfgang Lanzenberger findet das ganz formidabel: «Der Stammtisch (ist) ein Gegenmodell zur fortschreitenden Individualisierung und Atomisierung der Gesellschaft. Als soziales Bindemittel schafft er es in vorzüglicher Weise, alle Mitglieder dauerhaft anschlussfähig zu halten.»

Insofern ist es typisch deutsch im besten Sinne des Wortes, sich im Land der Dichter und Denker auch in der Freizeit zu demokratischen Diskussionsforen einzufinden, selbst wenn dabei gelegentlich über die «Doofheit der da oben» lamentiert und selten über Kant diskutiert wird. Der sah für das mögliche Scheitern des Projektes «Aufklärung» vor allem drei Gründe. Faulheit, Feigheit und: Dummheit. Kant hielt diese Dummheit für nicht selbstverschuldet und für unabänderlich.

Wie dumm von ihm! Leider können wir uns hierzulande nur selten mit diesen existenziellen, weiterführenden Fragen beschäftigen, denn wir haben ganz andere Probleme. Steht ja über zig Stammtischen Brandschwarz auf Holz: «Alles kann der Deutsche wagen, / fordert's Ehre, Recht und

Pflicht. / Alles kann der Deutsche tragen, / nur den Durst erträgt er nicht.»

Tag der offenen Tür Es ist schon erstaunlich: Da haben die Berliner Museen täglich geöffnet und werden kaum besucht. Aber wenn ein Mal im Jahr «die lange Nacht der Museen» stattfindet, stürmen gleich Hunderttausende die Ausstellungen. Als gebe es die Nofretete oder den Pergamonaltar nur in dieser speziellen Nacht zu sehen, stehen sich die Bildungswütigen in langen Schlangen die Beine in den Bauch. Viele von ihnen zählen nicht zu den klassischen Museumsbesuchern. Offensichtlich lockt die meisten weniger die Kunst als vielmehr das Spektakel in die Ausstellungshallen. So kann am Ende selbst ein biederer Museumsbesuch durch einen «Tag der offenen Tür» zu einem «Erlebnis-Event» werden.

Niemand weiß genau, wann und wo der erste «Tag der offenen Tür» stattfand – vielleicht in Troja, als man die Griechen aus Dankbarkeit für ihr ➶ Mitbringsel, das Trojanische Pferd, eher unfreiwillig zu einer Stadtbesichtigung einlud und anschließend unterging. Seine Herkunft ist genauso unerforschlich wie die Gründe für seine bis heute andauernde Beliebtheit. Jedes Amt, jeder Bahnhof, jede Bankfiliale, jedes Fitnessstudio, jeder Kindergarten, jede Schule, jedes Rathaus und jede Bundeswehrkaserne öffnet seit jeher ihre Tür an einem Tag, um zahlreichen Besuchern in fröhlicher Volksfestatmosphäre zu zeigen, was diese sowieso schon kennen oder auch gar nicht so genau wissen wollen. Man nennt das Öffentlichkeitsarbeit, und daher ist die Botschaft nicht ganz ernst zu nehmen. In den verschuldeten Rathäusern wird den Besuchern das benutzte Krisenmobiliar gezeigt. In Fitnessstudios dürfen die Gäste die schweißriechenden Frotteehandtücher der vergangenen Woche waschen. Und in Bankfilialen werden Derivate-Tombolas für Kinder veranstaltet.

Die Bundeswehr nutzt den «Tag der offenen Tür» in Kasernen regelmäßig, um vorzuführen, warum es seit Jahrzehnten niemand gewagt hat, diesen Staat anzugreifen. Die überlegene Ausstattung deutscher Soldaten mit Erbsensuppe und Dauerbrot schlägt einfach jeden Gegner in die Flucht. Einige Kasernen simulieren offenbar gleich den Verteidigungsfall. So etwas erlebte ein Besucher beim «Tag der offenen Tür» in der Herrenwaldkaserne im September 2008: «Eine Möglichkeit, sich selbst zu betätigen, gab es beim Schießen. An Kinder richtete sich das Schießen mit dem Luftgewehr(!). Volljährige konnten es im elektronischen Schießstand ausprobieren, wo auf ein Bild (...) gezielt wurde. Vor dem Schießen musste ein Magazin in die Waffe geschoben und die Waffe entsichert werden. Beim Schießen wurde ein Rückstoß simuliert (...). Wer noch kein Maschinengewehr in der Hand hatte, musste sich beim Laden und Entladen helfen lassen.» Das wirkt nicht mehr wie ein harmloser «Tag der offenen Tür», sondern gleicht eher einer Ausbildung an der Waffe.

Der mittlerweile beliebteste «Tag der offenen Tür» findet aber in Berlin statt. Mitten in der Bannmeile ist einmal im Jahr der Bürger los: Seit 1999 besuchen über 160 000 Menschen einmal im Jahr die Bundesministerien, das Bundespresse- und das Bundeskanzleramt. Allein über 30 000 wollen ins Bundeskanzleramt, um die Leit- und Machtzentrale der Bundesrepublik hautnah zu erleben. Das Kanzlerarbeitszimmer bleibt allerdings tabu. Bundeskanzlerin Angela Merkel empfängt ihre Besucher im ausladenden Garten, in dem sie auch Fragen von einer improvisierten Bühne aus beantwortet: «Nein, ich habe keine Zeit, den Rasen selbst zu mähen!»

Im Bundesinnenministerium bemühte man sich 2009 ebenfalls, den Besuchern einen möglichst authentischen Tag der Routinetätigkeiten von Wolfgang Schäuble zu bieten: Autogrammstunde mit Spitzensportlerinnen und -sportlern, Vorstellung des elektronischen Personalausweises, Präsentation des persönlichen Inflationsrechners des Statistischen Bundesamtes, Quiz und Kurzfilm zu Fragen des Protokolls und zur Staatssymbolik, Einsatz der Hundestaffel der Bundespolizei, einige Sportdarbietungen des Olympiastützpunktes Berlin, danach eine Tanzvorführung des Landessportverbandes Berlin sowie schließlich eine Fahrt im Bob-Simulator. Wem das zu inhaltsleer war, der konnte ins Bundesumweltministerium und sich Energiespartipps holen. Oder er besuchte das Bundesverteidigungsministerium, wo einem von der Big Band der Bundeswehr der Marsch geblasen wurde. Apropos «geblasen» – so etwas wie einen Tag des offenen Hosentürls gibt es seit dem Jahr 2006 in Amsterdam. An einem freien Tag zeigen dort Prostituierte den Besuchern ihre Arbeitsräume und informierten über Preise und Angebote: fünfzig Euro für fünfzehn Minuten, Kondome sind kostenlos!

Der «Tag der offenen Tür» ist eigentlich kein Ritual, sondern wie ein chronischer Hautauschlag. Man denkt, man hätte es hinter sich, und nach einem Jahr juckt's schon wieder. Und immer wieder funktioniert's: Offenburg hat im Mai 2009 einen «Tag der offenen Tür» im Knast veranstaltet. Eine paradoxe Situation: Normalerweise wollen alle raus, aber an diesem Tag wollten 20 000 Offenburger ins Gefängnis. Wo «Tag der offenen Tür» draufsteht, da drücken die Massen auf die Klinke. Sogar berühmte Schriftsteller werden für die Sache missbraucht. Ein Ratgeber zum «Tag der offenen Tür» empfiehlt dem Gastgeber, seine Gäste wie folgt zu empfangen: «Kurt Tucholsky war der Ansicht: Wer in der Öffentlichkeit Kegel schiebt, muss sich gefallen lassen, dass nachgezählt wird, wie viele er getroffen hat. Deswegen haben wir sie eingeladen, liebe Gäste. Damit Sie sich selbst davon überzeugen können, wie engagiert und erfolgreich unser gesamtes Team für Sie arbeitet.» Tucholsky hätte wohl eher gedacht: Stell dir vor, es ist «Tag der offenen Tür» und niemand geht rein!

Tagesschau Menschen sind soziale Wesen. Sie brauchen die Gesellschaft anderer und suchen sie auch. Schon in der Steinzeit versammelten sie sich abends vor dem Lagerfeuer, um einander die Geschichten des Tages zu erzählen. Das Feuer bot ihnen Schutz vor wilden Tieren und spendete Trost durch Wärme und schummrige Beleuchtung.

Das «elektronische Lagerfeuer» (Marshall McLuhan) der globalen Dorfgemeinschaft von heute heißt Glotze und wird in Deutschland um 20.00 Uhr entzündet. Dann versammeln sich wieder Menschen bei schummriger Beleuchtung, lassen sich die Geschichten des Tages erzählen und finden dabei Trost: Wie der Sprachforscher Ulrich Schmitz von der Universität Duisburg-Essen herausgefunden hat, erkennen die Zuschauer der «Tagesschau» im Laufe der Zeit, dass sich die Ereignisse auf diesem Planeten – Kriege, Katastrophen, Geburt, Tod, politische Entscheidungen – wiederholen, und Wiederholungen geben den Menschen Sicherheit. Dabei müssen sie die Nachrichten gar nicht im Detail verstehen. Sie suchen vor allem die Gewissheit, dass sich auch heute nichts nie Dagewesenes ereignet hat.

Für Sicherheit sorgt allein schon der exakte Beginn der «Tagesschau» um 20.00 Uhr. Ihre Ausstrahlung macht klar, dass die Welt da draußen noch existiert. Vertraute Personen auf dem Bildschirm tragen mit zur Beruhigung des Zuschauers bei. Die Sprecher gehören in vielen Haushalten zum Inventar. Wilhelm Wieben, Ex-«Tagesschau»-Sprecher, sagte kurz vor seinem Ausscheiden, er fühle sich wie ein Möbelstück.

Gegen das in über fünf Jahrzehnten aufgebaute Fernsehritual der ARD hat die Konkurrenz keine Chance. Der langjährige Chef des Privatsenders RTL, Helmut Thoma, hielt die «Tagesschau» für eine uneinnehmbare Bastion: «Die könnten die Nachrichten in Latein verlesen mit zwei brennenden Kerzen, und die Sendung hätte immer noch gute Ratings.» Medienexperten geben Thoma recht. Der Anachronismus der «Tagesschau» ist ihr Erfolgsrezept. Weder Moderatoren noch Journalisten präsentieren die Nachrichten: Ein Sprecher liest sie ab, aber nicht, wie mittlerweile im Fernsehen üblich, vom Teleprompter, sondern noch von

Zetteln. Fast fünfzehn Minuten lang werden ungefähr eintausendachthundert Wörter, also circa einhundertundzehn Sätze, wie im Hörfunk verlesen – für moderne Fernsehmacher ein Greuel. Um die Hintergründe zu erklären, reicht die Zeit nicht. Der Ausstoß an Fakten und Informationen überfordert die meisten Zuschauer. Viele können sich nur an wenige Meldungen erinnern, allein der Wetterbericht wird abgespeichert.

Als Amtspersonen wurden die Sprecher häufig wahrgenommen. In den siebziger Jahren hielten fast zwei Drittel der Deutschen Karl-Heinz Köpcke, den damaligen Chefsprecher der «Tagesschau», für den Regierungssprecher, einige sogar für den Bundespräsidenten, der die Deutschen abends noch mal kurz darüber informiert, was sich tagsüber so in der Welt getan hat.

Stärker diskutiert als die Meldungen wurden häufig die Haarfarben der Sprecherinnen sowie die Krawatten beziehungsweise die Bärte der Sprecher. Köpcke zum Beispiel kehrte 1974 aus einem Tauchurlaub in Dänemark mit einer Schramme im Gesicht zurück. Um diese zu kaschieren, ließ er sich einen Schnauzer wachsen. Daraufhin standen die Telefone in der Redaktion der «Tagesschau» in Hamburg nicht mehr still. Köpckes Bart war *das* Gesprächsthema in Deutschland, und die Fernsehnation forderte: Der Bart muss ab! Aus «Staatsräson» beugte sich Köpcke schließlich.

Auch sonst hatte es Köpcke in seinem «Amt» nicht eben leicht. In Bonn gab es einen Zuschauer, der ihn hasste und jeden seiner Versprecher peinlich genau notierte. Der freute sich natürlich, als Köpcke den damaligen Außenminister Willy Brandt «Bundesaußenseiter» nannte. Einige Boulevardzeitungen konnten sich diese Fehler nur durch übermäßigen Alkoholkonsum erklären. Werner Veigel, dem Nachfolger von Köpcke, fiel in einer pannenreichen «Tagesschau»-Sendung vom 9. November 1987 sogar vor Schreck das Gebiss aus dem Mund.

Die «Tagesschau»-Damen mussten mit Problemen anderer Art fertigwerden. Dagmar Berghoff, 1976 die erste Frau der «Tagesschau», erhielt massenweise Heiratsanträge. Es dauerte nochmal dreiundzwanzig Jahre, bis eine dunkelhaarige Sprecherin, Susanne Daubner, die Phalanx der Blondinen durchbrechen konnte. Die platinblonde Susan Stahnke machte erotische Fotos und wollte anschließend in einem Hollywoodstreifen die Frau von Hermann Göring spielen. Sie ging von alleine. Eva Herman, ebenfalls blond, äußerte sich politisch wie die Frau von Göring und wurde deshalb nicht weiterbeschäftigt.

Dass ausgerechnet die «Tagesschau» einmal den Feierabendbeginn auf 20.00 Uhr festsetzen und damit die Lebensgewohnheiten der Deutschen prägen würde, konnte beim Start am 1. November 1952 niemand ahnen. Zwei Monate danach lief die «Tagesschau» bereits dreimal die Woche, ab dem 1. Oktober 1956 montags bis samstags, und ab dem 3. September 1961 dann auch sonntags um 20.00 Uhr.

In den Jahren darauf eroberte sich die Sendung einen festen Platz in den Tagesabläufen der Menschen: «Tagesschau gucken» entwickelte sich zum Ritual. Eine große Rolle bei der Etablierung der Sendung spielte das Grubenunglück von Lengede 1963. Mit Live-Schaltungen zur Unglücksstelle wurde die «Tagesschau» populär und konnte sich gegen Tageszeitungen als das schnellere, aktuellere Medium behaupten. So wurde sie schnell ein Element des Dreiklangs, der den Übergang von Beruf zum Feierabend markiert: Arbeitsende, Abendessen, «Tagesschau». Der Medienwissenschaftler Knut Hickethier erkennt darin eine neue Akzentsetzung innerhalb des Tagesablaufs: «Bei den Ritualisierungen des Zuschauens kam es immer weniger auf die Inhalte einer Sendung als vielmehr darauf an, inwieweit sich Fernsehen als soziales Handeln in Beziehung setzen ließ zu anderen lebensweltlichen Vorgängen der Zuschauer. Die Einbettung des Fernsehens in den innerfamiliären Kommunikationsraum führte dazu, regelmäßig wiederkehrenden Sendungen besondere Bedeutung beizumessen, zum Beispiel dem Beginn der Hauptnachrichtensendung, dem wöchentlichen Freitagabend-Krimi, der sonnabendlichen Unterhaltungsshow.»

Die meisten deutschen Familien entwickelten für die Abendgestaltung Rituale und Routinen. Nach dem gemeinsamen Abendessen, bei dem jeder auf seinem angestammten Platz saß, wechselte man ins Wohnzimmer. Dort gab es ebenfalls eine feste Sitzordnung. Die Fernbedienung – soweit vorhanden – lag in der Nähe des Haushaltsalphatiers, und mit dem Gongschlag der «Tagesschau» um 20.00 Uhr herrschte das Gebot des Schweigens. Das galt insbesondere für quengelnde Kinder. Manche von ihnen waren froh, dass sie die «Tagesschau» noch sehen durften, bevor sie ins Bett geschickt wurden, andere nötigte man dazu – es gab Familien, in denen die Meldungen hinterher abgefragt und richtige Antworten mit Süßigkeiten belohnt wurden. Eine Achtundsechziger-Mutter versprach ihrer Tochter sogar eine Barbie-Puppe für den Fall, dass der spanische Diktator

Franco endlich das Zeitliche segnen sollte. Täglich schaute die Tochter gebannt die «Tagesschau», in freudiger Erwartung einer ganz bestimmten Todesnachricht.

Man ließ sich nicht nur selber ungern während der «Tagesschau» stören, man wusste auch, dass man andere dabei nicht behelligen sollte. Es war ein absolutes Sakrileg, im Deutschland der siebziger und achtziger Jahre während der «Tagesschau» jemanden anzurufen. Vorher begonnene Telefonate wurden kurz vor 20.00 Uhr mit den Worten beendet: «Wir müssen Schluss machen, gleich kommt die ‹Tagesschau›!» Klingelte es wirklich mal in der heiligen Viertelstunde, schauten die Familienangehörigen einander an und wussten: Etwas Schlimmes war passiert – Oma und Opa ging es ja schon länger nicht so gut. Andere Gründe für die Störung waren unvorstellbar. Sogar abendliche Einladungen beim Nachbarn orientierten sich am Ersten Deutschen Fernsehen: «Wir kommen dann nach der ‹Tagesschau› rüber!» Die endete immer mit dem Wetterbericht. Und auch der sorgte für Gesprächsstoff. So setzte sich der Südwestfunk vehement dafür ein, dass eine bedeutende Stadt wie Baden-Baden in die Wetterkarte eingezeichnet wird, und Vertriebenenverbände forderten eine Wetterlage in den Grenzen von 1937. Ihrer Meinung nach hörte das großdeutsche Wetter nicht an der Oder auf!

Heute ist das Schnee von gestern. Die «Tagesschau» gibt es inzwischen im Internet und als App fürs iPhone. Sie ist ständig verfüg- und abrufbar. Auch schert sich kaum noch jemand um das Telefonverbot nach 20.00 Uhr. Aber im deutschen TV-Programm ist die 20.15-Uhr-Position bis heute unverrückbar: Nach wie vor beginnt die Prime-Time erst, sobald die «Tagesschau» vorbei ist. Alle Versuche, das zu ändern, haben die privaten Fernsehsender nur Geld und Quote gekostet. Legendär gescheitert ist auch Fred Kogel, damals Programmgeschäftsführer von SAT.1, der 1995 mit dem Slogan «Volle Stunde, volles Programm» die Hauptspielfilme des Abends bereits um 20 Uhr starten ließ. Reumütig kehrte man schon bald zu dem Takt zurück, den die «Tagesschau» seit beinahe sechzig Jahren vorgibt.

In all diesen Jahrzehnten war sie immer pünktlich. Nur einmal, am 25. Juli 1988, zwang ein Tarifstreit sie in die Knie, und der Bayerische Rundfunk musste mit einer aufgepeppten Rundschau einspringen. Und am 7. Juli 2009 kam es dann zur Sensation: Zum ersten Mal verzögerte sich der Beginn der «Tagesschau» ungeplant. Ein anderes Ritual war ihr in die Quere gekommen – das letzte ➶Comeback von Michael Jackson, seine Trauerfeier. Weil die ARD sie live übertrug, ging die «Tagesschau» erst um 20.19 Uhr auf Sendung.

Taufe Die katholische Kirche hat seit zweitausend Jahren ein paar Tricks drauf, die Schamanen, Druiden und andere Esoteriker alt aussehen lassen. So wird bei einer katholischen Messe nicht nur Wein in Christi Blut, sondern auch der Leib des Herrn in kleine, runde Hostien verwandelt. Sogar den Schrecken des Todes besiegt die ➶Magie der katholischen Kirche. Denn wer Wein in Blut überführen kann, der bekommt sicher auch eine überzeugende Wiederauferstehungsnummer hin. Der Übergangsritus der Taufe ist ein weiteres Wunder des Glaubens. Beim Eintauchen in das Wasser wird das sündige Leben ertränkt. Nach dem Auftauchen ist dann der Täufling ein neuer Mensch, und durch die Taufe lebt er fort in Christus.

Im katholischen Katechismus wird es so beschrieben: «Darauf folgt der wesentliche Ritus des Sakramentes: die eigentliche Taufe. Diese zeigt an und bewirkt, dass der Täufling der Sünde stirbt, dem Pascha-Mysterium Christi gleichgestaltet wird und so in das Leben der heiligsten Dreifaltigkeit eintritt. Am ausdruckvollsten wird die Taufe durch das dreimalige Eintauchen in das Taufwasser vollzogen.» Allerdings kann es dabei manchmal auch zu tragischen Unfällen kommen. Es war am 3. November 2005, als der Baptistenprediger Kyle Lake in der texanischen Stadt Waco eine Frau taufen wollte. Da die Baptisten bei dem Initiationsritus ganz in das Taufwasser eintauchen müssen, stieg der Dreiunddreißigjährige schon mal in das Bassin, in dem die Frau anschließend getauft werden sollte. Während er sich nach einem Mikrofon am Beckenrand streckte, löste sich ein Kabel. Es fiel ins Wasser, Lake erhielt einen Stromschlag und starb.

Das Christentum ist nicht die einzige Religion, in der die nicht immer ungefährlichen Baderituale eine hohe Bedeutung besitzen. So nehmen die Hindus im mit Schwermetallen, Exkrementen und Leichenteilen verschmutzten Ganges ihr rituelles Bad. Viele wünschen sich, am Fluss zu sterben. Ihre Asche soll anschließend im heiligen Strom verstreut werden. Muslime kennen diverse rituelle Waschungen vor den verschiedenen Gebeten. Und im Judentum nutzte man schon lange vor dem Christentum Wasser für Reinigungsrituale: Das Alte Testament berichtet, dass der aussätzige

Frühe Quellen belegen: Jesus wurde von Johannes dem Täufer aus dem Meer gefischt und verwandelte sich dann in einen Vogel.

Naaman auf Geheiß eines Propheten siebenmal im Jordan untertauchte, um seine Krankheit zu heilen und sich spirituell zu reinigen.

Im Neuen Testament tauchte die Taufe dann recht unvermittelt auf. Woher sie stammt und was sie soll, wird kaum erklärt. Plötzlich gab es Johannes den Täufer, dem einfiel, dass man praktischerweise die Aufnahme in eine religiöse Gemeinschaft mit einem belebenden Bad im Jordan verbinden könnte. Während er die Täuflinge in die Fluten eintauchte, konnten diese ihre Sünden bereuen und sich auf den kommenden Messias einschwören lassen. Auch Jesus selbst nahm den Service gern in Anspruch. Johannes wurde dadurch so etwas wie ein Star unter den Täufern, musste aber für seinen Ruhm einen hohen Preis zahlen. Nachdem Salome, die Stieftochter des Herrschers Herodes Antipas, eine flotte Sohle aufs Parkett gelegt hatte, forderte sie eine Gegenleistung dafür. Herodes, nach der Darbietung noch immer völlig kopflos, gewährte ihr schließlich, wonach es sie verlangte: das Haupt des Täufers. Herodes ließ Johannes köpfen. Trotzdem war der Siegeszug der Taufe nicht mehr aufzuhalten.

Nach dem Tod von Jesus wagte der Apostel Paulus eine Neubewertung des Taufrituals. Im Vordergrund stand nun, dass im Namen der Dreifaltigkeit auf Jesus Christus getauft wurde. Selbst Gläubige, die bereits von Johannes getauft worden waren, mussten die Prozedur noch einmal über sich ergehen lassen. Auch wenn dies im Neuen Testament nicht erwähnt wird – sowohl Johannes als auch Paulus haben Erwachsene in den Jordan getaucht –, gehen die meisten Historiker davon aus, dass darunter bereits Kinder waren. Bis heute ist das Taufen von Kindern allerdings umstritten. Die Baptisten lehnen es vollständig ab. Noch radikaler wandte sich im 16. Jahrhundert eine aus der Reformation hervorgegangene Bewegung dagegen: Die «Wiedertäufer» glaubten, dass der Mensch sich in vollem Bewusstsein zur christlichen Taufe entschließen müsse. Mit ihren fundamentalistischen Vorstellungen hatten sie schnell großen Zulauf, aber machten sich natürlich auch mächtig Feinde. Wie so oft bei moralisch ambitionierten Bewegungen schossen sie dann 1534 in Münster gewaltsam übers Ziel hinaus. Vierzehn Monate lang errichteten sie dort eine Schreckensherrschaft und tauften die Stadt in «Neu-Jerusalem» um. Wer nicht freiwillig auf die Idee kam, sich wiedertaufen zu lassen, wurde zum Tode verurteilt. Zu Ostern 1535 erwarteten die Wiedertäufer das Erscheinen von Jesus Christus. Als der aber doch nicht kam, konnten sie die belagerte Stadt nicht mehr halten.

Inzwischen ist die Kindertaufe in Deutschland die Regel. Ein Grund dafür besteht in der Angst der Gläubigen, dass ungetaufte Kinder, die sterben, nicht in den Himmel kommen könnten. Da nach katholischem Glaubensverständnis alle Menschen mit der Erbsünde geboren werden, ist es Ungetauften nicht möglich, das Himmelstor zu durchschreiten. Noch heute dürfen kirchliche Laien sogenannte Nottaufen von Säuglingen, aber auch Erwachsenen vornehmen. Es ist vollkommen ausreichend, den sterbenden Täufling dreimal mit Wasser zu übergießen und dabei zu sagen: «Ich taufe dich im Namen des Vaters, des Sohnes und des Heiligen Geistes!» Katholische Hebammen sind sogar verpflichtet, Neugeborene in Lebensgefahr oder totgeborene Säuglinge sofort zu taufen. Kommt der Pfarrer doch noch rechtzeitig, spricht man von einer «Jähtaufe».

Unter weniger dramatischen Umständen findet die katholische Taufe natürlich in einer liturgischen Messe statt.

Meist wird es dann sehr laut, wenn die kleinen Täuflinge mit dem Taufwasser in Berührung kommen. Das einsetzende Kindergeschrei überdeckt gnädigerweise manchen fallengelassenen Taufspruch wie: «Seid fröhlich in Hoffnung, geduldig in Trübsal, beharrlich im Gebet» (Römer 12,12). «Und langweilig im Sprücheklopfen», möchte man da hinzufügen. Danach wird dem Täufling sein weißes Taufgewand übergezogen. Es zeigt, dass er Christus nun auch symbolisch «trägt». Zu guter Letzt wird die Taufkerze an der Osterkerze entzündet, das verkündet die «Erleuchtung» des frisch Getauften durch Christus.

Die Taufe ist für die beiden großen Kirchen in Deutschland ein echter «USP» (*unique selling point*). Menschen brauchen solche stabilisierenden Kulthandlungen, um Wendepunkte im Leben besser verarbeiten zu können. Die Geburt eines Kindes ist ein solcher Wendepunkt, und die Taufe bietet ein einfaches und überzeugendes Ritual. Nebenbei wird natürlich auch die Namensgebung des Kindes gefeiert, obwohl das mit dem christlichen Ritus der Taufe eigentlich nichts zu tun hat. Die Kirchen profitieren von dieser verwirrenden Vermengung von Taufe und Namensfeier. Sie bieten seit Jahrhunderten mit viel Erfolg ein erprobtes und nachgefragtes Initiierungsschauspiel an. Man muss nur daran glauben!

Manchmal ist es überraschend, wer alles auf die Idee kommt, sich taufen zu lassen. Sie war die Queen of Punk, folgte jahrelang einem indischen Guru und hatte Kontakt mit Außerirdischen: Im August 2009 ließ sich die vierundfünfzigjährige Nina Hagen in Niedersachsen bei einer evangelisch-reformierten Kirche taufen. 1978 hätte sie daran sicherlich noch nicht gedacht, denn da hatte sie noch höllische Einflüsterer. In ihrem Song «Auf'm Friedhof» hatte sie damals den Teufel sagen lassen: «Gott ist tot! / The Lord is fort!»

Teezeremonie Bereit für seinen Morgentee
setzt sich ein Mönch ganz still hin
– und nimmt die Chrysanthemen wahr.
(Japanischer Haiku von Matsuo Basho, 1644–1695)

Japan ist auch nicht mehr das, was es mal war. Die Liberale Partei hat abgewirtschaftet, der Yen gilt als unterbewertet, im Fernsehen spielen die Kandidaten menschliches Tetris: Wer sich nicht passend macht für die einzige Lücke in der heranrasenden Wand, wird abgeräumt. Mädchen tragen Hello-Kitty-Kontaktlinsen, die ihre Pupillen riesig erscheinen lassen. Pudding wird in gigantischen Eimern verkauft. Der Inhalt: Zwanzig reichliche Portionen gelber Masse mit brauner Sauce. Umgestülpt wackelt der Berg wie Tokio bei dem stets befürchteten Megabeben.

Größenwahnsinn tritt an die Stelle von Wabi-Sabi, dem traditionellen japanischen Schönheitsideal. Auch Taichi Takashita hatte es 2008 satt. Er wollte endlich eine richtige Frau mit typisch japanischen Werten heiraten: Seine Angebetete war Mangaheldin. «Ich interessiere mich nicht länger für drei Dimensionen, ich möchte ein Bewohner der zweidimensionalen Welt werden», ließ er die Regierung in seiner Online-Petition wissen.

Reduzieren konnten sie schon immer gut, die Bewohner Nippons. Wohnraum, Speisen, Bäume, Urlaubsreisen: Alles dampfen sie ein, verkleinern oder verkürzen es. Japaner sind Spezialisten darin, Essenzen herzustellen. So machen sie es auch mit dem Tee und der Weise, wie er getrunken wird.

Die Chinesen kamen vor knapp fünftausend Jahren auf die Idee, Teile von Sträuchern mit Wasser zu übergießen; und siehe da: Es machte munter. Fortan als Medizin gehandelt, verbreitete sich der Tee zunächst in der adligen Oberschicht.

Da es auch für meditierende Mönche nichts Besseres geben kann als ein Getränk, das wärmt, wach hält und Hungergefühle vertreibt, haben sie den Tee einfach zu ihrer Erfindung erklärt: Bodhidharma, dem indischen Wandermönch, der den Chan-Buddhismus nach China brachte, sollen eines Tages beim Meditieren vor Müdigkeit die Augen zugefallen sein. Daraufhin habe er sich die Lider abgerissen und sie weggeworfen. Aus ihnen sei die erste Teepflanze gewachsen.

Als die Japaner in der zweiten Hälfte des ersten Jahrtausends unserer Zeitrechnung durch China reisten, brachten sie von dort nicht nur den Chan-Buddhismus mit, den sie flugs zum Zenbuddhismus ziselierten, sondern auch den Tee. Anfang des zweiten Jahrtausends war er in Japan in aller Munde. Zeit, die Brühe einzukochen.

Bis heute ist die Teezeremonie eine quasireligiöse Handlung, deren genaue Beschreibung ganze Bücher füllt. Ihre Durchführung kann leicht vier Stunden dauern. Salopp gesagt, wird dabei visueller, akustischer, kommunikativer und sozialer Ballast abgeworfen, und eine Handvoll Leute machen nichts anderes, als in einem fast gänzlich leeren Raum jemandem dabei zuzusehen, wie er Tee kocht, der dann getrunken wird. Dazu werden leichte Speisen geknabbert.

Ursprünglich fand die Prozedur im Wohnhaus des Zenmeisters statt, in unmittelbarer Nähe des Tempels. Man traf sich auf seine Einladung hin im Garten und wartete, bis der Gastgeber einen begrüßte. Auf einem geschwungenen Pfad, der den Weg zur Erleuchtung symbolisierte, schritt man zum Herzen des Geschehens, dem Teehäuschen. Die Gäste zwängten sich in tiefer Demut durch die winzige Türöffnung. Keine Bilder, kein Firlefanz. Viereinhalb Tatamis (Strohmatten) auf dem Boden, erlesenes Geschirr, der Jahreszeit entsprechend bemalt. Ein schlichter Kessel. Eine Blume. Dann gingen die Gäste wieder hinaus, bis ein fünfmaliger Gongschlag sie erneut rief und das eigentliche Ritual begann.

Wenn der Meister den Tee zubereitet, sind alle Handlungsabläufe bis ins letzte Detail festgelegt: wann welche Teeschale gewärmt, gereinigt, abgelegt, gedreht wird, wie das lila Reinigungstuch aus dem Kimono gezogen werden muss und erst recht auf welche Weise Teepulver, Wasser und Teebesen miteinander in Berührung kommen dürfen. «Je mehr wir wahrnehmen, desto tiefer versinken wir, und die einzelnen Aktionen des Gastgebers, der Gastgeberin verlieren die Endlichkeit ihrer Kontur: Das Reinigen der Teedose mit dem Seidentuch entfernt nunmehr den Staub der ganzen Welt, und der kleine, in sich abgeschlossene Teeraum weitet sich ins Unendliche», beschreibt ein Teemeister die Wirkung.

Alter Teich –
Ein Frosch springt hinein
Das Geräusch des Wassers

Der Höhepunkt der Zeremonie ist erreicht, wenn alle aus einer Schale die dickflüssige, grüne, schaumig aufgeschlagene Pulvermischung trinken. Da ist soviel Teein drin, dass spätestens jetzt ein echtes Gipfelerlebnis eintritt.

Ein zutiefst berührendes Erlebnis, das mit Contenance genossen werden soll. Umso nachdrücklicher hat sich das Verhalten der Gattin von George W. Bush ins kollektive Gedächtnis der Japaner eingebrannt: Ihr schmeckte der bittere Teebrei so gut, dass sie meinte, begeistert mit den Augen rollen zu müssen. Das ist in etwa so, als würde man vor dem Altar nach dem Verzehr des Abendmahls ein zufriedenes Bäuerchen von sich geben und dann den Priester anhauchen. Die Atmosphäre des Respekts, der Harmonie, Reinheit und Stille wird durch jedes auffällige Verhalten zerstört. «Wenn ihr einen Gegenstand auf den Boden legt, um den nächsten aufzunehmen, dann sollte dies in einem Geist geschehen, als würdet ihr euch von einem geliebten Menschen trennen.» Wabi-Sabi.

Auch diese Essenz der Teezeremonie konnte dank fleißiger Bemühungen an der Universität von Tokio noch weiter konzentriert und von allen grobstofflichen Resten befreit werden: Die Wissenschaftler entwickelten 2007 einen Roboter, der Tee kochen kann. Ein anderer servierte diesen mit Hilfe von Sensoren im Boden und Kameras an den Wänden. Den Abwasch teilen sich die beiden. Der Erfinder, Professor Tomomasa Sato, wurde im «Stern» mit den Worten zitiert:

«Ein Mensch ist vielleicht schneller. Aber man muss nicht danke sagen!» Vielen Dank, Professor Sato. Das ist sehr Wabi-Sabi: Der Mensch ist ein Auslaufmodell, unvollkommen. Aus der perfekten Harmonie der Abläufe ragt er heraus wie ein knorriger, krummer Ast.

Torjubel Wenn ein Automechaniker erfolgreich die Reifen eines Pkw gewechselt hat, schlägt er keinen Salto, reißt nicht die Arme hoch, wirft sich nicht auf den Boden und fällt auch nicht seinen Kollegen um den Hals. Er hat einfach seinen Job gemacht. Fußballer dagegen, die ein Tor erzielt haben, trommeln wie wahnsinnig auf die eigene Brust, entledigen sich ihres Trikots, greifen sich in die Hose – oder ziehen diese gleich ganz aus – und knutschen sich gegenseitig ab. Im Jahr 2001 hat ein Spieler des FC Sevilla dem Torschützen vor Zehntausenden von Zuschauern im Stadion die Kronjuwelen geküsst. Da erstarb der Jubel sogar im heißblütigen Spanien.

Fußball ist eben Wahnsinn, und der hat bekanntlich Methode.

Noch bei der Fußball-WM 1954 hatten sich die deutschen Spieler nach dem Siegtor gegen Ungarn durch Rahn nur ganz scheu und kurz umarmt. Den ersten Kuss während eines Torjubels gab es bei der Fußballweltmeisterschaft 1974. Und Andy Brehme wurde nach seinem Tor im WM-Finale von 1990 von seinen Nationalmannschaftskollegen umgerissen und schließlich unter einem Berg von Mitspielern fast wie beim Gruppensex begraben.

Zur Freude des Trainers fallen bei Bayern München die Torschützen vom Himmel.

«Elf Freunde müsst ihr sein, wenn ihr Siege wollt erringen», hieß es bei Sepp Herberger. Freunde sind die elf Profis längst nicht mehr, aber wenn sie gewinnen wollen, muss die Mannschaft funktionieren. Die Profivereine versuchen mit allen Mitteln, ein Team zu formen. Die Mannschaft reist gemeinsam, isst gemeinsam, duscht, schläft und trainiert gemeinsam. Die Spieler tragen die gleichen Anzüge und Trikots. In Trainingslagern sind sie quasi kaserniert. Individualität ist eigentlich bloß bei den Rückennummern möglich. Selbst die Farbe der Unterhosen ist vorgeschrieben. Nur Torhüter dürfen sich anders kleiden, dafür bleibt ihnen der Torjubel bis auf seltene Ausnahmen auch versagt.

Ähnlich wie bei Insassen von Gefängnissen und psychiatrischen Anstalten entwickeln Fußballer Widerstände gegenüber diesen Einschränkungen ihrer Individualität. Wenn sie ein Tor geschossen haben, nutzen sie die Gelegenheit, sich von allen Spielern auf dem Feld zu unterscheiden. Der Salto von Miroslav Klose, der Flickflack von Sanou, das Schrauben am Ohr von Luca Toni – beim Torjubel will sich der Einzelne als solcher zeigen, läuft manchmal der gesamten Mannschaft davon, bis die ihn einholt und unter sich begräbt. Die Aufmerksamkeit der Fans, der Medien, des eigenen Teams ist ganz auf den Torschützen gerichtet. Einige sind darauf vorbereitet und tragen Shirts mit Botschaften unter dem Trikot. Andere stecken den Ball dorthin und nuckeln am Daumen, um das Tor auf diese Weise ihrem Nachwuchs zu widmen.

Der Brasilianer Diego spricht von einem orgasmusgleichen Gefühl, das einen überkommt, sobald die Kugel sich ins Netz gesenkt hat. Da behindern einen die Klamotten nur. Diegos Landsmann William zog sich 2001 nach seinem Tor die Unterhose aus und schwenkte sie triumphierend über dem Kopf. Er wurde noch auf dem Spielfeld von der

Polizei verhaftet, weil eigentlich niemand sehen wollte, was zwischen seinen Beinen baumelt. Auch Williams Ehefrau war peinlich berührt. Sie habe ihn stundenlang ausgesperrt, sagte er später der Presse, und schließlich habe er auf der Wohnzimmercouch übernachten müssen.

Verstehen können William aber viele. Christian Fiel von Alemannia Aachen wurde nach seinem 3:2-Siegtor gegen den 1. FC Köln verwarnt, weil er sein Trikot ausgezogen hatte. Zu innerer Einsicht führte die Strafe aber nicht. «Am liebsten hätte ich mir auch noch die Hose ausgezogen», gab Fiel anschließend zu.

Die FIFA hat schon 1984 auf erste Eskapaden reagiert und festgelegt, dass «überschwenglicher Jubel» mit einer gelben Karte zu ahnden sei. 2004 wurde die Regel dann verschärft. Nun sollte auch das Ausziehen des Trikots als unsportliches Verhalten mit einer gelben Karte bestraft werden. Und in Abschnitt 12 des FIFA-Regelwerks von 2008 heißt es: «Ein Spieler muss verwarnt werden, wenn er:

- sein Hemd über seinen Kopf auszieht oder es ganz oder teilweise über seinen Kopf stülpt,
- Kopf oder Gesicht mit einer Maske oder ähnlichem bedeckt,
- nach Meinung des Schiedsrichters mit provozierenden, höhnischen oder aufhetzenden Gesten jubelt,
- an einem Zaun hochklettert, um einen Treffer zu feiern.»

Die Härte der Regeln traf auch den englischen Profi Robert Fowler, als er beim FC Liverpool tätig war. Während des Spiels gegen den FC Everton hatten ihn die gegnerischen

Fans immer wieder wegen seines angeblichen Kokainkonsums verhöhnt. Als er schließlich einen Elfmeter verwandelte, legte er sich bäuchlings auf den Boden und tat so, als ob er den Kreidestaub der Außenlinie schnupfen würde. Die Strafe für diese «provozierend höhnische Geste» gegenüber den Everton-Fans: sechs Partien Zwangspause!

Der spanische Profi Leandro wurde gesperrt, weil er bei seinem Torjubel das Bein wie ein Hund beim Pinkeln hob. Ohne Sperre kam Roger Milla davon. Der Fußballprofi aus Kamerun machte bei der Weltmeisterschaft 1990 den Tanz an der Eckfahne populär. Als Didier Drogba es ihm später bei einem Spiel gegen Southampton gleichtat, blamierte er sich allerdings bis auf die Knochen – während seiner minutenlangen Einlage war ihm entgangen, dass sein Tor für Chelsea gar nicht anerkannt worden war.

Mittlerweile gibt es ein gigantisches Repertoire an Jubelritualen: den Taucher, die Säge, den Segelflieger, den Ringküsser, den Wappenschläger, den Bodenrutscher, den Schuhputzer, den Zeigefinger-an-die-Lippen-Leger, den Kreisel, den Schrauber, den Stierkämpfer, den Schützen und so weiter. Es war nur eine Frage der Zeit, bis das Torjubelritual zum Marketingtool werden würde. 2009 feierte Mario Gomez, damals noch in Diensten des VFB Stuttgart, sein Tor gegen Borussia Dortmund mit einer nicht ganz werbefreien Einlage: Er öffnete eine imaginäre Dose, schien einen Schluck daraus zu nehmen und breitete anschließend seine Arme aus, als wolle er sich in die Luft erheben. Der Werbevertrag mit einem Energy-Drink-Hersteller hatte ihm offensichtlich Flügel verliehen.

Spätestens damit ist klar, dass auch der individuelle Torjubel am Ende ist. Er ist zum leeren Ritual geworden, das vermarktet und verkauft werden kann. Geld bekommt Gomez aber nur, wenn er jubelt, und dazu muss er erst mal treffen.

Trinkgeld Es war in Chicago im Jahr 2000. Drei Briten bestellten in der Bar «The Leg Room» drei Cocktails für insgesamt neun Dollar. Einer von ihnen unterhielt sich angeregt mit der Kellnerin Melanie Uczen. Er erklärte ihr, er habe im Leben hart gearbeitet und es jetzt geschafft. Erst gestern habe er in einem Restaurant tausend Dollar Trinkgeld gegeben. Melanie erwiderte darauf, dass auch sie hart gearbeitet habe, um dahin zu kommen, wo sie jetzt sei. Beim Bezahlen vermerkte der Gast auf dem Kreditkartenbeleg ein Trinkgeld in Höhe von zehntausend Dollar.

Für den Geldsegen kann sich Melanie Uczen beim guten alten Europa bedanken. Irgendwann vor Jahrhunderten wurde es dort Sitte, für kleinere Gefälligkeiten ohne Aufforderung Geld zu bezahlen. Das war der Sündenfall. Seitdem wuchert das Trinkgeld durch die Welt wie ein Krebsgeschwür. Im Mittelalter durfte man nach entsprechend hohem Trinkgeld als «Betthupferl» die Kellnerin gleich mit aufs Zimmer nehmen. Da hat Melanie aus Chicago noch mal Schwein gehabt. Wen es damals ganz hart traf, der musste sogar bei seiner eigenen Hinrichtung einen kleinen Obolus entrichten. Denn erst dann war der Scharfrichter bereit, das Schwert so zu schärfen, dass es für einen möglichst sauberen und schmerzlosen Schnitt sorgte.

War das Geben von Trinkgeld früher Bestechung, entwickelte es sich im Laufe der Zeit zum Distinktionskriterium: Freigebigkeit signalisierte eine höhere gesellschaftliche Stellung. Eitle Herrschaften versuchten einander im 19. Jahrhundert mit immer höheren Trinkgeldern zu überbieten. Es wurde zu einer solchen Unart, dass es sogar zur Gründung einer bürgerlichen «Anti-Trinkgeldliga» kam. Aber die Unsitte hatte die Welt bereits verdorben. Anfangs noch verboten, setzte sich das Trinkgeld in den USA durch. Heute leben die Angestellten in Dienstleistungsberufen dort sogar von dieser finanziellen Zuwendung durch die Kunden. Auch dem Sozialismus gelang es nicht, das Trinkgeldgeben abzuschaffen. In der DDR war es zwar offiziell untersagt, doch niemand hielt sich daran.

Bis heute bleibt es rätselhaft, wieso Menschen ohne äußeren Zwang ihr Geld für schon bezahlte Dienstleistungen hergeben. Der Verfasser des Buches «Der Rest ist für Sie», Winfried Speitkamp, glaubt dafür eine Erklärung zu haben: «Weil es eben wichtig ist für die Menschen, ihren Status zu zeigen. Hier gibt es sozusagen noch einen kleinen irrationalen Rand der Gesellschaft, wo wir nicht ökonomisch denken. Ökonomisch ist es unvernünftig. Wir sehen in den meisten Fällen den Kellner nie wieder. Warum geben wir ihm Trinkgeld? Weil wir zeigen wollen, wer wir sind, und dass wir uns zu benehmen wissen. Dass wir auftreten können. Dass wir in dem Moment, wo wir im Gasthaus sind, sozusagen zur besseren Seite der Gesellschaft gehören.»

Während Speitkamp im Trinkgeldgeben eine berechnende Geste zur Eigendarstellung in der Öffentlichkeit sieht, glaubt der Ökonom Robert Frank, dass man nur sich selber etwas beweisen möchte: «Der Trinkgeldgeber findet es eigentlich fair, das so zu machen, den Leuten ein bisschen mehr zu geben, als sie Anspruch haben. Und dann macht man das, ohne es zu sagen, weil man sich selbst praktisch zu einem kleinen Altruismus anhält. Das ist quasi so eine Art Gespräch, das man mit sich selber führt, wenn man Trinkgeld gibt, dass man sagt: Ich will gar nicht so ein Egoist sein, obwohl ich es sein könnte.»

In Deutschland ist das Geben von Trinkgeld aus ökonomischen Gründen nicht notwendig. Eigentlich sollten in Dienstleistungsberufen ausreichend hohe Löhne gezahlt werden. Auch Statusfragen spielen heute keine Rolle mehr. Trinkgeldgeben mag zwar ein überholtes Ritual sein, hält sich aber in der Gesellschaft hartnäckig. Wer es nicht gibt, gilt als geizig. Da bedarf es schon eines gewissen Mutes, um exakt die Summe zu bezahlen, die auf der Rechnung steht. Vielleicht versuchen Sie beim nächsten Kneipenbesuch mal, ob Sie sich trauen, kein Trinkgeld zu geben, oder wenn doch, dann mindestens 10 000 Dollar. So schaffen Sie es zumindest in ein Buch.

Urlaub Manchmal ist ein «echter» Sonnenuntergang so kitschig, dass man befürchten muss, sofort einen Rosamunde-Pilcher-Ausschlag zu bekommen, falls die Sonne noch mehr Abendrot am Himmel verpinseln sollte. Aber es gibt eben Naturschauspiele und Landschaften, die sind unschuldig an dem, was Menschen in Bild, Ton und Schrift aus ihnen gemacht haben. Seen, die einfach blau und klar sind, Berge, die grün und hoch sind, und dazu ein besonderes Licht, das das

Bild der Landschaft direkt ins Herz brennt. Das österreichische St. Gilgen, ein kleiner Ort am Wolfgangsee, ist die perfekte Idylle und war gleichzeitig das wehrlose Opfer eines fanatischen Urlaubsrituals.

Dreißig Jahre lang suchte Helmut Kohl in den Sommerferien das beschauliche Fleckchen Erde heim. So wurde allmählich aus einer blühenden Landschaft «verkohltes» Terrain. Der Kanzler der deutschen Wiedervereinigung residierte selbstverständlich immer im selben Bauernhaus. Die Eigentümerin flüchtete in dieser Zeit nach München. Natürlich verliefen die Urlaubsaktivitäten der Kohls auch immer gleich. Die Spaziergänge am See führten über die schon seit Jahren ausgetretenen Pfade. Bei gutem Wetter nahm der gewichtige Spitzenpolitiker regelmäßig auf demselben bemitleidenswerten Stuhl im Garten Platz. Und zum Kaffee-

Der Koloss von Rhodos rudert Zirze in den Hafen von Piräus. Hannelore und Helmut Kohl machen Urlaub.

trinken zog es die Kohls jedes Mal ins Cafe «Café Dallmann», wo stets zum Kännchen ein großes Stück Mozarttorte verputzt wurde. Gegen Abend ging es dann zum Steg am Ufer, um dem Sonnenuntergang beizuwohnen. Spätestens am zweiten Tag beehrte Kohl den sozialdemokratischen Bürgermeister von St. Gilgen, Wolfgang Planberger, mit einem Besuch, um ihm wieder mal zur Schönheit seines Ortes zu gratulieren.

Helmut Kohl machte Urlaub, wie er auch regierte. Er tat nicht viel, Kohl war einfach da. Tausende von Fotos vor der Kulisse des Wolfgangsees vertieften die Verbindung zwischen Kohl und St. Gilgen: Der Bundeskanzler mit Familie vor einer grünen Weide, mit Hannelore vor einem Baum, allein vorm See, rudernd auf dem See und planschend im See. Wahrscheinlich hätte es nie eine Wiedervereinigung gegeben, wenn Kohl mal auf den Kanaren gewesen wäre – wer Jahr für Jahr vier Wochen auf einen See schaut, der Wolfgang heißt, den muss am Ende die deutsche Frage umtreiben.

Aber Helmut Kohl ist nur ein repräsentatives Beispiel für die allgemeine Treue der Deutschen zu ihren Urlaubsorten. Tausende deutsche Urlauber fahren wieder und wieder an denselben Ort und machen da nichts anderes als im Jahr davor. Einige campen seit Jahrzehnten immer auf demselben Campingplatz, wo sie immer auf dieselben Nachbarn treffen und immer dieselben Urlaubsfotos knipsen. Da spielt es auch keine Rolle, dass mancher später beim Sortieren der Bilder durcheinanderkommt.

Die Redakteure der «Welt online» wagten vor Jahren den Selbstversuch, indem sie noch einmal die Urlaubsorte ihrer Jugend besuchten. Der Journalist Karsten Kammholz reiste dazu auf die dänische Nordseeinsel Fanø: «Jetzt bin ich wieder da, Fanø ist nicht mehr der große Abenteuerspielplatz, sondern ein auf rätselhafte Weise vollkommener Ort, an dem ich zur Ruhe komme. Ich bin zutiefst vertraut mit diesem Fleckchen Erde … Ich werde Fanø treu bleiben. Ich war schon hier als Säugling – und käme noch gern als Greis.»

Wahrscheinlich hat die Begeisterung für den Urlaubsort, also das Außen, mehr mit dem eigenen Innenleben zu tun, die Welt jedenfalls entdeckt man auf diese Weise nicht im Urlaub, aber vielleicht muss das auch gar nicht sein.

Der Wolfgangsee ist übrigens in der Tat schön. Man kann an ihm auch Urlaub machen, ohne anschließend sein halbes Leben lang wiederkommen zu müssen. Helmut Kohl wird man allerdings dort nicht mehr begegnen. Der frühere Kanzler fährt seit der Jahrtausendwende nicht mehr in sein einstiges Ferienparadies. St. Gilgen hat ihm trotzdem ein Denkmal gesetzt.

Vorspiel Die wahre Bedeutung der Dinge erfährt man oft erst, wenn sie verschwunden sind. Sobald die Wolken des Alltags sich vor den Honigmond der ersten Verzückungen schieben, tappen viele im Dunkeln. Eben noch waren ein Blick, ein Kuss, eine einfache Berührung Garanten für diverse Schwellungen hier und da. Plötzlich kann man den anderen nahezu wund streicheln, aber ein Stöhnen ist ihm nicht mehr abzuringen. Man liegt nebeneinander wie Brüderchen und Schwesterchen. Einander zugetan, aber frei von Geilheit.

Was tun?

Vorgeblich omnipotente Lover wie Eddy Murphy in «Beverly Hills Cop II» haben dann – typisch Mann – nur noch einen Rat. Es ist derselbe, den alle Männer ihren Artgenossen bei jeder anderen unpassenden Gelegenheit geben: «Folge der Gurke!» Was aber, wenn die Gurke schweigt? Still eingenickt ist? Dann nimmt die unselige Zeit des Grübelns ihren Lauf und bremst elementare chemische Prozesse radikal ab.

Der Tanz der Moleküle zum Auftakt, von Henry Miller «Boogie-Woogie der Hormone» genannt, beginnt mit einer Parade der Pheromone, der sexuellen Lockstoffe. Während dieses Schaulaufens prüfen wir unbewusst, ob unsere Gene gut beim potenziellen Sexualpartner untergebracht sind. Wenn es «Klick!» macht und wir Tritt fassen, wird der Serotoninspiegel gesenkt: Die Libido steigt, die Vernunft legt sich schlafen. Der Botenstoff Dopamin verwandelt uns in grinsende rosa Glücksbärchen mit harter Gurke oder feuchtem Schritt, und damit sind beide zum Äußersten bereit.

Die offizielle Eröffnung des amtlich anerkannten Vorspiels ist der Zungenkuss. Ein im Tierreich kaum bekanntes Verhalten, das wir nur mit der Schimpansenart der Bonobos und den Orang-Utans teilen. Zugleich ist dies die letzte Anlaufstation vor dem Gipfel, an der Mann und Frau ohne größere Beschämung den Anstieg abbrechen können. Dies kann notwendig werden, wenn der Partner zum Beispiel mit seinem Lappen durch den eigenen Mund fegt wie Harry Potter beim Quidditch. Wer will *das* denn?

An der Art des Küssens erkennt man den Liebespartner. Prickelt es, wenn allein die Zungenspitzen sich berühren, hört man sich stöhnen, wenn zärtliche kleine Bisse in die eigene Lippe folgen, passen die Münder aufeinander wie sonst nur der des Putzerfisches an die Aquariumsscheibe, dann wird es Zeit, sich dem Spiel ganz zu überlassen und auf Autopilot zu schalten. In Deutschland dauert der folgende Steigflug – der Studie eines Kondomherstellers aus dem Jahr 2007 zufolge – rund 19 Minuten. Am meisten Zeit lassen sich im internationalen Vergleich die Schweizer mit 23,3 Minuten. Ob sie allerdings überhaupt schneller streicheln *können*, muss noch erforscht werden. In Hongkong, Singapur und Thailand wird bereits nach 12 Minuten Vollzug gemeldet. Wie das gemessen wird, verraten die Quellen nicht. Wahrscheinlich durch ein Fotofinish.

Laut einschlägiger Selbsthilfeliteratur sind für das Vorspiel stets eine gehörige Portion Einfühlungsvermögen, das Verlangen, den anderen glücklich zu machen, und Geduld zwingend erforderlich. «Finden Sie heraus, was Ihrem Partner gefällt!» ist daher der verbreitete Vorschlag, um Säfte in die Lenden und Schwung in die Hüften zu bringen. Fröhlich fordert man uns auf, zuerst an den anderen zu denken und dann einem allseits befriedigenden Ende entgegenzuschleichen, ganz gleich, ob man den Umweg über Darmstadt oder den finnischen Meerbusen in Kauf nehmen muss. Es gelten die international bekannten Verkehrsregeln. An jeder Kreuzung achte man auf Vorfahrt, fahre nicht über rote Ampeln und beachte Stoppzeichen. Lautes Hupen gilt es zu vermeiden, Drängeln, unmotiviertes Überholen und Kavaliersstarts sind störend. Erlaubt sind Vollgas an ausgezeichneten Stellen, Ketten sind nur bei schwierigsten Witterungsbedingungen angebracht. Sogar das Pimpen ist nicht mehr unüblich, sprich das Aufmotzen der Karre. Man kann sie tieferlegen, aufbocken, neu anmalen oder auch über Sprachsteuerung komplizierte Fahrmanöver ausführen lassen. Solange es beide glücklich macht.

Wenn die Kräfte verbraucht sind, der Tank leer ist, Austern und Champagner nicht mehr helfen und die neue Reizwäsche nicht mal mehr auffällt, ist es an der Zeit, sich über das Vorspiel noch gründlichere Gedanken zu machen, als Ratgeber es bislang zuließen. Sobald es nämlich zum starren Ritual verkommen ist, regt sich gar nichts mehr. Liebe verträgt weder Monotonie noch einen geschäftsmännischen Ton. Kurzum: Als Ritual ist das Vorspiel Blödsinn. Jeder, der sich an – auch angelesenen – Regeln abarbeitet, wird im Bett schnell als gefühlloser Roboter entlarvt. Dann sind wir bereit für die Einsicht, wie unsinnig der Begriff und das Konzept des Vorspiels ist. Die Idee des Vorspiels impliziert, dass erst mit der Penetration der wesentliche Akt beginne. Typisch Gurkendenke! Ein Ritual aus einer Zeit, da den Männern noch beigebracht werden musste, ihr Hüftwerk nicht binnen zwei Minuten zu vollbringen. Hat man sich einmal vom gurkozentrischen Sexbild verabschiedet, überkommen einen erotische Schauer ganz anderer Art: Alles ist Sex. Die eigene Befriedigung ist Nebensache. Dann gibt es kein Vor- und Haupt- und Nachspiel mehr. Das nimmt der Vereinigung viel an Druck. Wo immer ein Tropfen in den See fällt, bilden sich konzentrische Kreise. Nicht nur in der geometrischen Mitte. Wenn Sie ihr ganzes gemeinsames Leben als Liebesakt begreifen, wird die körperliche Vereinigung zur angenehmen Begleiterscheinung. Mehr nicht. Das mindert weder den Reiz noch die Intensität des Aktes.

Vorspielwürfel können Sie dann zu Unterhaltungszwecken immer noch kaufen. Auf den sechs Seiten des Würfels stehen Ihre Aufgaben: «Küss mich!», «Knabber an meinem Ohr!» oder «Zieh dich aus!» Profis spielen sogar mit zwei Würfeln. Der erste sagt dann, was, und der zweite, wo es zu machen ist. Wir schlagen noch einen dritten vor, der wegen seiner Textlastigkeit etwas größer ausfallen muss. «Sag deinem Partner, was du an ihm alles großartig findest und wie er dein Leben bereichert! Wiederholungen schaden nicht!» Seite eins. Das öffnet beide Herzen. Seite zwei: «Rede ohne Rücksicht auf Verluste über das, was du wirklich gerne mal erleben willst.» Seite drei: «Setzt euch fünfzehn Minuten gegenüber, ohne zu reden. Nur in die Augen gucken.» Vierte Seite des Würfels: «Spielt König und Königin: Entscheidet abwechselnd, was der andere jeweils tun soll!» Die fünfte Seite: «Erzählt euch abwechselnd schmutzige Witze!» Die letzte Seite aber ist die beste. Sie garantiert totale und andauernde Ekstase für beide Partner. Aus urheberrechtlichen Gründen dürfen wir den Text hier leider nicht verraten.

Weihnachtspost Warum sollte jemand, der Weihnachten blöde findet, jemandem, den er nicht mag, eine Karte schicken, auf der steht: «Sehr geehrter …, ich wünsche Ihnen und Ihrer Familie ein frohes und glückliches Weihnachtsfest»? Ganz einfach, weil wir Menschen manchmal zu schwach und zu doof sind, um uns mächtiger Rituale zu erwehren. Mit Ritualen kann man eben viel Geld verdienen, und gut rüber kommen sie auch.

Schon Mitte des 19. Jahrhunderts entwickelte sich das Weihnachtsfest langsam zu dem Gute-Laune-Terror, als den wir es heute zu fürchten gelernt haben. Aus dem holländischen Sinterklaas wurde in den USA der Santa Claus, und man feierte Weihnachten mit geschmücktem Tannenbaum. Die Kinder sangen oder trugen Gedichte vor. Den Menschen, die beim Fest nicht anwesend sein konnten und die man vermisste, schrieb man lange Briefe. Doch dann, im Dezember 1848, betrat der britische Staatsdiener Henry Cole die Weihnachtsbühne und bescherte der Menschheit einen unausrottbaren Verwaltungsakt: die Weihnachtskarte.

Cole, der als Beamter nur unterschrieb und stempelte, wollte auch in seinem Privatleben die Arbeit auf ein Minimum beschränken. Er beauftragte den Illustrator und Maler John Callcott Horsley, für ihn eine Weihnachtskarte zu entwerfen. Nur den Text hatte der Bürokrat Henry Cole selbst gedichtet. In Amtsenglisch stand dort, wie gestempelt und für immer abgeheftet: «Merry Christmas and a Happy New Year to you». Horsley orientierte sich bei der Gestaltung an Altarbildern und skizzierte ein bürgerliches Familienfest. Vorbild für das mit Tannenzweigen umrahmte Idyll war wahrscheinlich eine Beamtenfamilie mit überaus langweiligen Kindern.

Diese Mutter aller Weihnachtskarten ließ Cole tausendmal drucken, und es gelang ihm sogar, sie für den damaligen Wucherpreis von einem Schilling an andere Beamte zu verkaufen. Doch damit sind die bürokratischen Verbrechen von Henry Cole noch nicht vollständig geschildert. Einige Jahre später nahm er als Spitzenbeamter massiv Einfluss auf die

Einführung der Pennypost in Großbritannien. Nun war es auch möglich, die Weihnachtskarte zum Schnäppchenpreis zu verschicken. Bis heute vergibt die englische Post jedes Jahr einen Preis für die innovativste Gestaltung einer Weihnachtskarte. Der Preis ist ein Pokal und nach einem englischen Beamten benannt: Henry.

Beamte können zwar Weihnachtskarten einführen und verwalten, aber Geschichte schreiben können sie nicht. Da müssen schon andere kommen. Und die kamen auch.

Es war der nach Amerika ausgewanderte Deutsche Louis Prang, der 1874 die Welt veränderte. Bis zu diesem Zeitpunkt war das Verschicken von Weihnachtspostkarten lediglich in Großbritannien zum Brauch geworden. Louis Prang erkannte das Potenzial des Rituals. Er produzierte Karten in den unterschiedlichsten Formaten, erfand neue Möglichkeiten des Farbdrucks, die er immer weiter verbesserte, organisierte Wettbewerbe, bei denen die besten Entwürfe prämiert wurden, und er erfand Karten mit gefühlvollen und weihnachtlichen Texten. Gerührt kauften die Amerikaner seinen Weihnachtskitsch. Das Rad des Kapitalismus war angeworfen, die Nachfrage erkannt beziehungsweise geschürt, und nun ratterten die Druckmaschinen. Die Bescherung blieb für Prang nicht aus. Bereits 1880 stellte er mehr als fünf Millionen Glückwunschkarten her.

Mit «Merry Christmas and a Happy New Year» war Prang reich geworden. Das lockte andere Glücksritter an. Schon bald druckte, färbte, malte und textete die halbe Welt. Es entstand ein hart umkämpfter Weihnachtskartenmarkt. Weil insbesondere deutsche Weihnachtskartendruckereien mit Dumpingpreisen den amerikanischen Markt überflute-

Gedenkkarte für einen der großen Pioniere der Weihnachtsforschung: Aloisius Plöter gelang es 1903 als Erstem, die schäbige Tanne durch eine nadelfreie Trulla zu ersetzen.

ten, geriet Prang selber unter Druck und musste seinen Laden schließen. Das bewahrte ihn aber nicht davor, das gleiche Schicksal zu erleiden wie der britische Beamte Henry Cole. Auch Prang ist Namenspatron eines Preises geworden. Seit 1988 vergibt der amerikanische Glückwunschkartenverband eine Auszeichnung für die am schönsten gestaltete Karte – den Louis Award.

Ein britischer Beamter hatte die Weihnachtskarte erfunden, ein deutscher Unternehmer in den USA aus ihr einen erfolgreichen Konsumartikel gemacht, und von nun an nahmen ökonomische und kulturelle Zwänge Überhand, die aus den Menschen in der Vorweihnachtszeit Weihnachtskartenschreibroboter machten. Holzfäller, Papiermacher, Transporteure, Drucker, Künstler, Texter, Briefträger und Grußkartenverlagsmitarbeiter verdanken ihr Auskommen der Weihnachtskarte. Für jede Zielgruppe gibt es eigene Modelle: Weihnachtsbärchen für die Kleinen, Weihnachtsmangas für die Pubertierenden, Weihnachtssexmotive für die Erwachsenen, lustige Weihnachtskarten für die, die schon lange nicht mehr lachen können, Weihnachtshasserkarten für die, denen Weihnachten zuwider ist, traditionelle Motive für Senioren. Inzwischen werden auch Weihnachtskarten mit Neujahrswünschen in exotischen Sprachen angeboten, zum Beispiel für das Patenkind in Vietnam: «Chúc Mùng Giáng Sinh!»

Nachdem der amerikanische Präsident Eisenhower zum Weihnachtsfest 1953 erstmals eine eigene Karte für das Weiße Haus hatte entwerfen und verschicken lassen, übernahmen allmählich Firmen, Verbände und Organisationen diesen Brauch. Bereits im Sommer müssen Kreativagenturen ihren Kunden Grafiken und Textvorschläge unterbreiten. Ende Dezember werden die Machwerke dann säckeweise verschickt. Nur kaum variiert der immer gleiche Spruch: «Frohe Weihnachten und ein gutes neues Jahr!»

Die Weihnachtsregeln sind einfach und brutal. Wer keine Weihnachtspost bekommt, existiert gesellschaftlich nicht. Wer wenig bekommt, spielt kaum eine Rolle. Und wer viel bekommt, ist ein geachtetes und wichtiges Mitglied der Gesellschaft. Um so erfolgreich zu werden, muss man allerdings auch selber Karten verschicken. Denn die Weihnachtspost funktioniert nach der entwaffnenden Bauernlogik: Wie man den Acker bestellt, so trägt er.

Ganz Schlaue verschicken die Post gar nicht direkt, sondern lassen sie einen himmlischen Umweg nehmen. Die weihnachtliche Weihe erteilt dann der Poststempel von «Himmelpfort» oder – noch beeindruckender – «Christmas Island» in Kanada. Vor allem Kinder schicken dorthin ihre Briefe und Wunschzettel an Weihnachtsmann oder Christkind. Es wird geantwortet, allerdings von Beamten (Henry Cole sei Dank), und so erhalten Kinder aus aller Welt Formbriefe vom Weihnachtsmann. Im Jahr 2008 gingen aus über achtzig Ländern der Welt insgesamt 280 000 Briefe allein an den Weihnachtsmann im brandenburgischen Himmelpfort. Der arbeitet mit zwanzig «Engeln» bei der deutschen Post und spricht fließend siebzehn Sprachen.

Wer als Kind dem Weihnachtsmann schreibt und Antwort erhält, der schickt eben auch als Erwachsener Weihnachtskarten. Das Kalkül der Post geht sicher auf. Gefahr droht dem Ritual eigentlich nur vom Internet. Immer stärker nehmen E-Mail-Weihnachtsgrüße zu. Animiert und kostenlos, können sie in unendlicher Anzahl übers Netz verteilt werden. Allerdings kann man sie nicht wie Trophäen auf dem Schreibtisch präsentieren.

Das ist bei mancher Karte aber auch ganz gut so. Ein Arzt in den Niederlanden erhält seit Weihnachten 2007 jedes Jahr eine unappetitliche Weihnachtskarte eines ehemaligen Patienten. Der hatte im Frühjahr 2007 eine auffällige Hautveränderung an seinem Geschlechtsteil bemerkt. Der Arzt versicherte ihm, dass die Beschneidung der überschüssigen Haut kein Problem sei, woraufhin sich der Mann zu dem Eingriff entschloss. Die Operation gelang zwar, aber Teile der Haut, die eigentlich verbleiben sollte, starben ab. Nun blieb nur die Möglichkeit einer Penisrekonstruktion. Danach war sein bestes Stück noch halb so lang wie vorher. Die kümmerlichen Reste fotografierte der Entstellte und schickt seitdem jedes Jahr das Foto als Weihnachtskarte an seinen Arzt.

Frohe Weihnachten!

Weinprobe Es gibt nur wenige Rituale, die so überkandidelt daherkommen wie manche Weinprobe. Wichtigtuer überbieten sich gegenseitig mit immer neuen Formulierungen, um nicht mehr wahrnehmbare Geschmacksnuancen zu umschreiben: «Eine interessante Nase, die einen zarten Steinobstduft und mineralische Noten vereint. Im Abgang verwöhnt der Wein mit besonders glanzvollem Gaumenspiegel, der ungewöhnlich klar strukturiert ist.» Selbsternannte Weinkenner schnüffeln an Korken, schwenken das

Glas, als wollten sie wie der Teilchenbeschleuniger in Genf das Gottesteilchen Higgs-Boson zentrifugieren. Danach blähen sie beim Inhalieren des Bouquets die Nüstern wie ein Pferd auf Koks und schlürfen den Wein, um dann damit zu gurgeln. Anschließend spucken sie ihn wieder aus und schauen wissend in die Runde.

Wer beim Rotwein mitreden will, muss schon dessen Farbe aufs genaueste bestimmen können. Welches Rot darf es denn sein? Feuerrot, Blutrot, Signalrot, Mohnrot, Rosenrot, Karminrot, Zinnoberrot, Scharlachrot, Rubinrot, Magenta, Ziegelrot, Ochsenblutrot, Englischrot, Terracottarot, Braunrot, Erdrot, Pompejanischrot, Schwedenrot, Litholrot, Kadmiumrot, Spektralrot, Alizarinrot, Bordeauxrot, Rubinrot, Purpurrot, Schwarzrot, Oxidrot, Beigerot, Korallenrot, Erdbeerrot, Kirschrot, Himbeerrot, Tomatenrot, Stoppschildrot, Orientrot, Dunkelrot, Hellrot, Rostrot, Kupferrot, Fuchsrot, Fleischrot, Backsteinrot, Ferrarirot, Käppchenrot, Kehlchenrot oder Armee-Fraktion-Rot? Das Spektrum an Rottönen ist für echte Weinprofis fast unerschöpflich. Wer auf dieser Klaviatur nicht phantasievoll zu spielen versteht, dem kann es auf einer Weinprobe schnell die Schamesröte ins Gesicht treiben. Überflüssig zu erwähnen, dass Weißwein und Rosé farbtechnisch dem Roten in nichts nachstehen. Und ähnliche sensorische Höchstleistungen verlangt der Kenner Nase und Zunge ab. Profis vergeben nach den Vorgaben des US-Weinkritikers Robert M. Parker Punkte, die sogenannten Parker-Punkte. Wein ist eben eine Wissenschaft und die Weinprobe eine Art kleine Nobelpreisverleihung.

Schon um deren Rahmenbedingungen wird im Vorfeld

Die Gebrüder Erlenmeyr bei ihrer täglichen Nasenspülung mit einem bekömmlichen Müller-Thurgau.

erbittert gerungen. Darf man zur Weinprobe etwas essen, oder verfälscht das den Geschmack? Bei welcher Temperatur sollen die Weißweine verkostet werden, bei welcher die Roten, und wie trinkt man den Rosé? Mancher Weißwein wird aus roten Trauben gemacht – wird der dann gekühlt wie ein «normaler» Weißer oder bei Zimmertemperatur getrunken wie ein Roter oder aufgekocht wie Glühwein? Welche Gläser nimmt man? Wann ist der Wein zu dekantieren? Bietet man zwischendurch Wasser zum «Neutralisieren» an? Und woran erkennt man überhaupt einen guten Wein? Am Geschmack allein wohl kaum, sonst gäbe es nicht so viele teure Weine, die furchtbar schmecken.

Das gigantische Angebot an Weinen überfordert uns. Die Weinprobe soll Orientierung bieten, aber dabei können sogar Experten ihren guten Ruf verlieren. Im Jahr 1976 organisierte der Brite Steven Spurrier, ein in Paris lebender

Weinkritiker und -händler, für eine Gruppe erstrangiger Weinkenner eine Blindverkostung. Die Ergebnisse sollten öffentlich gemacht werden, weshalb auch Journalisten eingeladen waren. Kredenzt wurden ausschließlich französische und kalifornische Weine. Die – mit Ausnahme von Spurrier – rein französisch besetzte Jury hatte im Vorfeld immer wieder betont, die Amerikaner hätten keine Chance. Doch während einer Blindverkostung können sich die Juroren bei der Formulierung ihres Urteils nun mal nicht vom Etikett der Flaschen inspirieren lassen. Das Ergebnis kam einer Sensation gleich. Sowohl beim Weißwein als auch beim Rotwein belegte ein Kalifornier den ersten Platz, und jeweils sechs der zehn am besten bewerteten Tropfen stammten aus den USA. Der Schreck der französischen Jury über das Ergebnis saß so tief, dass man allerlei Anstalten unternahm, die Schande rückgängig zu machen. Einige versuchten sogar, ihre eigenen Beurteilungen anzufechten. Ein Juror hatte einen der Rotweine vollmundig als «die Größe Frankreichs» bezeichnet und in Wirklichkeit ein Glas kalifornischen Cabernet in der Hand gehalten. Die französische Presse zog es vor, nicht über das beschämende Ereignis zu berichten. Dabei war man sich schnell einig, wer die Schuld an dem Desaster trug – der Organisator, natürlich ein Brite. Steven Spurrier wurde lange Zeit nicht mehr zu Verkostungen französischer Edelweine eingeladen. Er selbst betrachtete seine legendäre Weinprobe, die im Jahr 2008 unter dem Titel «Bottle Shock» verfilmt wurde, immer unaufgeregt: «Die Ergebnisse einer Blindverkostung lassen sich nicht wiederholen. Die gleiche Jury kommt einen Abend später mit den gleichen Weinen zu einem anderen Ergebnis.»

Wenn schon französische Weinspezialisten nicht mal einen französischen Rotwein von einem kalifornischen unterscheiden können, ist es bei Laien auch nicht so schlimm, wenn sie nach ein paar Gläsern den Rotwein mit dem Weißwein verwechseln. Weinproben sollen Spaß machen. Auf jeden Fall braucht man keine Regeln beim Trinken und niemanden, der immer besser weiß, wie der Wein zu schmecken hat. Die Wahrheit ist ganz einfach. Der Weinkritiker Stuart Pigott hat einmal gesagt: «Der Wein ist gut, der Ihnen schmeckt». Zum Wohl!

X für ein U vormachen Es war der 5. Mai 1920. Auf dem Swerdlow-Platz in Moskau, direkt vor dem Bolschoitheater, versammeln sich Verbände der Roten Armee. Der Führer der Oktoberrevolution, Lenin, will zu den Truppen sprechen. Russland befindet sich im Krieg. Der polnische Marschall Piłsudski ist mit seinen Soldaten inzwischen in die Ukraine einmarschiert. Lenin will seine Armee mit einer Rede auf den Waffengang einschwören. Er spricht von einem Podium aus, auf dem auch der Genosse Trotzki steht. Der Fotograf G. P. Goldstein hält die historische Szene fest. Das Foto wird zum Kultobjekt. Es dient sogar als Vorlage für eine Postkarte. 1927 taucht es dann zum ersten Mal ohne Trotzki auf. Lenins politischer Ziehsohn hatte den Machtkampf gegen Stalin verloren. Der neue starke Mann im Kreml unternahm alles, um die Erinnerung an den einstigen Konkurrenten aus dem kulturellen Gedächtnis zu tilgen. Auf seine Anweisung wurde Trotzki auch aus dem berühmten Goldstein-Bild wegretuschiert. 1929 musste Trotzki schließlich die Sowjetunion verlassen. Aber der lange Arm Stalins reichte selbst bis in sein mexikanisches Exil. 1940 wurde Trotzki dort durch sowjetische Agenten ermordet. In der Folge ließ Stalin weitere Fotos «überarbeiten». An die Existenz Trotzkis sollte nichts mehr erinnern. Mit den hochwertigen Bildfälschungen wollte man dem gesamten Volk ein X für ein U vormachen.

Das Sprichwort für das Ritual, anderen etwas vorzugaukeln, entstand im Mittelalter. In dieser Zeit wurde noch überwiegend mit dem römischen Zahlsystem gerechnet: «X» steht für die Zehn und «V» die Fünf, wobei das lateinische «U» wie ein «V» geschrieben wird. In mittelalterlichen Gaststätten wurden die Rechnungen oft auf Tafeln notiert. Und da konnte es dem Gast schnell einmal passieren, dass der Wirt das «V» zu einem «X» machte, indem er die zwei Linien des «V» nach unten verlängerte. Manch mittelalterlicher Kneipengänger sah nach dem letzten ➶ Absacker nicht nur alles doppelt, sondern musste so auch noch die doppelte Summe der Rechnung zahlen. Ihm wurde ein X für ein U vorgemacht.

Bis heute wird mit großem Erfolg nicht nur in der Kneipe manipuliert. Das Ritual der Manipulation wird oft in der Politik verwendet, um sich selbst oder den Staat besser darzustellen. Hitler ließ Goebbels aus Fotos retuschieren, damit er allein neben Leni Riefenstahl besser zur Geltung kam. Mussolini ließ den Stallknecht auf einem Bild entfernen, der das Pferd festhalten musste, auf dem der «Duce» in Paradeuniform saß. Und das Ayatollah-Regime im Iran wollte durch eine plumpe Fotofälschung den Eindruck eines erfolgreichen Raketentests vermitteln, der in Wirklichkeit nichts anderes als ein peinlicher Rohrkrepierer war. Im November 2008 veröffentlichte die iranische Revolutionsgarde ein dilettantisch gefälschtes Foto von vier startenden Raketen, auf dem selbst für Laien zu erkennen war, dass man die Schweife mit Bildbearbeitungssoftware gestaltet hatte.

Aber es sind nicht nur Diktaturen, die der Welt ein X für ein U vormachen wollen. Am 5. Februar 2003 hatte der damalige amerikanische Außenminister Colin Powell der Weltöffentlichkeit besorgniserregende Nachrichten zu verkünden. In knapp anderthalb Stunden berichtete er vor der UNO, dass der Irak im Besitz von Massenvernichtungswaffen sei: «Alles, was ich heute sage, ist von Quellen gedeckt, soliden Quellen. Keine Behauptungen. Was wir vortragen, sind Fakten und Schlüsse, die auf belastbaren Informationen beruhen!» Powell gab bekannt, dass die USA über Informationen verfügten, die deutlich machten, dass der Irak trotz anderer Aussagen an der Entwicklung von atomaren, biologischen und chemischen Waffen arbeite und bereits über diese verfüge. Er zeigte Schaubilder, auf denen Lkws zu sehen waren, aus denen die Iraker angeblich mobile Biolabore gemacht hatten. Die Welt war entsetzt. Die amerikanische Öffentlichkeit, noch vom 11. September traumatisiert, folgte der amerikanischen Regierung auf den Kriegspfad. Am 20. März 2003 begann die «Operation Iraqi Freedom», in deren Folge auch das Lügengebäude angeblicher irakischer Massenvernichtungswaffen einstürzen sollte.

Das «X», das Colin Powell der Welt vormachte, war deshalb so überzeugend, weil Powell selbst daran glaubte. Im politischen Tagesgeschäft der Manipulationen, Tricks,

Täuschereien und Gaukeleien war der 5. Februar 2003 eine Meisterleistung. Colin Powell legte die gefälschten Beweise für vorhandene irakische Massenvernichtungswaffen mit reinem Gewissen vor. Er wurde von den eigenen Geheimdiensten benutzt und war dadurch ein noch glaubwürdigerer Apologet der Lüge. Angeblich wurden die Geheimdienste ihrerseits von einer unzuverlässigen «Quelle» getäuscht. Aber um einen bestimmten Zweck zu verfolgen, ließ man sich wohl auch gerne hinters Licht führen: Die Amerikaner bekamen Angst und unterstützten ihre Regierung im Krieg gegen den Irak.

Das Ritual, ein X für ein U vorzumachen, hat sich deutlich verfeinert, und die Manipulation ist schwerer zu durchschauen. Da hilft nur der Ratschlag von Leo Trotzki, den dieser kurz vor seiner Ermordung gab: «Vielleicht kann man die Wahrheit finden, indem man die Lügen vergleicht!»

Vertrauen ist eben gut, Kontrolle ist besser.

Yetisuche Geheimnisse schreien nach Enthüllung, Unbekanntes nach Entdeckung. Daran geht kein Weg vorbei. Fragen Sie die Wikinger, Sir Thomas Cook oder die Humboldts. Expeditionen sind rituelle Erkundungen der Welt. Jeder Stein wird umgedreht, und die Ergebnisse werden streng wissenschaftlich katalogisiert. Daher gilt es auch festzuhalten, dass es nicht viele Menschen gibt, die zeit ihres Lebens eine Doktorarbeit über die Gebissstruktur des Erdferkels zustande bringen, und noch weniger, die das Thema interessiert. Dem gebürtigen Franzosen Bernard Heuvelmans gelang dieser Streich 1939 dennoch, im zarten Alter von dreiundzwanzig Jahren. Seine Begeisterung für tierische Freaks war enorm. 1955 erschien sein Buch «Sur la Piste des Bêtes Ignorées» (auf Englisch 1958: «On the Track of Unknown Animals»), das sich in zwei Bänden mit mutmaßlich existierenden Landtieren auf der ganzen Welt beschäftigte. Es wurde ein Bestseller und gilt zugleich als offizielle Geburtsurkunde der Kryptozoologie, der etwas unorthodoxen Wissenschaft von all jenen Tieren, die es entweder offiziell nie gab oder inoffiziell noch immer gibt. Zahlreiche Expeditionen zogen in ihrem Namen aus. Wir verstehen leicht: In dem Thema ist viel Phantasie drin und nicht weniger Raum für Spekulationen. Gibt es Yetis und gigantische Seemonster wie Nessi oder schiffsverschlingende Riesenkraken? Leben in irgendeiner urwäldlichen Region gar noch blattfressende Brontosaurier, die anonym bleiben wollen und daher beflissen ihre Häufchen wegkehren? Was schlummert da in den Tiefen, Ebenen und Höhen noch alles? Ist es nicht so schon schlimm genug?

Kryptozoologen folgen den Legenden der Einheimischen. Sie rüsten teure Expeditionen aus und gehen auf die ↗Jagd. Werden Sie fündig, locken als Trophäe lebenslang bezahlte Diavorträge in Volkshochschulen. Ihr Credo: Die Abwesenheit von Beweisen beweist noch lange nicht die Abwesenheit. Und außerdem: Hatte der weiße Mann nicht auch erst 1909 das Okapi lebend gefangen, nachdem man von den Bewohnern des Kongo Jahrzehnte zuvor Ammenmärchen über eine scheue Mischung aus Giraffe, Zebra und Reh gehört hatte?

Manchmal ist es auch sinnvoll, schon vorher genau zu

wissen, was man da gerade erlegt. So hat der Biologe David Oren 1985 angeblich ein Mapinguari im Urwald Brasiliens erschossen. Warum auch immer. Das Mapinguari soll gut zwei Meter groß und dreihundert Kilo schwer gewesen sein und – je nach Erzählung – mal so, mal so ausgesehen haben. Leider konnte es nicht geborgen werden, da es nach Angaben des Herrn Jäger ganz fürchterlich aus allen, nach Abschuss noch zahlreicheren Löchern stank. So sehr, dass der tapfere Waidmann flüchten musste und sogar die abgeschnittene Tatze liegenließ. Den Namen «Mapinguari» haben übrigens die Cario-Indianer der gewaltigen Bestie, die nur nachts jagt, gegeben. Es soll sich dabei um das legendäre Riesenfaultier handeln, das angeblich vor 10 000 Jahren ausgestorben ist und Archäologen als Megatherium beziehungsweise als Skelett desselben bekannt ist. (Wenn das mal nicht doch die Gebeine vom Riesenstinktier waren!)

An bemerkenswerten Kreaturen gefunden hat man laut «Spiegel» im letzten Jahrhundert ferner 1912 den Komodo-Waran, 1976 den Riesenmaulhai und 1984 noch eine Geckoart. Das ist etwas mager. Gesucht aber werden noch so spektakuläre Tiere wie der tasmanische Beutelwolf, und in den Wäldern am Golf von Mexiko hofft man auf Lebenszeichen des Elfenbeinspechts zu stoßen. Genährt werden solche Spekulationen durch reale, wenn auch bescheidene Neufunde, in letzter Zeit vor allem in den Ozeanen. So tauchte der Bremer Meeresforscher Wolfgang Bach 2008 mehrere Male mit einem sieben Meter langen Tauchboot namens ALVIN in der Nähe des Äquators zum Ostpazifischen Rücken hinab und barg, immerhin, die Erkenntnis, dass im Basalt vulkanischen Ursprungs tausend- bis zehntausendmal mehr Mikroorganismen enthalten seien als im Meerwasser. In ähnlicher Tiefe entdeckten Wissenschaftler 2005 die Yetikrabbe, einen circa fünfzehn Zentimeter langen weißgelben Kollegen, der an seinen haarigen Scheren köstliche Bakterien als Proviant züchtet.

Das heißestersehnte Objekt menschlicher Wissbegierde aber ist und bleibt der Yeti, der sagenhafte Schneemensch. Zahllose Sherpas und Einwohner des Himalaya können nicht irren. Den Beweis für die Existenz des Wesens zu erbringen würde unsterblich machen. So müht man sich seit über einem Jahrhundert immer wieder mit der Suche ab.

Japanische Bergsteiger berichteten erst 2008 wieder, sie hätten auf der nepalesischen Seite des Himalaya in rund viertausendfünfhundert Meter Höhe ein braunes, affenartiges Wesen gesichtet. Die etwa zwanzig Zentimeter langen Spuren im Schnee gossen sie mit Gips aus, und diese Beweisstücke legten die Vermutung nahe, dass der Yeti nicht nur keine Schuhe, sondern auch nur drei dicke Zehen hat. 2007 entdeckte ein amerikanisches Filmteam in nur rund zweitausendachthundert Meter Höhe ebenfalls Fußabdrükke, allerdings mit vier Zehen. Andere behaupten, der Yeti habe, wie wir alle – Extrembergsteiger wie Reinhold Messner ausgenommen –, fünf davon.

Handfestere Beweise meinte 2005 die englische Zeichnerin Polanya Pickering in einem entlegenen bhutanischen Kloster entdeckt zu haben. Ein Mönch habe ihr den hundert Jahre alten Skalp eines Yeti gezeigt. Schon der Erstbezwinger des Mount Everest, Sir Edmund Hillary, hatte einen solchen haarigen Hautlappen 1960 aus den eher luftleeren Gefilden mitgebracht. Wie viele andere Fundstücke gleicher Art entpuppte sich der rotbraune Feudel allerdings als Fellfetzen einer ortsansässigen Ziegenantilope. Ein im buddhistischen Kloster von Khumjung im nepalesischen Khumbu ausgestellter Skalp belegt ferner die Vorliebe entweder der Ziegen oder des Yeti für einen stramm gezogenen Mittelscheitel.

Zu den eher glaubwürdigen Augenzeugen, die von einer Begegnung mit dem Yeti berichtet haben, gehört der Leiter der Everest-Expedition, die 1953 zur ersten Gipfelbesteigung führte. Henry Cecil John Hunt, Baron Hunt of Llanfair Waterdine, trat eines nachts aus seinem Zelt und sah eine «vage, große Kreatur» davonrennen. Bei anderer Gelegenheit lieferte er Fotos von Fußspuren. Weitere Hinterlassenschaften des Kangchendzönga-Dämon – benannt nach dem dritthöchsten Berg der Welt – sind eine auf mysteriöse Art und Weise verschwundene Skelettpranke eines nichtmenschlichen Wesens und mumifizierte, sehr, sehr haarige Hände von irgendwem. Ferner liegt aus neuerer Zeit der Expeditionsbericht des mittlerweile verunglückten schottischen Bergsteigers Kenneth McConnell vor. 1996 geriet er auf fast fünftausend Meter Höhe in der Nähe eines Wasserfalls in eine Höhle, in der sich Stroh und Stöcke befanden, die offenbar als Werkzeuge (für was doch gleich?) Verwendung gefunden hatten. Seine einheimischen Begleiter deuteten wohl an, dass man sich ihrer Meinung nach hier in der guten Stube des Monsters befinde. McConnell hatte keine Zeit, auf die Heimkehr des Hausherrn zu warten. Einer der Expeditionsteilnehmer litt unter einem Gehirnödem und musste schnellstmöglich zu Tale gebracht werden.

Aus den Konfusionen um die Zahl der Zehen und dem

Fehlen wirklich schlagender Beweise lassen sich prinzipiell zwei Schlussfolgerungen ziehen: einmal für die, die dran glauben wollen, und dann für die, die an die Einbildungskraft des menschlichen Geistes glauben. Beide Hypothesen sind im Grunde identisch: «Den ‹Yeti›, wie ihn jeder kennt, gibt es nicht.» So die «Krypotozoologie-Umschau» in ihrer dreißigsten Ausgabe. Doch dann scheiden sich die Geister. Während nämlich die anderen überzeugt sind, dass der Yeti gar nicht existiert, fahren die Kryptozoologen fort: «Vielmehr verbergen sich hinter diesem Begriff zwei bis drei verschiedene Hominoide. ‹Meh-teh›: Der Körper ist gedrungen, affenähnlich im Aussehen mit einem deutlich menschenähnlichen Ausdruck. Das Fell ist kurz, rötlich-braun bis schwarz und manchmal sogar mit einem weißen Fleck auf der Brust. Das Haupthaar reicht bis zu den Schultern. Die Zähne sind groß, jedoch keine wirklichen Fangzähne. Die Kopfform ist konisch wie bei Gorillas. Die Arme reichen bis zu den Knien, die Schultern sind stark und breit. ‹Dzu-teh›: Der Dzu-teh ist sehr groß (1,80 Meter bis 2,70 Meter) und massig gebaut. Sein Fell ist zottelig und rötlich, schwarz oder dunkelgrau. Es läuft im Regelfall auf allen vieren, kann sich jedoch auch auf zwei Beinen fortbewegen. Das Tier hinterlässt menschenähnliche Fußabdrücke mit Klauen an den Zehen, so dass angenommen wird, es handelt sich um einen Bär. Es lebt in Zentralasien und ernährt sich den Berichten nach auch von Yaks und Rindern. Sein bevorzugter Lebensraum ist nach Angaben der Sherpas zwischen 4000 und 4500 Metern. (…) ‹Teh-Ima›: Der zwischen 1,20 Meter und 1,50 Meter große, mit dichtem rötlich grauem Fell und gebeugten Schultern recht zierliche Teh-Ima (oder auch Teh-

Lma) ist der Dritte im Bunde. Er lebt unterhalb der Schneegrenze in den Wäldern von Ostnepal, Bhutan, Südost-Tibet und Indien.» Er gleiche einem Bären, so beschließt der Experte seine Betrachtung, sei aber keiner.

Reinhold Messner weiß in seinem Buch «Yeti. Legende und Wirklichkeit» anderes zu berichten. Auch er habe Kontakt zu einem felligen Dingsbums gehabt. Aber: «Was da vor mir lag, dann aufwachte und mich ansah, wie ein überraschtes Kind einen Fremden ansieht, war ein junger Braunbär, nicht der Yeti.» In der Erinnerung und abends am Feuer würde das Phänomen dann mehr und mehr aufgeblasen. So wie der frischgeangelte Hering Jahre später zum persönlich erwürgten Pottwal wird. Letztlich sei der Yeti real, aber eben nur als Fabelwesen. Man bringe mit den zahllosen Geschichten über ihn unter anderem zum Ausdruck, dass es etwas Größeres, Ungeheures gebe, das man im besten Falle entdecken, im schlimmsten niederstrecken müsse.

Messner erwähnt auch, dass einige Nationalsozialisten im Rahmen einer sogenannten Welteislehre der Auffassung waren, der Yeti sei der «kälteresistente Urgermane». Diesem gänzlich randständigen Geschöpf der Faschozoologen wünscht man eine sehr ausführliche Begegnung mit dem *abominable snowman*, dem abscheulichen Schneemenschen, wie der Yeti auf Englisch heißt.

Zähneputzen Der Hai hat Glück. Seine gut fünf Zahnreihen sind mit Revolverzähnen ausgestattet. Beißt er einmal auf einen Titannagel im Unterschenkel eines Schwimmers, brechen sie einfach ab. Und da der Hai sich auch sonst gerne mal in dies und das verbeißt, wachsen seine Zähne immer wieder nach.

Auch das Krokodil hat's gut. Ein peachgelb-graues Vöglein pickt ihm die Aasreste zwischen den Reißern raus. Der Piepmatz heißt Krokodilwächter, eine Zahnbürste aus Federn.

Unsereiner hat Pech. Wir müssen selber putzen und mit zwei mickrigen Garnituren Steckern für die Kauleisten auskommen. Spätestens wenn die ersten Mathetests zum Thema Wurzelrechnen anstehen, sind die Milchzähne ersetzt.

Brücken hin, Implantate her: Wer das Ritual des Zähneputzens nicht ernst nimmt und zudem zuviel vom Falschen isst, hat bald böse schwarze Stumpen im Mund. Außerdem riecht sein Atem wie ein Insektizid, mit dem man in der Kreidezeit schweinsgroße Asseln hätte bekämpfen können. Eltern unternehmen daher gewaltige Anstrengungen, um den Befehl zum Zähneputzen dauerhaft im Arbeitsspeicher ihrer Kinder zu verankern. Alles wollen die lieben Kleinen – malen, Bobby Car fahren, Hose ausziehen, Pillermann angucken, Karottenbrei in die Tapete einmassieren, Fernbedienung reparieren – nur nicht Zähne putzen. Chemische Tricks und technische Gimmicks müssen her.

Kinderzahnpasten schmecken nach Dingen, die es gar nicht gibt. Aus unerfindlichen Gründen mögen die Zwerge das. Kostet man heimlich die rosa Pampe, erahnt man Güllebeerenaromen und im Abgang gesüßte Schlämmkreide. Beinahe beneidet man da ältere Hundeherrschaften, die schwanzwedelnd ihrer Gebissreinigung mit einer Paste entgegenhecheln, deren Geschmack Kenner an Leberwurst erinnert.

Auch Zahnbürsten für Kinder sind besonders. Sie haben Froschohren, Dinobäuche und Saugfüßchen. Alles recht amphibisch. Nachdem der Nachwuchs in aller Ruhe ins Badewasser gepullert hat, reichen besonders ausgebuffte Eltern ihm Modelle in Tierform, die zusätzlich mit leuchtenden Stilen ausgestattet sind. Die Dioden im Griff blinken nach drei Minuten unkoordinierter Betriebsamkeit und zeigen an, dass die Mäusezähnchen fürs Erste wieder genug haben. Sehr zum Ärger der Zahnfee, die damit um ihre nächtliche Ausbeute betrogen wurde. Sie kam in der zweiten Hälfte des 20. Jahrhunderts aus dem angelsächsischen Raum zu uns, vermutlich getrieben von schlichter Gier nach fremden Zähnen, einer der wenigen Triebe, die wir Menschen nicht haben. Sie tauschte ursprünglich den ersten ausgefallenen Milchzahn gegen eine Münze aus, um zu signalisieren: Baby, jetzt hast du die Kraft, dich im Kapitalismus durchzubeißen. Über die wahren Gelüste dieser Wesen spekulierte allerdings im Jahre 2008 der Film «Hellboy II». Die Zahnfee tritt dort als eine höllische Plage in Erscheinung, die in Schwärmen zu Millionen über Menschen herfällt und sie – fliegenden Piranhas gleich – mit Stumpf und Stil auffrisst. Wir lernen: Greift die Zahnfee erst mal an, gibt es später keine Reste.

Die meisten begreifen erst, in welcher Gefahr sie schweben, wenn ihnen unter bedrohlichen Bedingungen das entsprechende Rüstzeug in die Hand gedrückt wird. «Hier sind deine Waffen! Kämpfe!»

In fest geschlossenen Zweierreihen rückten in den Siebzigern die Tapferen auf das verspiegelte Monstrum mit dem silbrigen Zyklopenauge vor der Stirn zu, das im Klassenraum der 2B lauerte und einen nach dem anderen hieß, den Mund aufzutun, um dann mit seinen beiden weißen Tentakeln in den Mundhöhlen herumzufuchteln. Mit überstreckter Kehle stand man vor dem Schulzahnarzt wie Spatzenküken vor Mutti, die den Regenwurm im Schnabel hält. Man verstand ja nicht alles, aber dann doch so viel, dass das Wort «kariös» weiteres Grauen zur Folge haben würde. Anschließend drückte die ondulierte Wächterin des Monsters allen ein Plastikbeutelchen in die Hand, das einen bunten Zahnputzbecher, ein Bürstchen und eine kleine Tube Creme enthielt. Die Botschaft kam an: Putzen oder Monster. Unsere Milchzähne waren wertvoll wie Elfenbein, sie hatten einen hohen Tauschwert, allerdings nur im makellosen Zustand. Historisch gesehen, keine neue Einsicht.

Schon Odysseus' Nachfahren wienerten ihre Zähne mit einem rauen Lappen, die Römer fügten noch Bimsstein und Marmorstaub zum Schmirgeln hinzu. Gegurgelt wurde mit Wein oder Urin. Die älteste Zahnbürste ist ein ägyptisches Stöckchen Kauholz aus der Wende vom 4. zum 3. Jahrtausend vor Christus. Eineinhalb Jahrtausende später pinselten sich die Chinesen mit Schweineborsten ihre Beißerchen ab. Regelmäßige Zahnpflege verordnete auch Buddha seinen Mönchen in den Ordensregeln. Anfangs war es mehr ein Stochern nach Resten als ein Bürsten. Erst als das Nylon um 1920 einsatzfähig war, wurden Zahnbürsten für den kleinen

Mann erschwinglich, und mit Erfindung des Perlons um 1950 waren die Borsten endlich auch erträglich weich.

Geputzt wurde in Deutschland zunehmend mit einem Verkaufsschlager, den der Dresdner Ottmar Heinsius von Mayenburg 1907 entwickelt hatte: die selbstschäumende, mit Pfefferminz angereicherte Pasta in praktischen Tuben, Chlorodont. Vorher wurden sogenannte Putzseifen gereicht, eine Art geschmacklose Scheuercreme in Dosen. Und seit Einführung der Plastiktuben herrscht im Bad auch Frieden zwischen den Geschlechtern: Männer hatten zuvor die böse Angewohnheit, zu weit vorne auf die Metalltube zu drücken. Frauen mussten sich dann mit dem Stil der Haarbürste durch die Falten kämpfen, um den Rest aus der Tube zu quetschen. Das galt mal als Scheidungsgrund.

So weit die Rumpfdaten einer löchrigen Leidensgeschichte, deren dramatischer Verlauf erst 1728 durch den Franzosen Pierre Fauchard gemildert wurde. Bis zur Entwicklung der Zahnheilkunde hatten nämlich Bader, Wundärzte, Scherer oder Barbiere darum konkurriert, die Leiden der kleinen Leute durch beherzte Zahnextraktionen zu lindern. «Tut weh? Kommt raus!» Ein einträgliches Geschäft. Wie das «Betrugs-Lexicon» von 1743 zu berichten wusste, gab es genügend Quacksalber, die «sich des Zahnausreißens unterfangen / und doch wissen / daß sie in dieser Kunst nicht wohl geübet sind, nur damit sie den Groschen verdienen mögen».

Fauchards zweibändiges Werk «Le chirurgien dentiste» erschien zu einer Zeit, als der Volksglaube noch empfahl, am Aschermittwoch in den Brunnen am Marktplatz zu springen, damit das Zahnweh dort verbleibe. Der Vater der Zahnheilkunde dagegen setzte auf handwerkliches Können. Er legte dar, was für verwegen aussehende Instrumente er sich gebastelt habe, wie man durch Feilen und Bohren Karies entfernen und anschließend die Löcher mit Blei und Zinn wieder füllen könne. Stellt man sich vor, wie eine locker geführte Bohrstange ihr Werk verrichtet und sich – in die Schlaufe einer Bogenschnur gespannt – quälend langsam mal in die eine, mal in die andere Richtung dreht, nimmt sich ein Besuch beim Zahnarzt heute eher wie eine Thaimassage mit Happy End aus.

Inzwischen erfahren wir schon in der Schule von den Untaten der Herren Karies und Baktus, haben übles Amalgam auf eigene Kosten aus unserem Körper entfernt und Fachkurse in vergleichender Heilkostenplankunde besucht. Zähne sind ein zentrales Lebensthema.

Der moderne Mensch verbringt durchschnittlich neun Monate seines Lebens auf der Toilette. Es ist eine öde Zeit, die nur durch das Blättern in Magazinen aufgehübscht werden kann. Ein Leerlauf, der beim zutiefst sinnvollen Ritual des Zähneputzens nicht entsteht. Geht man von fünfundsiebzig Jahren Putztätigkeit aus, ergibt sich bei täglich sechs Minuten gründlicher Reinigung die beachtliche Zahl von hundertvierzehn Lebenstagen, die man mit nichts anderem als Putzen verbringt. Eine gute Zeit. Man ist mobil. Zähneputzend kann man die ersten und letzten Handgriffe des Tages verrichten. Heizung rauf- oder runterdrehen, Kaffeemaschine ein, Licht in der Küche aus, Apps downloaden, Mails lesen und Schaum in die Computertastatur tropfen.

Wer sich trotzdem mit hässlichen Ablagerungen in den Zahnfleischtaschen auf einem Stuhl wiederfindet, auf dem zuvor noch ein sechsjähriges Bürschchen die Weihen der rechten Zahnpflege erhielt, ahnt, dass es der Liebesmüh nicht genug war. Die Unterweisungen werden gerne von gestrengen Damen in der Dienstkleidung eines Chirurgen vorgenommen, durch die Bank devote Dienerinnen von Dr. Best, der in den siebziger Jahren im Fernsehen endlose Versuchsreihen unternahm: Mit harten Borsten bohrte er sich durch die Außenhaut unschuldiger Tomaten, bis es spritzte, und beschwor die Menschheit, von harten Stilen abzulassen. Stattdessen solle man zum Schwingkopf greifen: «Die klügere Zahnbürste gibt nach.» Dabei sahen Augenbrauen und Oberlippenbart von Dr. Best selber aus wie Drahtbürsten, mit denen man gusseiserne Pfannen reinigt.

Da sitzt man also, mit hängenden Schultern. Draußen in der Welt ein Mannsbild. Ein Volldepp und Ferkel in den Spiegeln der Reinigungskemenate. Ein Seufzen muss man sich verkneifen, weil man fürchtet, den violetten Sabber abzusondern, der den Zahnbelag einfärbt. Gnadenlos wird man seiner Putzschwächen überführt. Ach, könnte man doch in diesem Moment einfach eine Corega Tabs schlucken, die natürliche Zahngesundheit von innen verliehe wie die einst vielbeworbenen Merz Spezial Dragees. Erst ganz am Ende darf man sich in den Zahnarztstuhl fallen lassen, wird gesandstrahlt und zahlt als Kassenpatient neunzig Euro aus eigener Tasche. Das will man nicht nochmal erleben. Außerdem, wer einmal wirklich unter Zahnweh litt, weiß, dass Wilhelm Busch recht hatte: «Ein Zahn, ein hohler, macht mitunter / sogar die faulsten Leute munter.» Die Weisheit wächst hoffentlich proportional zum Grad des körperlichen Verfalls.

Also beschließt man, das Ritual des Zähneputzens zu lieben. Es richtig geil zu finden. Täglich zieht man meterweise Zahnseide durch die Zahnzwischenräume, als habe man da so viel Platz wie Madonna zwischen ihren Schneidezähnen. Verstiegene schaben sich auch noch den Belag von der Zunge und spülen mit so viel Mundwasser nach, dass ihnen auf Stunden der Genuss von Kaffee oder Säften vergällt ist.

Während sie fleißig putzen und zutiefst befriedigt auf ihr stattliches Bonusheft schielen, dass von zahllosen Besuchen bei den Gespielen von Dr. Best zeugt, lassen sie den Tag Revue passieren. Auch das ist beim Zähneputzen üblich. Es muss wohl bei dieser Gelegenheit gewesen sein, dass dem Aphoristiker Nikolaus Cybinski folgende Frage durch den Kopf schoss: Ist der Zahn der Zeit, der stets an allem nagt, möglicherweise der letzte von Gottes Gebiss? Und wer könnte ihm den noch ziehen? Es gibt also auch tief in der Mundhöhle noch ein letztes Geheimnis.

Zigarette danach In dieser Welt folgt alles den beiden Prinzipien von 1.) Ursache und Wirkung und 2.) erst die Arbeit, dann das Vergnügen. Das führt im Falle der «Zigarette danach» zu einem Paradox. Dem Namen nach scheint es sich um einen Akt in *Folge* des Aktes zu handeln. In Wirklichkeit fungierte die postkoitale Kippe oft als die eigentliche *Ursache* des nackten Treibens: Irgendwas musste man ja tun, um endlich wieder rauchen zu können, da nahmen Süchtige einen sogenannten Orgasmus gerne billigend in Kauf.

Die eigentliche ➶ Krönungszeremonie bestand in einem

Junges Paar bei den Stellproben für das eigentliche Abfackeln der Lunte.

einfachen Vorgang: einer leichten Drehung des Oberkörpers, gefolgt von einem Tasten auf dem Nachttisch oder Boden sowie dem Ergreifen von Feuerzeug und Schachtel. Nachdem man dieser eine Zigarette entnommen hatte, fiel man aufs Kopfkissen zurück und schielte auf das Flämmchen, das mit seinem heißen Atem nach dem Stengel leckte.

Hchchchch – Pfhhhhhh.

Einatmen, ausatmen.

Erst dann war man wieder in der Lage, die Existenz eines weiteren Säugetiers neben sich anzuerkennen.

Es gibt heute immer mehr junge Menschen, die noch nie einen Aschenbecher im Schlafzimmer gesehen haben. Sie leben ohne Nikotin und meiden im nackten Zustand all jene, die ihre Finger nicht davon lassen können. Schokoladen- oder furchtbar schmeckende Kaugummizigaretten, mit denen sich schon Kinder einst den Habitus des Rauchers angewöhnen sollten, sind zwar noch hier und da im Handel, doch die Tendenz ist eindeutig: In den neunziger Jahren quarzte fast ein Drittel aller Jugendlichen. Mittlerweile (Stand 2009) ist die Zahl auf rund fünfzehn Prozent gesunken. Rauchen ist eklig, Sex nicht. Wie beides zusammenging, muss erklärt werden. Was war das für ein Ritual, mit dem sich Vati und Mutti nach getaner Arbeit belohnten?

Wir müssen verstehen, in welcher biochemischen Verfassung Mann und Frau kurz nach Vollzug der Kopulation sind. Wie bei allen Säugetieren wurde in ihren Gehirnen gerade das zyklische Peptid Oxytocin ausgeschüttet. Es sorgte unter anderem für eine Reihe bemerkenswerter Kontraktionen: Gebärmutter und Samenleiter frohlockten fröhlich zuckend, die Muskulatur erschlaffte, jetzt fühlt man sich wie hingegossen. Oxytocin regt aber auch den Milchfluss bei Stillenden an. Daher verschrieb 1994 ein australischer Arzt einer jungen Mutter ein Nasenspray, das dieses Hormon enthielt. Es ging unerwartete Wechselwirkungen mit der Pille ein. Zwei Stunden später erlebte die Patientin bislang unbekannte Lustgefühle. Beim Sex hatte sie den, wie sie sagte, Orgasmus ihres Lebens. Mittelfristig hat Oxytocin jedoch – vor allem auf Männer – eine Wirkung, die gerne mit der Zigarette danach verglichen wird: Nachdem man im Moment des Orgasmus quasi die Wolkenbänke des Intellekts durchstoßen hat, verlangt es die meisten nach Erdung. Die Zigarette danach erleichtert den Landeanflug. Nach drei, vier Zügen ist man wieder auf dem Boden.

Derweil verrichtet der Qualm sein verderbliches Werk.

Er legt sich, schmierige Filme bildend, auf Zähne, Zunge, Möbel, der Teer verstopft die Lungenkapillaren und setzt sich in den Wäschefasern fest. Atemabwinde fegen durch den Aschenbecher und wirbeln Verbrennungsrückstände auf. Die Luft gleicht der Atmosphäre eines lebensfeindlichen Planeten, auf dem Wesen leben, die auch Blausäurepralinen naschen. Dies ist der Moment, wo ein Kreisbrandrat hinter den Gardinen hervortreten und sagen müsste: «Wenn Sie im Bett rauchen, könnte die Asche, die runterfällt, ihre eigene sein!» Jedenfalls waren dies in den Siebzigern noch die markigsten Einwände gegen das Rauchen im Bett. In allen entsprechenden Spots und Belehrungsfilmen glotzten die Paare allerdings, in hässliche Nachtkleidung verpackt, in die Röhre oder lagen starr auf dem Rücken und lasen Zeitschriften (Frau) oder Bücher (Mann).

Nur ein späterer Spot bekämpfte explizit die Qualmerei nach dem Liebesspiel. Beide liegen mit nacktem Oberkörper im Bett und lächeln zufrieden die Decke an. Sie rauchen. Der Aschenbecher steht auf seinem Dödel. Er schnippt Asche rein. Sie schnippt Asche rein. Sie blickt wieder zur Decke. Er, immer noch selig, drückt die Fluppe aus und stellt den Aschenbecher weg. Dann drückt sie ihre Zigarette da aus, wo vorher der Aschenbecher stand. Aber das sieht man nicht. Man hört es nur.

Es war Werbung für ein Internetportal, über das Aschenbecher vertrieben wurden. Die Domain ist mittlerweile wieder frei. Wer nach dem Sex raucht, ascht heute vom Balkon oder Fenster auf die Straße. Da ist die Luft besser, und man sieht einander noch einmal in ganzer Schönheit.

Bildnachweis

Bettmann / Corbis 98; Bildarchiv Preußischer Kulturbesitz 233; Cinetext Bildarchiv / HBA 73, 297; Fotoagentur magics 257; Galway / mediacolors 53; Keystone 84; neuebildanstalt / Servas 187; picture-alliance / dpa 44, 146, 163, 173, 211; picture-alliance / dpa / dpaweb 207; picture-alliance / Pressefoto ULMER 17; plainpicture / Marion Birkefeld 220; ullstein bild / AKG Pressebild 131; ullstein bild / Boness / IPON 202; ullstein bild / dpa 264; ullstein bild / histopics 273; ullstein bild / Hohlfeld 116; ullstein bild / Imagebroker.net 158, 214; ullstein bild / Oberhäuser / CARO 107; ullstein bild / Sylent-Press 89; ullstein bild / Thielker 278; ullstein bild / TopFoto 77; ullstein bild / united archives 248; Thomas Willemsen 25; Jochen Zick / Keystone 37

MIX
Papier aus verantwortungsvollen Quellen
FSC® C083411

Das für dieses Buch verwendete FSC®-zertifizierte Papier
Schleipen Werkdruck liefert Cordier, Deutschland.